D1746646

John Vorhaus
Handwerk Humor

John Vorhaus
Handwerk Humor

Aus dem Amerikanischen von Peter Robert

Zweitausendeins

Für Maxx, die immer sagt, dass ich sie zum Lachen bringe.

Deutsche Erstausgabe.
1. Auflage, April 2001.

Die Originalausgabe ist unter dem Titel
The Comic Toolbox. How To Be Funny Even If You're Not bei Silman-James Press,
Los Angeles, Kalifornien, erschienen.

Copyright © 1994 by John Vorhaus.

Alle Rechte für die deutsche Ausgabe und Übersetzung
Copyright © 2001 by Zweitausendeins, Postfach, D-60381 Frankfurt am Main.
www.Zweitausendeins.de.

Alle Rechte vorbehalten, insbesondere das Recht der mechanischen,
elektronischen oder fotografischen Vervielfältigung, der Einspeicherung
und Verarbeitung in elektronischen Systemen und Kommunikationsmitteln,
des Nachdrucks in Zeitschriften oder Zeitungen, des öffentlichen Vortrags,
der Verfilmung oder Dramatisierung, der Übertragung durch Rundfunk,
Fernsehen oder Video, auch einzelner Text- und Bildteile.
Der gewerbliche Weiterverkauf und der gewerbliche Verleih von
Büchern, CDs, Videos oder anderer Sachen aus der Zweitausendeins-Produktion
bedürfen in jedem Fall der schriftlichen Genehmigung durch die Geschäftsleitung
vom Zweitausendeins Versand in Frankfurt am Main.

Lektorat und Register: Ekkehard Kunze (Büro W, Wiesbaden).
Redaktion: Gabriele Schönig, Hamburg.
Umschlaggestaltung: Sabine Kauf.
Satz und Herstellung: Dieter Kohler GmbH, Nördlingen.
Druck: Gutmann + Co GmbH, Talheim.
Einband: G. Lachenmaier, Reutlingen.
Printed in Germany.

Das Papier dieses Buches besteht zu 50 Prozent aus Altpapier.
Das Kapitalband wurde aus
ungefärbter und ungebleichter Baumwolle gefertigt.

Dieses Buch gibt es nur bei Zweitausendeins im Versand,
Postfach, D-60381 Frankfurt am Main,
Telefon 069-420 8000, Fax 069-415 003.
Internet www.Zweitausendeins.de, E-Mail info@Zweitausendeins.de.
Oder in den Zweitausendeins-Läden in Berlin, Düsseldorf, Essen,
Frankfurt am Main, Freiburg, 2× in Hamburg, in Hannover, Köln, Mannheim,
München, Nürnberg, Saarbrücken, Stuttgart.

In der Schweiz über buch 2000, Postfach 89, CH-8910 Affoltern a. A.

ISBN 3-86150-363-8

Inhalt

Einführung 9

1 Komik ist Wahrheit und Schmerz 15

2 Mut zum Risiko 25
Gedankenmüll entsorgen · Machen Sie Ihrem scharfen inneren Zensor den Garaus · Die Neunerregel · Schrauben Sie Ihre Ansprüche herunter · Positive Verstärkung als sich selbst erfüllende Prophezeiung · Konzentrieren Sie sich auf die unmittelbar vor Ihnen liegende Aufgabe

3 Die komische Prämisse 41
Drei Gattungen des komischen Konflikts

4 Komische Figuren 56
Die komische Perspektive · Übertreibung · Fehler · Menschlichkeit

5 Handwerk Humor: Einige Instrumente 80
Kontextueller Zusammenprall · Die völlig unangemessene Reaktion · Das Gesetz der komischen Gegenpole · Spannung und Auflösung · Die Wahrheit sagen bzw. lügen, um einen komischen Effekt zu erzielen

6 Typen komischer Geschichten 96
Center and Eccentrics · Fish out of Water · Charakterkomödie · Zauberkräfte · Ensemblekomödie · Slapstick · Satire und Parodie

7 Die Comic Throughline 121
Wer ist der Held? · Was will der Held? · Die Tür geht auf · Der Held meistert die Lage · Ein Knüppel kommt geflogen · Alles fällt auseinander · Der Held erreicht den Tiefpunkt · Der Held riskiert alles · Was kriegt der Held?

8 Handwerk Humor: Weitere Instrumente 162
*Die Dreierregel · Witzchen · Der Türklingeleffekt · Meiden Sie
Klischees wie die Pest · Der Running Gag · Rückbezug*

9 Streiche 180

10 Komödie und Gefahr 181
*Der Preis des Misserfolgs · Der Lohn des Erfolgs · Logik
der Geschichte versus Dynamik der Geschichte*

11 Handwerk Humor: Noch mehr Instrumente 193
Mikro- und Makrokonflikt · Ohrkitzler · Details · Der Augenbraueneffekt · Virtueller Humor · Das Publikum an sich binden

12 Situationskomödie 213
*Das Spec-Script · Die Regeln lernen · Die Handlungsstruktur
von Sitcoms · Der Stabilitätsbogen · A-Story, B-Story und Thema ·
Noch ein Schnellverfahren für Sitcom-Storys · Outlines ·
Von der Story zum Drehbuch*

13 Sketch-Comedy 235
*Eine starke komische Figur finden · Eine oppositionelle Kraft finden ·
Eine Zwangsgemeinschaft etablieren · Den Konflikt eskalieren lassen ·
Den Einsatz erhöhen · Die Grenzen verschieben · Einen emotionalen
Höhepunkt suchen · Einen Gewinner ermitteln · Den Bezugsrahmen
ändern*

14 Feinschliff und Perfektion 246
*Schürfen und aufbereiten · Schnell und viel schreiben ·
Das Gute ist der Feind des Großartigen · Selbstvertrauen ·
Ihre Beta-Tester · Wie fertig ist fertig?*

15 Alteisen und Doughnuts 264
*Der Zuckfaktor · Die Polizisten vom Betrugsdezernat · Charakterschlüssel ·
Bezugsrahmen · Ihr komischer Wortschatz · Das Wade-Boggs-Paradigma ·
Problemkomplex · Sprüngelchen*

16 Moralpredigten und Ermahnungen 281
Offenbarung · Dank

Register 291

»VORWÄRTS!«
zum *Handwerk Humor*

Bist auch du ein armer Wicht,
dem es an Humor gebricht,
dem nie eine Komödienszene
gelingt – mangels der Komik-Gene?
Glaubst auch du, dir sei hienieden
ein Dasein ohne Witz beschieden?
Nur Mut, mein Freund, in diesem Buche
steht, was du brauchst für deine Suche.
Handwerk Humor, die Kunst der Comedy,
macht auch aus dir ein Spaßgenie.
Mit den Regeln, die du hier erlernst,
wirst du zum Komödianten, ganz im Ernst.
Hier steht, wie du den üblen Dschinn
erschlägst, den scharfen Zensor in dir drin.
Aus diesem selbst erbauten Knast befreit,
bist du vor Wagens- und Versagensangst gefeit
und wirst die Worte und Prämissen finden,
die deinen Ruf als Meisterkomiker begründen.
Schärf deinen Witz mit diesen Instrumenten,
dann wird es für dich happy enden,
und du steigst auf in die Regionen
jener professionellen Spaßkanonen,
die Tag für Tag den Griffel schwingen
und ihre Mitmenschen zum Lachen bringen.

                    Peter Bergman,
                    Firesign Theatre, Los Angeles, 1994

EINFÜHRUNG

Ein Sprachlehrbuch von William Strunk und E. B. White trägt den Titel *The Elements of Style*. Auf der High School haben meine Freunde und ich immer »The Elephants of Style« dazu gesagt, und glauben Sie mir, wir haben uns damals gekringelt vor Lachen. Na ja, wir fanden es ja auch ganz toll, literweise Apfelwein zu saufen und dann auf den Rasen der Nachbarn zu kotzen – also ziehen Sie Ihre eigenen Schlüsse. Jedenfalls war *The Elements of Style* ein nützliches Buch – viele Informationen über Sprache und Schreiben (und, ganz beiläufig, sogar über das Leben) auf sehr wenigen Seiten. Für ein Sprachlehrbuch war und ist es eine erstaunlich gute Lektüre. Ich kann es nur empfehlen.

Strunk und White waren große Fans von Regeln und hatten überhaupt keine Angst, ihren Standpunkt klar zu vertreten. Sie hassten zum Beispiel das Passiv und behaupteten steif und fest, dessen Verwendung führe zu schlechtem Stil. Da ich jung und leicht zu beeindrucken war, als ich ihr Buch las, nahm ich mir diese Regel zu Herzen. Fast mein ganzes Schriftstellerleben lang habe ich meine Werke mit geradezu religiösem Eifer vom Passiv gereinigt.

Und dann entdeckte ich eines Tages, wie viel Spaß es machte, im Passiv zu schreiben – obwohl ich wusste, dass man das nicht durfte; Bill und E. B. hatten es mir ja ausdrücklich verboten. Aber ich konnte nicht anders. Die Worte flossen einfach nur so aufs Papier:

Das Zimmer wurde von einem Mann betreten, von dem starke, gut aussehende Gesichtszüge gehabt wurden. Eine Frau wurde von ihm kennen gelernt. Das Bett wurde von ihr belegen. Dann wurde das Bett von ihm belegen. Kleider wurden von beiden abgestreift. Sex wurde gehabt. Höhepunkte wurden erreicht. Hinterher wurden Zigaretten von ihnen geraucht. Plötzlich wurde die Tür vom Ehemann der Frau geöffnet, von der das Bett belegen worden war. Eine Pistole wurde von ihm in der Hand gehalten. Einige Schreie wurden ausgestoßen, und wütende Worte wurden gewechselt. Eifersucht wurde von dem Mann verspürt, von dem die Pistole in der Hand gehalten wurde. Die Pistole wurde von ihm abgefeuert. Das Fliegen der Kugeln fand statt. Der Einschlag wurde von den Körpern gespürt. Der Fußboden wurde von den Körpern befallen. Sodann wurde Reue von dem Mann empfunden, von dem die Pistole in der Hand gehalten wurde. Die Pistole wurde von ihm gegen sich selbst gerichtet.

Und den Rest erledigt die Gerichtsmedizin, wie man so sagt.

Ich hatte die so genannten Grundsätze des guten Stils derart sklavisch befolgt, dass mir eine echte sprachliche Lachnummer entgangen war – oder zumindest ein kleiner Scherz. In blindem Gehorsam den Regeln gegenüber vergaß ich, Spaß zu haben. Und wenn man beim Schreiben – oder beim Malen, Zeichnen, Schauspielern oder bei welcher kreativen Tätigkeit auch immer – keinen Spaß haben kann, ja, zum Teufel, was soll's dann?

Deshalb möchte ich gleich zu Beginn eines klarstellen: Die erste Regel lautet, es gibt keine Regeln. Betrachten Sie *nichts* von dem, was ich hier schreibe, als der Wahrheit letzten Schluss. Mein Handwerkszeug ist mein Handwerkszeug, und ich habe es für meine Zwecke entwickelt. Wenn Sie es nützlich finden, dürfen Sie's natürlich gern benutzen. Aber es ist kein Evangelium, um Himmels willen, es sind nicht mal *elements of style*.

Andererseits bin ich fest davon überzeugt, dass Regeln keine Grenzen ziehen, sondern Konturen hervorheben. Kreativität bedeutet Probleme lösen. Je mehr (nützliche) Regeln wir haben und je rigoroser wir sie anwenden, desto klarer wird uns das Problem, das wir lösen möchten, und desto mehr Erfolg werden wir dabei haben. Ein Beispiel: Wenn Ihre Autobatterie leer ist, besagt die Regel, dass man mit den Überbrückungskabeln erstens die beiden Pluspole und zweitens den Minuspol mit der Erde verbindet. Wenn Sie den Pluspol der einen Batterie mit dem Minuspol der anderen verbinden, rösten Sie vielleicht Ihre Batterie und womöglich auch Ihr Gesicht.

Also machen Sie sich beim Herumstöbern in diesem Buch doch bitte die nützliche Idee zu Eigen, dass es sich lohnt, alles darin zumindest eines genaueren Blickes zu würdigen. Wenn Sie die jeweiligen Instrumente ausprobieren und dabei feststellen, dass sie nicht benutzerfreundlich sind, dann werfen Sie sie ruhig weg. Dabei werden Sie wahrscheinlich ein paar neue und eigene finden. Die werden für Sie besser geeignet sein, weil es Ihre sind, weil Sie sie in einer Sprache ersonnen haben, die Sie verstehen. Aber probieren Sie alle Instrumente durch.

Und machen Sie vor allem die Übungsaufgaben.

Einige mögen Ihnen schwierig erscheinen, irrelevant für Ihre Arbeit oder einfach nur gnadenlos blöd. Machen Sie sie trotzdem, wenn auch nur, um zu beweisen, wie blöd sie sind. Ich werde später noch genauer erläutern, dass Ihre Arbeit nicht benotet wird und dass auch Sie selbst in keiner Hinsicht beurteilt werden – nicht einmal von Ihnen selbst. Aber Sie holen viel mehr aus all diesem Material heraus, wenn Sie es verwenden, solange es in Ihrem Kopf noch frisch ist. Kritzeln

Sie was an den Rand, wenn Sie wollen, oder schreiben Sie Ihre Lösungen in sich selbst zerstörende Computerdateien, wenn Ihnen das hilft, das emotionale Risiko zu minimieren. Aber machen Sie die Übungsaufgaben. Aus diesem Buch bekommen Sie nur so viel heraus, wie Sie hineinstecken. Oder anders gesagt: Je mehr Sie investieren, desto mehr ist es wert.

Vor ein paar Jahren habe ich einen Kursus über das Schreiben aus fremdem Blickwinkel geleitet. Darin gab ich den Teilnehmern folgende Hausaufgabe: »Gehen Sie los und tun Sie etwas Neues, etwas, was Sie noch nie getan haben.« Einige haben Fremden ein Essen spendiert, andere in der Bibliothek Bücher geklaut. Manche haben sich dumm gestellt oder sich geweigert, die Aufgabe zu erfüllen, was sie noch nie zuvor getan hatten, weder in der Schule noch an der Universität. Einzelne sind festgenommen worden. Kein Wunder, bei dieser Übung.

Und wir haben etwas sehr Interessantes herausgefunden. Allein die Tatsache, dass man etwas Unerwartetes tat, führte zu einem komischen Moment nach dem anderen. Diese verblüffende Entdeckung hatte einen neuen Kursus mit dem Titel *The Comic Toolbox* zur Folge, – aus dem ist dieses Buch entstanden. Halten Sie beim Lesen also öfters einmal inne und fragen Sie sich, wie Sie Ihren kreativen Prozess auffrischen und erneuern können. Ich rede nicht von dem, was Sie schreiben, zeichnen oder malen, sondern von dem System, mit dessen Hilfe Sie Ihr Material zum Leben erwecken. Brechen Sie mit alten Gewohnheiten, selbst mit denen, die funktionieren. Schreiben Sie im Bett. Malen Sie im Park. Zeichnen Sie Cartoons an die Wände. Überraschen Sie sich selbst; je öfter Sie das tun, desto mehr Witz werden Sie entwickeln. Auf alle Fälle werden Sie die Erfahrung machen, etwas Neues zu tun, und das lohnt sich fast immer, schon deshalb, weil es eben neu ist.

Ein genereller Hinweis, bevor wir weitermachen: In diesem Buch spreche ich viel vom Helden, vom Autor, dem Leser und dem Zuschauer – und zwar meist in der männlichen Form, obwohl ich natürlich sowohl ihn als auch sie meine. Die Sprache hinkt dem gesellschaftlichen Wandel hinterher, und es gibt noch keine brauchbare Konvention für geschlechtsneutrale Formulierungen. Vielleicht könnten Strunk und White das regeln, aber ich musste mich einfach irgendwie durchwursteln. Haben Sie also bitte Nachsicht mit mir.

Die östliche Philosophie beschreibt Kreativität als »Eimer zum Fluss tragen«. Der Fluss ist immer da, aber manchmal klappt es mit den Eimern nicht so richtig. Neben allem anderen ist dies ein Buch darüber, wie man bessere Eimer herstellt. Mit einigen klappt es bei mir recht gut, und das Gleiche wünsche ich Ihnen.

J. V., Sydney, Australien
April 1994

1
KOMIK IST WAHRHEIT UND SCHMERZ

Als ich zwölf war, verknallte ich mich in Leslie Parker. Sie war niedlich und intelligent, hatte blonde Ponyfransen und ihr Lächeln haute mich völlig vom Hocker. Die ganze siebte Klasse hindurch schwärmte ich für dieses Mädchen – in den Mittagspausen, während der Bandproben, bei den ersten sehnsuchtsvollen gemischten Partys meiner problembeladenen Pubertät –, wie es nur ein liebestoller Wahnsinniger tun kann, dessen Hormone verrückt spielen. Ich war ein trauriger Fall.

Eines Tages – wir hatten gerade Mathe, und dreißig verschwitzte Kids in Schlaghosen und »Let It All Hang Out«-T-Shirts grübelten über die Unwägbarkeiten von Pi – erwähnte Leslie Parker beiläufig, sie werde mit ihren Eltern wegziehen. Meine Welt implodierte zu einem schwarzen Loch. Die Amputation eines heiß geliebten Körperteils hätte nicht schmerzhafter sein können. Meine Hand schoss in die Höhe.

Der Lehrer, Mr Desjardins, ignorierte mich. Das tat er häufig – ich glaube, weil ich immer verzwickte Fragen stellte, zum Beispiel: Was ist die Quadratwurzel von minus Eins? oder Warum kann man nicht durch Null teilen? Ich wedelte wie ein Idiot mit der Hand und versuchte, seine Aufmerksamkeit auf mich zu lenken. Vergebens.

Zehn Minuten später hatte jeder Leslie Parkers niederschmetternde Enthüllung wieder vergessen, nur ich nicht. Kurz vor dem Klingeln nickte Mr Desjardins mir endlich widerstrebend zu. Ich stehe auf und blöke kläglich und völlig unpassenderweise: »Wo zieht ihr denn hin, Leslie, und weshalb zieht ihr überhaupt weg?«, was natürlich heißen sollte: »*Verlass* mich nicht!«

Eine jähe, fassungslose Stille trat ein, denn ich hatte die Kardinalsünde der siebten Klasse begangen. Mit geradezu klassisch schlechtem Timing hatte ich meine Gefühle offenbart. Im nächsten Moment brachen alle in schallendes Gelächter aus. Selbst Mr Desjardins, dieser Sadist, gluckste unterdrückt in eine Manschette. Ich sage Ihnen, dieser Moment – bis dato der schmerzhafteste und erniedrigendste Augenblick meines Lebens – ist in mein Gedächtnis eingeätzt wie mit Säure auf einer Fotoplatte. (Der letzte solche Augenblick? Schön wär's. Erinnern Sie mich irgendwann mal dran, Ihnen die Geschichte mit dem Gemeinschaftsduschen-Fiasko auf dem College zu erzählen.) Und ich werde nie vergessen, was Mr Desjardins sagte, während das Gelächter meiner Klassenkameraden in meinen Ohren widerhallte und Leslie Parker mich ansah, als wäre ich irgendein platt gefahrenes Tier. »Sie lachen nicht über Sie, Mr Vorhaus. Sie lachen *mit* Ihnen.«

Das war natürlich eine Lüge. Sie lachten über mich. All diese kleinen Ungeheuer hatten eine diebische, makabre Freude an meinem schmachvollen Fauxpas. Und warum? Weil sie in ihren winzigen, unsicheren, vorpubertären Herzen wussten, dass diesmal zwar ich auf die Mine getreten war, dass es jedem von ihnen jedoch genauso hätte passieren können. Und so entdeckte ich in einem einzigen herzzerreißenden, demütigenden Augenblick eine grundlegende Regel des Humors, obwohl es noch etliche Jahre dauern sollte (und eine noch viel längere Therapie erforderte), bis ich sie als solche erkannte:

KOMIK IST WAHRHEIT UND SCHMERZ.

Ich wiederhole es noch mal für diejenigen, die im Buchladen kurz hier reinblättern, um zu sehen, ob dieser Schinken das richtige Lesefutter für sie ist: *Komik ist Wahrheit und Schmerz.*

Als ich mich vor Leslie Parker erniedrigte, machte ich Bekanntschaft mit der Wahrheit der Liebe und dem Schmerz der verlorenen Liebe.

Wenn ein Clown eine Torte ins Gesicht kriegt, ist das Wahrheit und Schmerz. Man hat Mitleid mit dem armen, über und über mit Sahne bekleckerten Menschen, sagt sich zugleich, dass man die Torte selbst hätte abkriegen können, und denkt so was wie *Da bin ich ja Torte sei Dank noch mal davongekommen.*

Vertreterwitze sind Wahrheit und Schmerz. Die Wahrheit ist, dass der Vertreter etwas will, und der Schmerz rührt daher, dass er's nie kriegen wird. Tatsächlich beruhen fast alle schmutzigen Witze auf Wahrheit und Schmerz, weil wir uns alle mit dem Thema Sex herumgequält haben – vielleicht mit Ausnahme von Willard McGarvey, der in der siebten Klasse eine noch kläglichere Gestalt war als ich und später Benediktinermönch wurde. Ich frage mich, ob Willard dieses Buch liest. Hallo, Willard.

Die Wahrheit ist, dass Beziehungen zwischen Mann und Frau mit Problemen behaftet sind. Der Schmerz rührt daher, dass wir mit diesen Schwierigkeiten fertig werden müssen, wenn wir die positiven Seiten genießen wollen. Denken Sie über folgenden Witz nach:

> Adam fragt Gott: »Gott, warum hast du die Frauen so weich gemacht?« Gott antwortet: »Damit du sie magst.« Adam fragt: »Gott, warum hast du die Frauen so warm und knuddelig gemacht?« Gott antwortet: »Damit du sie magst.« Adam fragt Gott: »Aber, Gott, warum hast du sie so dumm gemacht?« Gott antwortet: »Damit sie dich mögen.«

Dieser Witz zielt gleichermaßen auf die Denkweisen von Männern und Frauen. Er lässt die Männer schlecht aussehen und die Frauen auch, aber dahinter steht eine gemeinsame Erfahrung: Wir sind alle Menschen, wir haben alle ein Geschlecht und wir stecken alle zusammen in dieser blödsinnigen Bredouille. Das ist Wahrheit, das ist Schmerz und darum funktioniert der Witz.

In einer berühmten Folge von *Hoppla Lucy* bekommt Lucille Ball einen Job in einer Bonbonfabrik, in der das Förderband plötzlich immer schneller läuft, so dass sich die arme Lucy schließlich verzweifelt Bonbons in den Mund stopft, um nicht in Rückstand zu geraten. Was ist die Wahrheit? Situationen können außer Kontrolle geraten. Und woher rührt der Schmerz? Wir müssen für unsere Fehler bezahlen.

Selbst bei Glückwunschkarten geht es letzten Endes um Wahrheit und Schmerz. »Du glaubst bestimmt, dieser Umschlag ist zu klein für ein Geschenk«, steht außen auf der Karte. Und innen? »Tja, du hast Recht.« Das ist Wahrheit (*ich bin knauserig*) und das ist Schmerz (*deshalb gehst du leer aus*).

Mein Großvater erzählte immer folgenden Witz:

> Eine Gruppe von Männern steht vor den Himmelstüren und wartet auf Einlass. Petrus kommt herbei und sagt: »Wer von euch sein Leben lang unter dem Pantoffel seiner Frau gestanden hat, geht zur linken Wand. Wer nicht unter dem Pantoffel gestanden hat, geht zur rechten Wand.« Alle gehen zur linken Wand, bis auf einen furchtsamen, kleinen alten Mann, der geht zur rechten. Petrus tritt auf den kleinen alten Mann zu und sagt: »Die anderen Männer haben alle unter dem Pantoffel ihrer Frau gestanden und sind deshalb zur linken Wand gegangen. Wieso bist du zur rechten Wand gegangen?« Sagt der kleine alte Mann: »Meine Frau hat's mir befohlen.«

Wahrheit und Schmerz. Die Wahrheit ist, dass Männer

manchmal unter dem Pantoffel stehen, der Schmerz rührt daher, dass sie manchmal nicht mehr drunter hervorkommen.

In diesem Witz spielt noch etwas anderes eine Rolle, nämlich die Angst vor dem Tod. Nun meinen manche Philosophen, dass jede menschliche Erfahrung sich auf die Angst vor dem Tod reduziert, also sogar der Kauf einer billigen Karte statt eines Geburtstagsgeschenks irgendwas mit der Sterblichkeit zu tun hätte. Schon möglich. Keine Ahnung. In diesem Buch geht es nicht um solch gewichtige Dinge. Trotzdem stimmt es, dass der Tod, wie auch der Sex, von grundlegender Bedeutung für die menschliche Erfahrung ist. Wen wundert's also, dass sich so viele unserer Witze mit der Wahrheit und dem Schmerz des Todes befassen?

> Ein Mann stirbt und kommt in die Hölle. Der Teufel erklärt ihm, man werde ihm drei Räume zeigen, von denen er sich einen aussuchen könne; in diesem müsse er dann bis in alle Ewigkeit bleiben. Im ersten Raum schreien Tausende von Menschen in den Qualen des ewigen Feuers. Der Mann bittet darum, den zweiten Raum sehen zu dürfen. Darin werden Tausende von Menschen von schrecklichen Folterinstrumenten in Stücke gerissen. Der Mann bittet darum, den dritten Raum sehen zu dürfen. Darin stehen Tausende von Menschen und trinken Kaffee, während ihnen stinkende Abwässer um die Knie schwappen. »Den hier nehme ich«, sagt der Mann. Daraufhin ruft der Teufel den Menschen zu: »Okay, Kaffeepause ist um! Alle wieder auf den Kopf stellen!«

Die Wahrheit? Es könnte eine Hölle geben. Und der Schmerz? Sie könnte die Hölle sein.

> Ein Mann fällt von einer Klippe. Im Sturz hört man ihn murmeln: »Bis jetzt ist ja alles gut gegangen.«

Die Wahrheit und der Schmerz: Manchmal sind wir Opfer des Schicksals.

Die Religion berührt uns alle in ähnlicher Weise, weil sie sich solche Mühe gibt, die elementaren menschlichen Dinge zu erklären, den Sex und den Tod. Witze über religiöse Menschen und Situationen decken die Wahrheit und den Schmerz der Religiosität auf: Wir möchten gern glauben; wir sind nur nicht sicher, ob wir's auch tun.

> Was kommt heraus, wenn man einen Zeugen Jehovas mit einem Agnostiker kreuzt?
> Jemand, der ohne ersichtlichen Grund an der Tür klingelt.

Die Wahrheit ist, dass manche Menschen gern glauben möchten. Der Schmerz rührt daher, dass nicht jeder es schafft. Und übrigens: Wenn jemand einen Witz nicht »versteht« oder sich über ihn ärgert, liegt das oftmals daran, dass er die in dem Witz enthaltene »Wahrheit« nicht akzeptiert. Ein Zeuge Jehovas würde den letzten Witz nicht komisch finden, weil er *wirklich* vom Glauben erfüllt ist und dem Witz darum die so genannte Wahrheit nicht abnimmt, die dieser ihm verkaufen will.

Bitte bedenken Sie, mir geht es hier nicht darum, die Existenz Gottes oder den Wert des Glaubens zu beweisen oder zu widerlegen. Meine religiösen Überzeugungen und Ihre haben nichts mit der Sache zu tun. Ob ein Witz komisch ist, hängt davon ab, wie er sich zu den *allgemeinen Überzeugungen* derjenigen verhält, die ihn hören. Religion, Sex und Tod sind fruchtbare Themen für Humor, weil sie einige ziemlich starke Überzeugungen berühren.

Aber das muss nicht unbedingt sein. Wahrheit und Schmerz kann man auch in kleinen Dingen finden: *Warum kommt ein Mann, der eine Diät macht, nie dazu, eine Glühbirne zu wechseln?*

Weil er immer erst morgen anfängt. Die Wahrheit ist, dass der menschliche Wille seine Grenzen hat, und der Schmerz rührt daher, dass wir diese Grenzen nicht immer überwinden können. Wenn Sie wissen wollen, warum etwas komisch ist, fragen Sie sich, welche Wahrheit und welchen Schmerz es zum Ausdruck bringt.

Nehmen Sie sich jetzt bitte einen Moment Zeit und erzählen Sie sich ein paar Ihrer Lieblingswitze. Fragen Sie sich, auf welche Wahrheit und welchen Schmerz darin jeweils angespielt wird. Denken Sie daran, dass diese Wahrheit und dieser Schmerz das Thema des Witzes sind.

Sie werden bemerken, dass nicht alle Themen universeller Natur sind. Schließlich macht nicht jeder gerade eine Diät, steht unter dem Pantoffel seiner Frau oder hat Angst vor dem Tod, obwohl die meisten von uns jemanden kennen, der gerade eine Diät macht, unter dem Pantoffel steht oder Angst vor dem Tod hat, manchmal sogar alles zugleich. Humor funktioniert auf der achtspurigen Autobahn großer Wahrheiten und großer Schmerzen, aber er funktioniert auch auf dem intimen Saumpfad der kleinen Wahrheiten und kleinen Schmerzen. Der Trick ist: Man muss dafür sorgen, dass das Publikum dieselben Bezugspunkte hat wie man selbst.

Wenn ein Standup-Comedian einen Witz über schlechtes Essen im Flugzeug reißt, schürft er in einer gemeinsamen Ader von Wahrheit und Schmerz. Jeder weiß, wovon er redet. Selbst wenn man noch nie geflogen ist, kennt man den – wie soll ich sagen – giftigen Ruf von Flugzeugkost. Man versteht den Witz.

Man muss jedoch weder Standup-Comedian noch Comedy-Autor sein, um mit dem Mittel von Wahrheit und Schmerz zu arbeiten. Wenn man beispielsweise eine Tischrede hält, könnte man damit beginnen, die Wahrheit und den Schmerz der Situation einzugestehen.

»Ich weiß, Sie alle können es nach diesem langen Festmahl kaum erwarten, aufzustehen und sich zu strecken, deshalb werde ich's kurz machen.« (Pause.) »Danke und gute Nacht.«

Die Wahrheit ist, dass Reden lang sind, und der Schmerz besteht darin, dass das Publikum sich rasch langweilt. Der clevere Redner spricht dies an. Aus Gründen, die wir später noch erörtern werden, muss man nicht unbedingt einen Witz erzählen, um die Leute zum Lachen zu bringen; manchmal reicht es schon, wenn man die Wahrheit sagt.

Bedauerlicherweise machen politisch nicht korrekter Humor sowie sexistische und rassistische Witze ebenso Gebrauch von Wahrheit und Schmerz. Mal sehen, ob ich Ihnen verdeutlichen kann, was ich meine, ohne Anstoß zu erregen.

Angenommen, es gäbe eine Gruppe namens »Ostler« und eine rivalisierende Gruppe namens »Westler« und diese beiden Gruppen erzählten sich Witze übereinander. Von einem Ostler bekämen Sie dann etwa folgenden Spruch zu hören: »Wenn ein Westler-Paar sich scheiden lässt, sind sie dann noch Cousin und Cousine?«

Die Ostler halten es allesamt für wahr, dass Westler korrupt, unmoralisch oder dumm sind. Ihr gemeinsamer Schmerz rührt daher, dass *wir* uns mit *denen* abfinden müssen. Ich will das nicht weiter vertiefen, weil ich hier keinen Fortbildungskurs für Rassisten und Sexisten veranstalten möchte. Es reicht, wenn ich sage, dass jede menschliche Erfahrung, ganz gleich, wie bedeutsam oder belanglos sie ist, als Grundlage für Komik dienen kann, wenn die Wahrheit und der Schmerz, die ihr innewohnen, für das Zielpublikum sofort erkennbar sind.

In Sitcoms hört man zum Beispiel mehr Witze über Körperteile als über geistliche Texte, weil die meisten Zuschauer (darauf gehe ich gern jede Wette ein) mehr über Pospalten wissen als über die *Bhagavadgita*.

Hier ist ein Witz, den viele Leute nicht verstehen:

»Wie viele Solipsisten braucht man, um eine Glühbirne einzuschrauben?«
»Wer will das wissen?«

Dieser Witz ist nur komisch (und auch dann bestenfalls ansatzweise), wenn man weiß, dass ein Solipsist ausschließlich an seine eigene Existenz glaubt (und auch daran bestenfalls ansatzweise) und deshalb auf immer und ewig allein in seiner Welt ist. Wenn man einem nichts ahnenden Publikum einen solchen Witz vorsetzt, müssen sich die Leute viel zu sehr anstrengen, um die Wahrheit und den Schmerz darin zu entdecken. Bis sie das alles auseinander klamüsert haben (sofern es ihnen überhaupt gelingt), ist der richtige Zeitpunkt schon verstrichen und der Witz nicht mehr komisch.

Der Unterschied zwischen dem Klassenclown und dem Außenseiter der Klasse besteht darin, dass der Klassenclown Witze erzählt, die jeder versteht, der Außenseiter dagegen Witze, die nur er selbst versteht. Komik ist folglich nicht einfach nur Wahrheit und Schmerz, sondern Wahrheit und Schmerz in universeller oder zumindest allgemeingültiger Form.

Halt, halt, das ist noch nicht alles. Das Kommutativgesetz der Addition sagt uns, wenn Komik = Wahrheit + Schmerz, dann gilt auch: Wahrheit + Schmerz = Komik. (Sehen Sie? Ich habe im Matheunterricht der siebten Klasse noch was anderes gelernt, als dass Liebe dumm macht.) Wenn Sie also ums Verrecken witzig sein wollen, selbst wenn Sie's nicht sind, nehmen Sie einfach irgendeine Situation und versuchen Sie zu eruieren, welche Wahrheit und welcher Schmerz ihr innewohnen.

Das funktioniert mit jeder Situation. Ein Besuch beim Zahnarzt. Ein Familienurlaub. Geld aus dem Automaten ziehen. Die Steuererklärung machen. Dieses Buch lesen. Fürs Examen büffeln. Was auch immer, ganz egal. Jede Situation enthält nämlich irgendein Element von Wahrheit und Schmerz. Angenommen, Sie lernen für eine wichtige Prüfung. Die Wahrheit ist, es ist wichtig, sie zu bestehen. Der Schmerz rührt daher, dass Sie nicht gut vorbereitet sind. Der Witz, der diese Wahrheit und diesen Schmerz beinhaltet, könnte (unter Benutzung des Instruments der Übertreibung, auf das wir später noch zu sprechen kommen) folgendermaßen lauten:

> Ich bin ein so lausiger Student, dass ich nicht mal eine Blutprobe bestehen würde.

Sehen Sie, wie leicht es ist?

Okay, okay, ich weiß, es ist nicht so leicht. Wenn alles, was Sie über Komik wissen müssen, schon hier im ersten Kapitel stünde, dann könnten Sie das komplette Buch schließlich in der Schlange an der Kasse lesen, und mir entgingen nicht unbeträchtliche Honorare.

Außerdem sollten wir uns nichts vormachen. Dieses Buch wird keinen Meister-Comedian aus Ihnen machen, jedenfalls nicht von allein. Dazu müssen Sie schon eine Menge harte Arbeit investieren. Und von heute auf morgen geht es ebenso wenig. Warum sollte es auch. Sehen Sie's mal so: Angenommen, Sie wollten Holzschnitzer werden und jemand würde Ihnen erzählen, es gebe da so ein Ding namens Dechsel, das sei ganz toll fürs Schnitzen. »Wow«, würden Sie sagen, »eine Dechsel! Sieh einer an.« Allein die Tatsache, dass es das Ding wirklich gibt, sagt natürlich noch nichts darüber, wie man damit umgeht, und selbst wenn man damit umgehen könnte, hieße das nicht, dass man gleich beim ersten Versuch eine Teak-*Pietà* hinlegen würde. Anders gesagt, man muss erst mal krabbeln lernen, bevor man auf die Nase fallen kann.

2
MUT ZUM RISIKO

Vor nicht allzu langer Zeit rief mich ein Journalist an. Nachdem ich ja nun so was wie ein Comedy-Experte bin, wollte er wissen, ob es Menschen gebe, die absolut gar keinen Humor hätten. Ist es möglich, fragte sich der Schreiber, dass jemand total und unheilbar humorlos ist?

Bei dieser Frage fiel mir meine erste Chefin ein, eine mondgesichtige Frau mit Hitlerfrisur, die der Überzeugung anhing, kleine Werbetexter sollten zwar zu sehen, aber nicht zu hören sein. Eines Tages tat ich ihr in einer Anwandlung nihilistischer Courage einen lebenden Goldfisch in den Tee. Wenig später kassierte ich Stütze. »Die hat eben keinen Humor«, dachte ich damals, aber jetzt weiß ich, dass ihr nur *mein* Humor fehlte. Es ist nun mal so, dass nicht alle Menschen dasselbe witzig finden.

Aber jeder *kann* witzig sein, und das erzählte ich auch dem Journalisten. Wenn jemand nicht witzig ist, dann fehlt ihm meistens zweierlei. Erstens ein Sinn für das, was witzig ist und warum (womit wir uns zu gegebener Zeit noch beschäftigen werden), und zweitens und viel wichtiger, der *Mut zum Risiko*. Für mich ist der Mut zum Risiko genauso ein Instrument wie andere auch; man kann lernen, wie man damit umgeht, begreifen, wie es funktioniert, und es schließlich beherrschen.

Ja, ja, ja, manche Leute haben mehr natürlichen Humor als andere, genauso wie manche Leute perfekte Dribbelkünstler sind oder es voll drauf haben, den Ball aus 30 Meter Entfernung ins Tor zu zirkeln. Doch die meisten von uns haben mehr Humor, als sie glauben. Woran es uns manchmal mangelt, ist der schon genannte Mut zum Risiko, und der ist gleichbedeutend mit dem Mut, Fehler zu machen und Misserfolge in Kauf zu nehmen. Man hat uns zwar von Kindesbeinen an eingetrichtert, dass Fehler was ganz Furchtbares sind, aber so merkwürdig es uns auch erscheinen mag, die Bereitschaft, Misserfolge in Kauf zu nehmen, ist eines der nützlichsten Instrumente in Ihrem Comedy-Werkzeugkasten. Es erleichtert Ihnen die Benutzung aller anderen Mittel und hilft Ihnen, bessere Ergebnisse zu erzielen.

Die erste große Aufgabe besteht also darin, unsere Risikobereitschaft zu steigern. Und dazu müssen wir zuallererst ...

Gedankenmüll entsorgen

Natürlich gibt es alle möglichen Arten von Gedankenmüll in dieser Welt: Sprühkäse ist eine grandiose Erfindung; *eine* Zigarette schadet nichts; das rote Lämpchen am Armaturenbrett *muss* ja nicht heißen, dass irgendwas nicht in Ordnung ist. Ich möchte Ihre Aufmerksamkeit jetzt auf zwei besonders heimtückische Arten von Gedankenmüll lenken: *irrige Annahmen* und *falsche Assoziationen*.

Wenn wir einen unbekannten Witz erzählen, eine neue Idee ausprobieren oder überhaupt irgendwas Kreatives tun wollen, lauert hinter unserem bewussten Denken immer folgende irrige Annahme: *Es funktioniert sowieso nicht; sie werden es nicht gut finden.* Diese massive Blockade bauen humorlose Menschen sofort vor sich auf, wenn ihnen ein Scherz oder ein Witz eingefallen ist, also noch bevor sie ihn erzählen. Es funktioniert sowieso nicht. Sie werden es nicht gut finden. Vielleicht halte ich doch lieber meine große Klappe und gehe auf Nummer sicher; ja, das ist wohl das Beste. Und genau das tun sie dann auch meistens. Darum halten wir sie für schüchtern, gehemmt oder langweilig – für trübe Tassen, um die man auf Partys am besten einen großen Bogen macht.

Okay, und wieso ist *Es funktioniert sowieso nicht* nun eine irrige Annahme? Immerhin könnte es ja *wirklich* nicht funktionieren. Die Zuhörer könnten es tatsächlich nicht mögen. Stimmt schon, ausgeschlossen ist das nicht. Aber wir haben massenhaft Beweise fürs Gegenteil. Hin und wieder funktionieren Witze; die Annahme, sie würden in die Hose gehen, ist also prinzipiell schon zumindest teilweise falsch. Ebenso falsch wie die Annahme, sie würden voll einschlagen. Man weiß es eben erst, wenn man's ausprobiert.

Und warum probieren wir's dann nicht aus? Was haben wir zu verlieren? Tatsächlich plagt uns im tiefsten Innern das Gefühl oder die Angst, dass wir *eine Menge* zu verlieren haben. Hier kommen nun die *falschen Assoziationen* ins Spiel. Nachdem wir schon gleich zu Anfang zu dem völlig unsinnigen Schluss gelangt sind, dass unser Witz nicht funktionieren wird, springen wir nun zu der erstaunlichen Folgerung, dass »sie« nicht nur unseren Witz, sondern auch *uns* nicht gut finden werden. Wir verschaffen uns innerlich die grimmige Gewissheit, dass die anderen uns als Dummkopf, Hanswurst oder sonstwie minderwertigen Menschen betrachten werden. Warum ist das eine falsche Assoziation? Aus folgendem schlichten Grund: Die Menschen machen sich keine Gedanken über das Erscheinungsbild anderer. Sie sind viel zu sehr damit beschäftigt, sich den Kopf über ihr *eigenes* Erscheinungsbild zu zerbrechen.

Jeder von uns ist der Mittelpunkt seines eigenen Universums, und unser jeweiliges Universum ist von verblüffend geringem Interesse für das Universum nebenan. Schwer beladen mit unseren Ängsten tun wir so gut wie alles, um in den

Augen der anderen bloß nicht schlecht auszusehen. Aber wie es im Koran heißt: Wenn man wüsste, wie wenig Gedanken sich die Leute über einen machen, würde man sich keine Gedanken darüber machen, was sie denken.

Und es gibt noch eine weitere wichtige falsche Assoziation: Wenn die mich nicht gut finden, kann ich mich auch nicht gut finden. Das ist nun wirklich Furcht einflößend. Wir verbringen so viel Zeit damit, unser Selbstbild mit der Frage abzusichern, was die anderen wohl von uns denken werden, dass unser ganzes Ego auf dem Spiel steht, wenn wir den Witz endlich erzählen. Und wenn er dann misslingt, folgt daraus unausweichlich der Tod des Egos. Deshalb sagt der Standup-Comedian: Ich bin da draußen gestorben, wenn seine Show durchfällt. Hinter dem ganzen Gedankenmüll lauert der falscheste Gedanke von allen: Wenn ich versage, sterbe ich.

Schauen wir uns noch mal die ganze Schleife an, nur um sicherzugehen, dass wir sie auch wirklich verstehen. Man macht den Mund auf, um einen Witz zu erzählen, aber eine kleine Stimme sagt: Warte mal, das könnte danebengehen. Darauf antwortet eine weitere kleine Stimme: Natürlich geht's daneben, und dann stehst du da wie ein Versager, wie ein Hanswurst. Und dann fällt eine dritte Stimme ein: Wenn sie dich für einen Hanswurst halten, bist du auch vor dir selbst einer. Und schließlich: Dein Ego wird sterben; und dann wirst *du* sterben. Ganz schön schwere Bürde für einen armen kleinen Witz, nicht wahr?

Nun kann ich diese ganzen Probleme mit dem Selbstbild nicht in einem kurzen Kapitel eines Buches ausräumen, in dem es nicht mal um dieses Thema geht. Aber ich kann Sie mit ein paar Strategien und Taktiken vertraut machen, die helfen, diese falschen Stimmen im Kopf zum Schweigen zu bringen. Hier ist die erste und wertvollste:

Machen Sie Ihrem scharfen inneren Zensor den Garaus

Bündeln Sie all Ihre falschen Stimmen zu einem metaphorischen Knoten und nennen Sie ihn »mein scharfer innerer Zensor«. Gestehen Sie diesem Zensor zu, dass es seine Aufgabe ist, Sie vor schlimmen Fehlern zu bewahren. Manchmal erfüllt er diese Aufgabe auf durchaus sinnvolle Weise, zum Beispiel wenn er Sie daran hindert, einen Polizisten anzupöbeln oder Ihrer Freundin zu sagen, was Sie *wirklich* von ihrer neuen Frisur halten. Aber Ihr scharfer innerer Zensor ist selbst nicht vor irrigen Annahmen gefeit. Er nimmt nämlich an, dass er weiß, was ein schlimmer Fehler ist, und glaubt überdies, stets in Ihrem besten Interesse zu handeln. Ihr scharfer innerer Zensor unterschätzt Ihre Erfolgsaussichten und überschätzt zugleich die Strafe für den Misserfolg. Erklären Sie ihm, er soll sich zum Teufel scheren.

Leichter gesagt als getan, stimmt's? Ihr scharfer innerer Zensor ist schließlich ein willensstarker Mistkerl. Außerdem habe ich Ihnen das nützliche Märchen aufgetischt, er sei irgendwie eine oppositionelle Kraft und gehöre eigentlich nicht zu Ihnen; aber wir wissen es besser, nicht wahr? Ihr scharfer innerer Zensor sind *Sie selbst*, und wie kämpft man gegen sich selbst?

Wenn wir später darüber sprechen, wie man gute Witze verbessert oder einen Text überarbeitet, um die komische Wirkung zu verstärken, wie man also Ihre Schmuckstücke poliert, werden wir den scharfen inneren Zensor wieder zum Leben erwecken. Wir werden ihn mit folgenden Worten willkommen heißen: So, jetzt darfst du anspruchsvoll sein und unerbittlich auf Qualität pochen. Tu dir nur keinen Zwang an, du bist nämlich mein bester Freund. Aber in diesem frühen Stadium müssen wir seine Stimme wirklich zum Schweigen bringen, diesen Tyrannen im Kopf neutralisieren, der seine Ängste zu Ihren Ängsten machen will. Um Ihrem scharfen inneren Zensor den Garaus zu machen, brauchen Sie Waffen. Die *Neunerregel* ist eine meiner Lieblingswaffen.

Die Neunerregel

Von jeweils zehn Witzen, die Sie erzählen, werden neun Schrott sein. Von jeweils zehn Ideen, die Sie haben, werden neun nicht funktionieren. Wenn Sie zehn Mal ein Risiko eingehen, fallen Sie neun Mal auf die Nase.

Deprimierend? Eigentlich nicht. Sobald Sie sich die Neunerregel zu Eigen gemacht haben, erweist sie sich sogar als äußerst befreiend, denn Sie sind im Nu und für immer die alles vergiftende Erwartung los, dass Sie jedes Mal Erfolg haben müssten. Diese Erwartung und die daraus resultierende Versagensangst verleihen Ihrem scharfen inneren Zensor solche Macht über Sie. Wenn Sie diese Erwartung ablegen, entziehen Sie ihm seine Macht. Ganz einfach und sauber: ein Instrument.

Aber halt, besteht da nicht ein Widerspruch? Habe ich nicht eben noch gesagt, dass man weder einen Erfolg *noch* einen Misserfolg voraussetzen kann? Habe ich nicht gesagt, man weiß es erst, wenn man's ausprobiert? Wie zum Henker kann ich dann von einer erschreckenden, erbärmlichen Erfolgsquote von zehn Prozent bei unseren humoristischen Bemühungen ausgehen? Kann ich eigentlich nicht. Es gibt keinerlei logische Begründung dafür. Die Neunerregel ist keine eherne Wahrheit, sondern eine weitere nützliche Fiktion, die mir in meinem niemals endenden Kampf gegen die Angst hilft.

Vielleicht halten Sie das für Haarspalterei. Ob man *Angst*

vor einem Misserfolg *hat* oder von einem Misserfolg *ausgeht*, was gibt es da schon für einen Unterschied? Die Antwort heißt: Erwartung. Wenn man erwartet, dass man Erfolg haben wird, hat man Angst vor dem Misserfolg. Man hat etwas zu verlieren. Mit der Neunerregel setzt man seine Erwartungen jedoch so niedrig an, dass man kaum etwas zu verlieren hat. Aber das ist noch nicht alles.

Wenn man von vornherein annimmt, dass von zehn Witzen nur einer funktioniert, dann ist es einigermaßen logisch, dass man Hunderte und Aberhunderte von Rohrkrepierern braucht, um sich eine anständige Witzesammlung aufzubauen. Man muss es ausprobieren und scheitern, ausprobieren und scheitern, immer wieder, bis man dann irgendwann nicht mehr scheitert. Dank schlichter mathematischer Logik glaubt man dann am Ende selbst, dass der Prozess des Scheiterns von entscheidender Bedeutung für das Produkt des Erfolgs ist. Damit haben Sie auch Ihren scharfen inneren Zensor wieder auf Ihrer Seite: Er ist noch nicht tot, aber vielleicht piesackt er Sie nicht mehr ganz so sehr wie zuvor.

Die Neunerregel ist also ein Werkzeug zur Reduzierung von Erwartungen. Probieren wir's aus, dann sehen wir, wie es funktioniert. Stellen Sie eine Liste mit zehn ulkigen Bandnamen zusammen. Denken Sie daran, es geht hier um Quantität, nicht um Qualität. Um Ihre Erwartungen noch weiter zu senken, sollten Sie versuchen, die Übung in höchstens fünf Minuten abzuschließen. Damit überzeugen Sie außerdem Ihren scharfen inneren Zensor, dass keine Gefahr droht, dass nichts auf dem Spiel steht.

Später werden wir einen ganzen Haufen Instrumente zur Verfügung haben, mit denen wir an so eine Aufgabe herangehen können. Jetzt aber beantworten Sie bitte nur diese Frage: Was wäre ein ulkiger Name für eine Band?

Zum Beispiel:

Die vollen Hosen
Papa Humba und die kleinen Täteräs
Blumtopf
The Metal-Monsters of Mecklenburg
Haddewaddemiddeohrn
Die Trockenfürze
Pillepalle
Heilen Sie Lassie
Die Band mit dem unglaublich langen, praktisch unaussprechlichen Namen, den sich eh keine Sau merken kann
...

Keine besonders ulkige Liste, wie? Aber dank der Neunerregel ist das auch nicht nötig. Wir wollen uns jetzt nur daran gewöhnen, etwas hinzuschreiben, ohne Risiko oder Belastung, Erwartung oder Angst. Jetzt probieren Sie's mal. Nehmen wir an, Sie haben ein leeres Blatt Papier oder die Rückseite eines alten Briefumschlags, worauf Sie schreiben können. Ich werde Ihnen im Verlauf dieses Buches eine ganze Reihe Übungen vorschlagen, und auch wenn Ihnen niemand eine Knarre an die Schläfe hält, sollten Sie daran denken, dass der erste Schritt zur Beherrschung von Instrumenten darin besteht, ein Gefühl für die verdammten Dinger zu kriegen. Vielleicht sollten Sie Ihren Vorrat an alten Briefumschlägen aufstocken. Sie können natürlich auch ein Notizbuch benutzen oder an den Rand kritzeln; manchmal lasse ich ein bisschen Platz auf den Seiten. Wie gesagt, die erste Regel lautet, dass es keine Regeln gibt.

Wollen Sie Ihren scharfen inneren Zensor noch ein Stück weiter zurückdrängen? Dann tun Sie Folgendes:

Schrauben Sie Ihre Ansprüche herunter

Das ergibt keinen Sinn, nicht wahr? Schließlich erzählt man uns doch immer, wir müssten höhere Ansprüche stellen. Schon richtig, aber man erzählt uns ja auch immer, der Scheck sei schon unterwegs, man werde uns auch morgen früh noch respektieren und ein Zwölf-Zilliarden-Mark-Defizit sei kein Grund zur Sorge – also sollten wir nicht unbedingt alles glauben, was man uns so erzählt.

Ob Sie nun Standup-Comedian, Drehbuchautor, Romanschriftsteller, Verfasser von Glossen, Comic-Zeichner, bildender Künstler, Glückwunschkartenschreiber, Redner oder sonstwas sind, wahrscheinlich lastet der sehnliche Wunsch auf Ihnen, jetzt sofort sehr erfolgreich zu sein. Kaum bringe ich beispielsweise die ersten Zeilen dieses Buches zu Papier, schon ertappe ich mich bei der Frage, ob es sich wohl gut verkaufen, mich in die Talkshows bringen und berühmt machen wird, so dass ich weitere Bücher schreiben kann, Filmverträge kriege und zu den besten Partys eingeladen werde. Und dabei ist es noch nicht mal erschienen.

Dennoch hoffe ich, dass dieses Buch mich reich und berühmt machen wird. Ich wäre wirklich gern reich und berühmt, aber solange ich mich damit aufhalte, wie es ist, reich und berühmt zu sein, ein gemachter Mann, ein Gewinner, kann ich mich nicht darauf konzentrieren, dieses Buch zu schreiben – also das zu tun, was mich letzten Endes hoffentlich reich und berühmt machen wird. Um zwei Metaphern ganz abscheulich zu vermischen, ich stehe in den Startlöchern und baue Luftschlösser. Was in Gottes Namen soll ich jetzt tun?

Ich schraube meine Ansprüche herunter. Ich konzentriere mich auf dieses Kapitel, diesen Absatz, diesen Satz, diesen Satzteil, dieses Wort. Warum? Weil die Hoffnung auf Erfolg der Komik genauso sicher den Garaus machen kann wie die Angst vor dem Misserfolg. Mit der Neunerregel rücken wir unserer Versagensangst zu Leibe. Indem wir unsere Ansprüche herunterschrauben, rücken wir unserem Erfolgswunsch zu Leibe.

Ich kann diesen Punkt gar nicht genug betonen. Das Einzige, was in diesem Augenblick zählt, ist die unmittelbar vor uns liegende Aufgabe. Wenn wir uns auf die unmittelbar vor uns liegende Aufgabe konzentrieren, wird sich alles andere von selbst regeln.

Na klar, mein kleiner Sonnenschein. Mach nur brav deine Hausaufgaben, dann wird das Buch veröffentlicht, die Talkshows rufen an, und das Geld, der Ruhm, die Partyeinladungen kommen wie durch Zauberhand zum Fenster hereingeflattert. Okay, vielleicht auch nicht. Aber eins steht fest, und das wissen Sie: Wenn Sie sich *nicht* auf die unmittelbar vor Ihnen liegende Aufgabe konzentrieren, dann wird das Buch (oder das Stück, der Witz, die Karikatur, die Glosse, die Rede, die Glückwunschkarte, der Standup-Auftritt) nie fertig, und Sie können den ersehnten Ruhm in den Schornstein schreiben.

Der komische Prozess geht schrittweise vonstatten. Wenn Sie nicht Superman sind, können Sie nicht mit einem Satz auf Hochhäuser springen, und folglich ist es irgendwie ziemlich albern, sich einzureden, man müsste es tun. Seien Sie sich dessen bewusst. Verlangen Sie von sich nur, was Sie jetzt tun können. Dann wird Ihr scharfer innerer Zensor wie Schnee in der sprichwörtlichen Sonne schmelzen.

Gut, damit verfügen wir nun über zwei Instrumente, mit denen wir unsere Ängste attackieren und sie verringern können: die Neunerregel und »Ansprüche herunterschrauben«. Welche Waffen können wir noch in Anschlag bringen? Es wird Sie vielleicht freuen zu hören, dass dies keine rhetorische Frage ist.

Positive Verstärkung als sich selbst erfüllende Prophezeiung

Beklatschen Sie jeden kleinen Sieg, denn damit erzeugen Sie jedes Mal eine Atmosphäre, in der ein größerer Sieg wachsen kann.

Wow, was für ein toller Gedanke. Noch mal zur Vertiefung für die in der hintersten Bank: *Beklatschen Sie kleine Siege. Diese sind der Nährboden für große Siege.*

Machen wir eine weitere Übung – mal sehen, ob wir unsere Bemühungen mit positiver Verstärkung steigern können. Zuerst schreiben Sie mit Hilfe der Neunerregel eine Liste von zehn ulkigen Namen in Ihr Notizbuch. Ich gebe Ihnen mal ein paar vor:

Kunigunde Kiepenkerl
Klaus Trophobie
Rezzo Schlauch

Okay, jetzt sind Sie dran. Ich warte...

Dam da dam da dam...

Schöner Tag heute, nicht?

Bisschen dunstig, ja, aber das ist... Schon fertig? Na prima.

Und, wie fühlen Sie sich jetzt? Wenn alles nach Plan gegangen ist, haben Sie das Instrument der heruntergeschraubten Ansprüche benutzt, um die falschen Erwartungen möglichst gering zu halten. Sie sind zu der Ansicht gelangt, dass dies eine simple, triviale und höchstwahrscheinlich sinnlose Übung war, die nichts weiter bezweckte, als Ihre Komik-Muskeln zu aktivieren. Sie haben nicht erwartet, dass sie Ihr Leben verändern würde, und – na bitte! – das hat sie auch nicht getan.

Jetzt gehen Sie mit Hilfe der Neunerregel Ihre Liste durch. Klar, Sie werden feststellen, dass die meisten dieser ulkigen Namen eigentlich gar nicht ulkig sind. Und auf einmal ist das nicht weiter schlimm, weil sie das der Neunerregel zufolge auch nicht sein müssen.

Aber Sie haben trotzdem etwas sehr Wichtiges getan: *Sie haben die Übung durchgeführt.* Sie sind von A nach B gegangen, ohne in die Traumwelt des Zauderns abzudriften. *Sie haben Ihre Aufgabe erledigt.* Sie haben es nicht besser und nicht schlechter gemacht, als Sie's erwartet haben, und Sie sind ja auch gar nicht davon ausgegangen, dass Sie es besonders gut oder schlecht machen würden. Von dieser Last befreit, haben Sie es geschafft, und das ist vielleicht schon mehr als zuvor.

Also klopfen Sie sich auf die Schulter. Der Pokal gehört Ihnen.

Und sehen Sie, was passiert: Sie beglückwünschen sich, weil Sie diese kleine Aufgabe erfüllt haben. Das stärkt Ihr Selbstwertgefühl – Sie sind jemand, der etwas zuwege bringt. Damit sind Sie schon ein wenig besser für die nächste Aufgabe gerüstet. Das heißt, nächstes Mal machen Sie's besser. Das heißt, Ihr Selbstbild verbessert sich. Das heißt, Sie leisten noch bessere Arbeit. Das heißt ... na ja, Sie verstehen, worauf ich hinaus will.

Hier zeigt sich, wie positive Verstärkung zur sich selbst erfüllenden Prophezeiung wird. Je besser Sie sich finden, desto besser werden Sie.

Boa, ey, tolles Konzept, was? *Je besser man sich findet, desto besser wird man.* Und wie sind Sie besser geworden? Indem Sie zuerst einmal jegliches Interesse daran über Bord geworfen haben, besser zu werden. Ist fast schon Zen, stimmt's? Man wird besser, indem man nicht versucht, besser zu werden. Wie ist das möglich?

Sie haben Ihren Blickwinkel geändert. Sie haben sich auf den *Prozess* konzentriert statt auf das *Produkt*. Indem Sie sich um die unmittelbar stattfindende Tätigkeit gekümmert haben statt um den Applaus später beim Vorhang, haben Sie das Spiel verändert; während Sie es vorher unmöglich gewinnen konnten, können Sie es nun gar nicht verlieren. Damit versetzen Sie Ihrem scharfen inneren Zensor den endgültigen Todesstoß, denn wie soll er Ihre Erwartungen manipulieren, wenn Sie plötzlich nur noch *auf den Prozess orientiert sind?*

Falls Ihnen das ein bisschen zu New-Age-mäßig klingt, gehen Sie vorläufig ruhig drüber hinweg. Aber konzentrieren Sie sich in den folgenden Kapiteln bitte darauf, die immer schwerer werdenden Übungen auszuführen. Und achten Sie dabei nach Möglichkeit nicht auf Qualität. Ihre Leistung wird sich verbessern, das verspreche ich Ihnen.

Prozess, nicht Produkt. Denken Sie immer daran. Mit anderen Worten:

Konzentrieren Sie sich auf die unmittelbar vor Ihnen liegende Aufgabe

Kreativität und Rivalität überschneiden sich manchmal. Auch wenn wir es noch so sehr zu vermeiden versuchen, wir vergleichen uns unwillkürlich mit anderen und messen unsere Fortschritte an ihren. Das ist ganz natürlich und unvermeidlich – und wir müssen etwas dagegen unternehmen.

Angenommen, Sie bekommen einen Anruf von einem Freund, der gerade einen Auftritt angeboten bekommen hat, auf den Sie scharf waren und den Sie garantiert prima hingekriegt hätten. Noch während Sie ihm gratulieren, ertappen Sie sich vielleicht bei der Frage: Wieso der und nicht ich?

Und wenn dieser Anruf mitten in der Arbeitszeit kommt, setzt er Ihrem kreativen Prozess vielleicht ein abruptes Ende. Eifersucht, Neid, Verzweiflung – all diese sonderbaren, negativen Gefühle wirbeln wie eine zerstörerische schwarze Wolke durch Sie hindurch. Wie sollen Sie bei so einem Radau im Kopf auch komisch sein?

Sie befassen sich wieder mit dem, was Sie kontrollieren können: Worte auf dem Papier, Zeichnungen auf dem Skizzenblock, was auch immer. Indem Sie sich auf die unmittelbar vor Ihnen liegende Aufgabe konzentrieren, schieben Sie die unvermeidliche, von der Rivalität erzeugte Wut beiseite. Und wenn Sie dann dank schierer Sturheit ein bisschen was fertig haben, greifen Sie zu Ihrem Instrument der positiven Verstärkung und sagen sich: Hey, das ist gar nicht so schlecht, was ich da gemacht habe. Klar, jemand anders hat einen Job gekriegt, den ich gern gehabt hätte, aber ich hab *dies*, um mich gut zu fühlen.

Und schon verbessert sich Ihr Selbstbild, Ihre Unruhe schwindet, Ihre Konzentration und Ihr Selbstvertrauen wachsen, und Sie können sich der nächsten konkreten Aufgabe zuwenden, dem nächsten Witz oder Absatz, der nächsten Zeichnung oder was auch immer.

Dieser Krieg wird in kleinen Scharmützeln gewonnen. Und ob das Instrument, sich der unmittelbar vor Ihnen liegenden Aufgabe zu widmen, funktioniert, hängt stark von der nicht ganz einfachen Selbsttäuschung ab, dass die Außenwelt irgendwie nicht existiert. Sie wissen und ich weiß, dass das nicht stimmt. Am Ende des Tages, wenn die Witze alle niedergeschrieben und die Karikaturen alle gezeichnet sind und so weiter, müssen immer noch Rechnungen bezahlt und Getriebe repariert werden, in der Nachbarschaft schreien Babys, die Regenwälder verschwinden, und uns quält weiterhin die nagende, ungelöste Frage, ob Leno besser ist als Letterman oder nicht.

Aber das spielt alles keine Rolle, wenn Sie sich auf die unmittelbar vor Ihnen liegende Aufgabe konzentrieren. Dann existiert die Außenwelt wirklich nicht. Sie kriegen ein konkretes Stück Arbeit gut hin, klopfen sich dafür auf die Schulter und machen sich mit diesem Erfolgserlebnis an die nächste Aufgabe, besser gerüstet denn je. So ergänzen sich die Instrumente gegenseitig. So verschlingt die Schlange ihren eigenen Schwanz.

Nun kommen wir gleich zu den konkreten Comedy-Instrumenten, derentwegen Sie dieses Buch wahrscheinlich gekauft haben. Sie denken vielleicht, dass es nur auf sie ankommt. Sie denken vielleicht, ich hätte viel Zeit und viele Worte darauf verschwendet, ein emotionales Umfeld zu schaffen, in dem man diese Instrumente ohne störende Erwartungen positiver, negativer oder sonstwelcher Art benutzen kann. Würden Sie sich besser fühlen, wenn Sie wüssten, dass ich pro Wort bezahlt werde? Das ist die scherzhafte Antwort. Die wahre Antwort lautet: Ohne die richtige emotionale Grundlage sind die Instrumente nutzlos.

Wenn Sie sich nicht bereit finden, zuallererst die jede Kreativität hemmenden Ängste zu bekämpfen, werden Sie kein bisschen witzig sein. Dann haben Sie das Geld für dieses Buch zum Fenster rausgeworfen, bis auf die paar Mark vielleicht, die Sie eines Tages auf dem Flohmarkt dafür bekommen.

Fassen wir also zusammen: Auf die Nase zu fallen ist nichts Schlechtes, sondern etwas Gutes. Wenn man auf die Nase fällt, bewegt man sich immerhin vorwärts, und nur darauf kommt es an. Eine Treppe steigt man ja auch eine Stufe nach der anderen hinauf.

Und wo wir nun alle so fröhlich nichtergebnisorientiert sind, wollen wir mal sehen, wie wir mit Hilfe unseres Comedy-Werkzeugkastens ein paar verdammt gute Ergebnisse erzielen können. Mit anderen Worten: Genug gequatscht, jetzt geht's ans Eingemachte...

3
DIE KOMISCHE PRÄMISSE

Die komische Prämisse ist die Kluft zwischen komischer und realer Wirklichkeit.

Jedes Mal wenn man es mit einer komischen Stimme, einer komischen Figur, einer komischen Welt oder Einstellung, mit einem schrägen Blickwinkel auf die Dinge zu tun hat, gibt es eine Kluft zwischen zwei Wirklichkeiten. In dieser Kluft ist die Komik zu Hause.

In *Zurück in die Zukunft* beispielsweise besteht die komische Prämisse in der Kluft zwischen der komischen Wirklichkeit der Fünfziger-Jahre-Welt des Films und der »realen« Wirklichkeit von Marty McFly. Für ihn ist Ronald Reagan Präsident der Vereinigten Staaten; für Menschen, die in den fünfziger Jahren leben, ist Reagan bloß ein Schmierenschauspieler. Dieser Scherz ist typisch für den Film und spiegelt dessen komische Prämisse.

In *Catch 22* kann man die komische Prämisse in der Kluft zwischen Yossarians Weltsicht – Ich bin normal, wäre aber gern verrückt – und der Weltsicht aller anderen sehen: Wir sind verrückt, tun aber so, als wären wir normal.

In dem Comic-Strip *Peanuts*, um ein ganz anderes Beispiel zu nehmen, gibt es eine Kluft zwischen Snoopys »realer« Wirklichkeit – er ist ein Hund – und seiner komischen Wirklichkeit – er ist ein Fliegerass im Zweiten Weltkrieg. Man muss sich keine Filme anschauen und weder Bücher noch Comic-Strips lesen, um die Kluft der komischen Prämisse zu entdecken. Sie ist direkt auf der Ebene des Witzes, des Gags, der Pointe zu finden.

»Ich hab schon ein Jahr lang keinen Sex mehr gehabt.«
»Lebst du im Zölibat?«
»Nein, ich bin verheiratet.«

Hier besteht die Kluft im Unterschied zwischen einem realen Grund – Zölibat – und einem komischen Grund – Ehe – für ein nicht vorhandenes Sexleben.

Die komische Prämisse ist in allen Formen der Komik anzutreffen, ganz gleich, wie groß oder klein sie sind. Selbst das eher schlichte Wortspiel beruht auf der Kluft zwischen der »realen« Wirklichkeit, in der sich ein Wort erwartungsgemäß auf eine bestimmte Weise verhält, und der komischen Wirklichkeit, der Art, wie es sich schließlich im Witz verhält.

»Morgen fahre ich in Urlaub«, fühlt Frau Schwuppke bei ihrer Nachbarin vor. »Aber was mache ich mit meinem Kater?«
»Gar kein Problem«, antwortet die Nachbarin. »Zwei Alka Seltzer zum Frühstück, und weg ist er.«

Wir erwarten, dass mit dem Wort »Kater« ein Tier gemeint ist. Das ist die reale Wirklichkeit. Doch wenn es sich stattdessen plötzlich auf die körperliche Verfassung bezieht, verwandelt sich die reale in die komische Wirklichkeit. Das ist die Kluft. Sieh die Kluft. Sei die Kluft. Benutze die Macht, Luke.

In der Fernsehserie *Mork vom Ork* tut sich die Kluft zwischen der »realen« Wirklichkeit von Mindys Welt und der komischen Wirklichkeit von Morks Welt auf. In *Wunderbare Jahre* fungiert ein erwachsener Erzähler, der auf seine Kindheit zurückblickt, als humoristischer Motor der Serie. Hier besteht die Kluft zwischen dem, was ein Kind weiß, und dem, was ein Erwachsener durch Erfahrung gelernt hat.

Können Sie die komische Prämisse in Glückwunschkarten ausfindig machen? Probieren Sie's mal hiermit:

»Ein Prosit auf das beste Jahr deines Lebens!«
und dann macht man die Karte auf...
»1976 war das, oder?«

Hier öffnet sich die Kluft zwischen der realen Wirklichkeit des Empfängers, der einen Glückwunsch erwartet, und der komischen Wirklichkeit des Absenders, der ihm stattdessen einen ironischen Spruch auftischt.

Und um auch mal die Literaturstudenten anzusprechen: James Thurber schildert in seinen Werken oftmals die Kluft – im wahrsten Sinne des Wortes – zwischen Wirklichkeit und Phantasie, vor allem, indem er eine Figur die sie umgebende Wirklichkeit auf komisch-phantastische Weise interpretieren lässt. Was ist »Walter Mittys Geheimleben« anderes als eine Reise entlang der Kluft zwischen Mittys Innenwelt und der Außenwelt, die er partout nicht wahrhaben will?

Selbst Titel können eine komische Prämisse zum Ausdruck bringen. Angenommen, Sie stießen auf einen Krimi mit dem Titel *Sebastian Hasenfuß, Privatdetektiv*. Würden Sie nicht erwarten, dass es sich bei diesem Buch um einen lustigen Krimi oder vielleicht um ein Kinderbuch handelt? Wenn ja, dann wegen der Kluft zwischen der realen Wirklichkeit (ernsthafte Romane, ernsthafte Titel) und der komischen Wirklichkeit (ein Detektiv mit einem ulkigen Namen).

Vielleicht finden Sie das ein bisschen zu analytisch, aber haben Sie bitte noch etwas Geduld mit mir. Sobald Sie die Sache mit der Kluft der komischen Prämisse begriffen haben, werden Sie sie in jeder witzigen Situation sehen, die Ihnen vor Augen kommt. Und wenn Sie die Kluft erst mal in alltäglichen Situationen erkennen, werden Sie den Spieß bald umdrehen und sie nicht nur in erlebten Situationen wahrnehmen, sondern in selbst ausgedachte komische Situationen *einbauen*. Dann wird die komische Prämisse von einer rein akademischen Denksportaufgabe zu einem echten Instrument.

Okay, versuchen wir's. Erfinden wir mit Hilfe des Instruments der komischen Prämisse komische Situationen. Und zwar gleich zweimal: Einmal jetzt sofort und dann noch mal im späteren Verlauf des Kapitels, wenn wir die komische Prämisse in ihre Komponenten aufgedröselt haben. Schreiben Sie links auf Ihr Blatt zehn reale Wirklichkeiten untereinander. Dann schreiben Sie rechts zehn damit in Konflikt stehende komische Wirklichkeiten hin. Bevor Sie anfangen, denken Sie daran, dass es auf den Prozess ankommt, nicht auf das Produkt. Sie werden nicht benotet, es gibt keinen Eintrag in Ihre Akte, und es kommt nicht darauf an, dass es ordentlich aussieht. Das Einzige, worauf es ankommt, ist, dass Sie die Sache so schnell wie möglich erledigen, damit wir weitermachen können. Ich gebe Ihnen ein paar vor, als Starthilfe:

einkaufen gehen	auf der Suche nach Uzis
Ein Polizist stoppt einen Lieferwagen	mit lauter Außerirdischen drin
die Bibel	in der Fassung von Stephen King
...	...

Genau, wir suchen nach etwas Unerwartetem, um die komische Wirklichkeit zu erschaffen. Tatsächlich kann man dieses Problem unter anderem dadurch lösen, dass man sich überlegt, was der Erwartung entspräche, und dann das Gegenteil einsetzt:

zur Kirche gehen	im Adamskostüm
Hauswirtschaftslehre an der Hauptschule	mit Albert Einstein als Lehrer
sich eine Sinfonie anhören	zu einer Sinfonie tanzen
...	...

Wenn Sie diese Übung leicht fanden, dann liegt das wahrscheinlich daran, dass Sie sich von Ihren geistigen Höhenflügen fortreißen ließen. Falls Sie die Übung schwer fanden, kann das überraschenderweise daran liegen, dass Ihre Überlegungen zu unstrukturiert waren, dass Sie kein richtiges Gerüst für Ihre Gedanken hatten.

Beim unstrukturierten Denkprozess stellt man die Frage: Was ist komisch?, und versinkt sofort in einer Masse amorphen Schleims. Beim halbwegs strukturierten Denkprozess konzentriert man sich auf die komische Prämisse, wie wir es nennen, und versucht, von einer magischen Hand geleitet zu einem kreativen Ziel zu gelangen. Nicht mehr ganz so amorph, aber immer noch Schleim. Je stärker wir die Aufgabe strukturieren, je mehr wir den kreativen Akt so verstehen, dass wir simple Fragen stellen und beantworten, desto leichter wird die ganze Sache.

Innerhalb der komischen Prämisse gibt es nicht nur eine Kluft zwischen der realen und der komischen Wirklichkeit, sondern alle möglichen verschiedenen Klüfte. Sie beruhen stets auf einem *Konflikt*, und je stärker dieser ist, desto interessanter ist die Prämisse.

Drei Gattungen des komischen Konflikts

Im klassischen Drama gibt es drei Gattungen von Konflikten: Mensch versus Natur, Mensch versus Mensch und Mensch versus sich selbst. Da der komische Konflikt oftmals nur der dramatische Konflikt mit einer ordentlichen Prise Gelächter ist, überrascht es wohl nicht besonders, dass es diese drei Konfliktebenen auch im Bereich der Komik gibt. Sie werden die komische Prämisse auf einer, zwei oder allen drei Konfliktebenen finden.

Die erste Gattung des komischen Konflikts, der so genannte *globale Konflikt*, ist der Konflikt zwischen dem Menschen und seiner Welt. Dabei kann eine normale Figur mit einer komischen Welt oder eine komische Figur mit einer normalen Welt in Konflikt stehen. Das finden Sie simpel oder pedantisch? Warten Sie's ab.

Eine normale Figur in einer komischen Welt steht für den Leser, Zuschauer oder Zuhörer und repräsentiert die reale Wirklichkeit. Die Situation, in der sie sich befindet, repräsentiert die komische Wirklichkeit. In *Zurück in die Zukunft* ist Marty McFly eine normale Figur in einer komischen Welt. Das Gleiche gilt für den Yankee in *Ritter Hank, der Schrecken der Tafelrunde*. Oder für die Comic-Figur Ziggy. Oder für Bill Cosby, wenn er uns seine schrulligen Freunde Fat Albert, Old Weird Harold usw. vorstellt.

Eine komische Figur in einer normalen Welt trägt die komische Prämisse hingegen in sich. Als Michael Dorsey sich in *Tootsie* in Dorothy Michaels verwandelt, wird er zu einer komischen Figur. Seine Welt hat sich nicht verändert; die komische Prämisse entsteht erst mit seiner eigenen Transformation.

Wenn Robin Williams als Standup-Comedian auftritt, erzeugt er seinen Humor, indem er die normale Welt auf abstruse Weise betrachtet. Im Gegensatz dazu betrachtet Bill Cosby eine abstruse Welt auf normale Weise. Darin besteht der Unterschied zwischen einer komischen Figur in einer normalen Welt und einer normalen Figur in einer komischen Welt.

Ein globaler Konflikt ist oftmals ein gesellschaftlicher Konflikt; das heißt, er konfrontiert eine Einzelperson mit einem kompletten sozialen Gefüge. In *Ich glaub, mich knutscht ein Elch* steht Billy Murray im Konflikt mit dem Militär. In *Immer Ärger mit Sergeant Bilko* steht Steve Martin im Konflikt mit dem Militär. In *Schütze Benjamin* steht Goldie Hawn im Konflikt mit dem Militär. Sieht so aus, als würde dauernd auf dem Militär rumgehackt, wie? In *Beverly Hills Cop* rasselt Eddie Murphy mit der gesellschaftlichen Elite zusammen, in *Mr Smith geht nach Washington* Jimmy Stewart mit der eingefahrenen Politik. All das sind globale Konflikte.

Nun können wir unsere letzte Übung folgendermaßen verfeinern: Erfinden Sie eine komische Situation, deren Prämisse in einem globalen Konflikt besteht. Sie denken sich eine normale Figur aus – sagen wir, einen Geschäftsmann – und dann ein soziales Gefüge, mit dem Sie sie konfrontieren können. Zum Beispiel: die infernalische Steuerprüfung.

Oder machen Sie's andersrum. Konstruieren Sie die Steuerprüfungsabteilung des Finanzamts als normale Welt und entwickeln Sie eine komische Figur, den irrsinnig streitsüchtigen (oder irrsinnig naiven, irrsinnig dummen oder irrsinnig sonstwas) Steuerprüfling. Später werden wir erörtern, wie wir aus solchen Situationen mehr Funken schlagen können; fürs Erste brauchen wir nur zu wissen, dass es diese Art von Konflikten gibt.

Finden Sie ein paar neue komische Prämissen, die ausschließlich auf globalen Konflikten beruhen. Achten Sie darauf, ob Ihnen die Aufgabe jetzt leichter fällt, nachdem Sie den Blickwinkel verengt haben. Ich tippe auf Ja.

> Ein trödeliger Wissenschaftler hat Differenzen mit einem Chemieunternehmen.
> Ein Rock-Rebell wendet sich gegen das Musik-Establishment.
> Ein Normalbürger kämpft gegen das Rathaus.
> Eine Kleinstadt ist mit einer außerirdischen Invasion konfrontiert.
> Ein Lehrer legt sich mit der Schulbehörde an.
> Eine Schule wird Beute eines schrulligen neuen Direktors.
> ...

Ihnen wird auffallen, dass diese Konflikte nicht unbedingt komisch sind. Das macht nichts. Ein paar Kapitel später werden wir alle erforderlichen Instrumente haben, um aus jedem Konflikt einen komischen zu machen. Jetzt wollen wir erst mal zur zweiten Gattung von Konflikten übergehen, den *zwischenmenschlichen* oder *lokalen Konflikten*, Auseinandersetzungen zwischen einzelnen Personen.

Es gibt zwei Arten lokaler Konflikte. Im einen Fall stehen sich eine komische und eine normale Figur gegenüber, im anderen Fall zwei komische Figuren. In beiden Fällen handelt es sich jedoch um Menschen mit einer emotionalen Verbindung. Sie sind einander nicht gleichgültig. Das heißt nicht, dass sie sich lieben oder auch nur mögen. Es kann sein, dass sie sich hassen, aber sie sind einander jedenfalls nicht egal. Das unterscheidet solche Konflikte beispielsweise von dem Konflikt zwischen einem Polizisten und einem Betrüger.

Mork und Mindy sind perfekte Beispiele für den Konflikt einer komischen Figur mit einer normalen Figur. Mork lebt in der komischen Wirklichkeit, Mindy hingegen in der realen. Die Kluft zwischen ihren Persönlichkeiten ist die komische Prämisse der Serie.

Dagegen stehen sich mit Felix und Oscar in *Ein seltsames Paar* zwei komische Figuren gegenüber. Jede vertritt eine starke komische Wirklichkeit, und diese komischen Wirklichkeiten prallen heftig aufeinander. Das wird im nächsten Kapitel noch deutlicher werden, wenn wir über komische Figuren und ihre starken komischen Perspektiven sprechen.

Es ist schön, wenn man etwas in Kategorien einsortieren kann, aber was ist, wenn das nicht geht? Wie steht's mit *Was ist mit Bob?* In diesem Film ist Richard Dreyfuss ein Weltklasse-Psychiater und Bill Murray ein Weltklasse-Irrer. Normale Figur gegen komische Figur oder zwei komische Figuren gegeneinander? Wer weiß? Oder besser, wen interessiert's?

Das Instrument, das wir hier benutzen, heißt *Klassifizierung* – ein nützliches, aber auch problematisches Werkzeug. Kategorisierungen helfen oft, Dinge klarer zu sehen – aber wenn man alles abstempelt, hat man am Ende keine Tinte mehr. Machen Sie sich nichts draus, wenn eine Geschichte, eine Serie oder eine Situation sich nicht so leicht klassifizieren lässt. Wir werden bald sehen, dass wirklich gute Comedy Definitionsgrenzen überschreitet.

Kommen wir noch mal auf unsere Übung zum Thema »komische Prämissen« zurück. Diesmal wollen wir komische Prämissen erfinden, die auf der Konfrontation einer komischen Figur mit einer normalen Figur beziehungsweise auf der Konfrontation zweier komischer Figuren beruhen. Unser Finanzamtsbeispiel funktioniert hier nicht, weil dort eine Figur gegen eine Welt steht und die emotionale Beteiligung gleich null ist. Aber wenn es sich bei der Steuerprüferin um die Exfrau des Geschäftsmanns handelt, haben Sie einen saftigen lokalen Konflikt.

> Ein normaler Mensch kriegt es mit einem verrückten Nachbarn zu tun.
> Ein Soldat und ein Pazifist geraten sich in die Haare.
> Eine Astronomin heiratet einen Astrologen.
> Ein konservativer Vater streitet sich mit seinem linken Sohn.
> Ein ausgeflipptes weibliches Genie stellt seinen Tutor vor Probleme.
> Eine Prüde und ein Zuhälter tun sich zusammen.
> ...

Sie werden auch hier wieder bemerken, wieviel leichter es ist, Entscheidungen zu treffen, wenn man präzisere Fragen stellen kann. Wenn Sie mit der Frage anfangen: Was ist eine komische Prämisse?, gehen Sie baden. Aber wenn Ihre Frage lautet: Was ist ein Konflikt zwischen einer normalen und einer komischen

Figur?, dann sind Sie schon mittendrin und können sich auf die Details konzentrieren. In diesem Buch werden wir stets alle Anstrengungen unternehmen, um vom Allgemeinen zum Besonderen zu kommen. Dort lebt sich's besser.

Nicht nur in der Komödie, beim Geschichtenerzählen überhaupt ist der innere Konflikt der reichhaltigste. Klar, es interessiert uns flüchtig, wie Herman Munster sich so als Geschworener macht, und wir sind auch ein bisschen neugierig, wie Felix und Oscar das mit dem Kratzer im Esstisch geregelt kriegen, aber wenn es richtig dramatisch werden soll, geht nichts über Figuren, die im Widerstreit mit sich selbst liegen.

In einer Spielart des *inneren Konflikts* verwandelt sich eine normale Figur in eine komische Figur, und die Komik wurzelt in der Veränderung dieser Figur. In *Tootsie* ist Michael Dorsey anfangs ein Mann und wird dann zur Frau. Als Mann ist er eine normale, als Frau eine komische Figur. Der Film basiert auf dem Konflikt zwischen seinem normalen und seinem komischen Ich. Ähnlich ist es auch bei der Figur, die Tom Hanks in *Big* spielt. Er fängt normal an, als Kind, und wird dann komisch – ein Kind im Körper eines Mannes.

Eine komische Figur kann auch im Kriegszustand mit sich selbst liegen, ohne eine Veränderung zu durchlaufen. Murphy Brown ist eine von Zweifeln erfüllte Frau. Das war sie schon lange, bevor wir sie kennen gelernt haben, und das wird sie auch bleiben, wenn wir schon lange wieder weg sind. Das ist ein innerer Konflikt.

Um die komische Prämisse beim inneren Konflikt in Worte zu fassen: Wir könnten die Geschichte eines Mannes ausloten, der sich als Blinder ausgibt, obwohl er sehen kann, oder die eines Blinden, der nicht zugeben will, dass er nicht sehen kann.

Am leichtesten erkennt man den inneren Konflikt bei einer normalen Figur, die eine komische Verwandlung durchläuft.

Dazu braucht man bloß eine x-beliebige Figur in ihr Gegenteil zu verwandeln: einen Mann in eine Frau, ein Kind in einen Erwachsenen, einen Idioten in ein Genie usw.

> Ein Kind wird Geschäftsführer eines Groß-
> unternehmens.
> Eine Hausfrau wird Oberbefehlshaberin der Nato.
> Der Präsident von Paraguay wird Palettenschieber
> im Supermarkt.
> Eine klassische Pianistin wird zur Rockgöttin.
> Ein Prinz verwandelt sich in einen Frosch.
> Ein Gartenzwerg wird Model.
> Ein Sumo-Ringer wird Startänzer beim Ballett.

Das eigentlich Interessante an diesen drei Gattungen von Konflikten ist, wie sie miteinander verbunden und verwoben sind. In den besten komischen Geschichten findet man alle drei in ein und derselben Situation. Wenn Walter Mitty in seine Phantasien entschwindet, ist er eine komische Figur in einer normalen Welt, aber er steht auch im Konflikt mit Menschen, die er liebt, und wird von einem inneren Konflikt bezüglich der Rolle geplagt, die er spielt.

Oder um ein anderes Beispiel zu nehmen: In dem Film *Die Glücksritter* machen Dan Aykroyd und Eddie Murphy einen auf Prinz und Bettelknabe und tauschen die Plätze. Sie haben globale Konflikte – beide müssen sich ganz schön anstrengen, um die Herausforderungen ihrer neuen Welt zu meistern und zu überleben. Sie haben auch lokale Konflikte miteinander und mit den Menschen um sie herum, die sie lieben, hassen, auf die sie wütend sind oder vor denen sie Angst haben. Dazu kommen ihre inneren Konflikte – beide sind normale Figuren, die sich in komische Figuren verwandelt haben und sich nun bemühen, mit ihrer neuen Persönlichkeit zurechtzukommen.

Bezüglich Ihrer komischen Prämissen sollten Sie danach streben, Situationen zu erfinden, die alle drei Gattungen komischer Konflikte ausschöpfen. Eine solche Situation ist garantiert der fruchtbarste komische Boden, den Sie beackern können. Wenn meine Beispiele Sie nicht überzeugen, nehmen Sie sich einfach einen Moment Zeit und denken Sie an die Filme, Fernsehserien, Bücher oder Cartoons, die Sie am liebsten mögen. Gefallen Ihnen die komplexen nicht besser als die simplen?

In den *Calvin und Hobbes*-Comics hat Calvin globale Konflikte (mit Lehrern, Eltern, Außerirdischen und anderen Autoritätsfiguren), lokale Konflikte (mit Hobbes) und innere Konflikte (unkontrollierbare Hirngespinste). Dagegen kämpfen Nancy und Sluggo mit der Welt und miteinander, aber nie mit sich selbst. Die Frage ist: Welcher Comic-Strip ist interessanter?

Ein Standup-Comedian könnte eine Routinenummer über den schrecklichen Fraß im Flugzeug bringen, und die könnte auch durchaus sehr komisch sein. Aber wenn er es so dreht, dass die Stewardess eine alte Feindin ist, die ihn vergiften will, während er selbst unter schrecklicher Höhenangst leidet und gar nicht erst ein Flugzeug hätte besteigen sollen, dann kann die Nummer sozusagen voll abheben.

Machen Sie folgende Übung: Stellen Sie sich vor, Sie bekämen die Chance, einen Comic-Strip für eine bundesweit erscheinende Tageszeitung zu zeichnen. (Sie können nicht zeichnen? Egal; ich kann's auch nicht, aber tun wir mal so, als ob.) Nehmen Sie dieses Problem unter dem Aspekt der komischen Prämisse in Angriff: Aus was für komischen Konflikten ließen sich lustige Comic-Strips machen?

Eine leidgeprüfte Lehrerin bietet ihren Nervensägen Paroli.
Frisch Vermählte streiten sich mit ihren Schwiegereltern und miteinander und sind überdies uneins mit sich selbst.
Ein Junge hat ein Hängebauchschwein als Haustier.
Eine allein stehende Mutter kommt nicht mit ihren Teenie-Töchtern zurecht.
Eine typische Vorstadtfamilie zieht in eine Raumstation.
Ein Comic-Zeichner kann nicht verhindern, dass seine Figuren zum Leben erwachen.

Sie haben vielleicht bemerkt, dass ich meine komischen Prämissen kurz zu halten versuche – nicht mehr als ein Satz. In der Kürze liegt die Seele des Witzes, sagt man; oder treffender: die Seele der Verständlichkeit. Wenn Sie Ihre komische Prämisse nicht auf einen einzigen Satz reduzieren können, steht zu vermuten, dass Sie sie noch nicht voll im Griff haben. Vereinfachen Sie Ihre Ideen, soweit es geht; dann haben Sie zumindest weniger Arbeit, wenn Sie mit der Neunerregel den Weizen von der umfangreichen Spreu trennen.

Ein letzter Gedanke, bevor wir weitermachen: Die komische Prämisse erzeugt nicht nur Komik, sie taucht eine gegebene Situation auch ins Licht der Wahrheit. Insbesondere die komische Wirklichkeit bringt die Wahrheit in der »realen« Wirklichkeit zum Vorschein. Wenn Snoopy so tut, als wäre er ein Fliegerass im Zweiten Weltkrieg, enthüllt er eine elementare Wahrheit: *Menschen spielen oftmals Rollen.* Um noch einmal auf unser Konzept von Wahrheit und Schmerz zurückzukommen: Achten Sie darauf, dass in Ihren normalen Figuren die Bedeutung Ihrer komischen Prämisse zum Ausdruck kommt, in Ihren komischen Figuren dagegen deren Humor. Wenn Dustin Hoffman sich am Ende von *Tootsie* seine Perücke herunterreißt, erntet die komische Figur (Dorothy) die Lacher, aber die normale Figur (Michael) demonstriert die Wahrheit und den Schmerz: Männer und Frauen verhalten sich mies zueinander – bis sie etwas dazulernen.

Rekapitulieren wir: Die komische Prämisse ist die Kluft zwischen der realen und der komischen Wirklichkeit. Jede Form des Humors, vom kürzesten Witz bis zur umfangreichsten komischen Geschichte, beruht auf einer kennzeichnenden Kluft oder einem charakteristischen komischen Konflikt. Es gibt drei Gattungen komischer Konflikte: globale Konflikte zwischen einem Individuum und seiner Welt; lokale Konflikte zwischen Menschen – man verletzt immer diejenigen, die man liebt – und innere Konflikte: eine Figur im Kampf mit sich selbst. Der innere Konflikt ist immer der fruchtbarste und lohnendste. Fragen Sie Hamlet oder irgendeine andere komische Figur.

Ach, Sie glauben mir nicht, dass Hamlet eine komische Figur ist? Vielleicht gelingt es mir ja, Sie zu überzeugen…

4
KOMISCHE FIGUREN

Sie wissen, was eine komische Figur ist, stimmt's? Der Kerl hinter Ihnen im Stadion, der sich nach dem sechsten oder siebten Bier in eine hasserfüllte persönliche Beziehung zum Schiedsrichter, dem Trainer oder dem Stürmerstar der Gastmannschaft reinsteigert und glaubt, er hätte das gottgegebene Recht, die intimen Details dieser Beziehung allen um ihn herum aus vollem Halse kundzutun. Dieser Kerl ist genau so lange eine komische Figur, bis er Ihnen ein kaltes Bier in den Kragen gießt. Danach ist er bloß noch ein Arschloch.

Okay, im Ernst, wer fällt einem bei dem Stichwort »komische Figur« sofort ein? Lucille Ball, Groucho Marx, Charlie Chaplin, Charlie Brown, Lily Tomlin, Johnny Carson, Ziggy, Bart Simpson, Joel Fleischman, Bertie Wooster, Jonathan Winters, Robin Williams, Sissy Hankshaw, Dave Barry usw. usf. In Wahrheit wimmelt es in der populären Kultur nur so von authentischen komischen Figuren. Aber das hilft Ihnen nicht viel, wenn Sie Ihre eigenen erschaffen wollen. Habe ich Recht?

Keine Angst. Als Ihr getreuer komischer Alchimist habe ich eine Formel für die Erschaffung komischer Figuren entdeckt. Sie ist nicht ganz so elegant wie die für die Umwandlung von Dreck in Gold, aber erheblich zuverlässiger. Am Ende dieses Kapitels werden Sie binnen zwei Minuten aus dem Nichts heraus Ihre eigenen komischen Figuren erschaffen können, so wie Frankenstein sein Monster.

Nicht alle Ihre komischen Figuren werden tragfähig sein,

solide, erinnernswerte Kreationen, die nicht unter der Last gründlicher Entwicklungsarbeit zusammenbrechen. Aber Sie kennen ja Ihren alten Johnny Neunerregel. In meinem Universum muss man massenhaft komische Figuren erschaffen, bevor Aussicht besteht, dass ein paar viel versprechende Auserwählte mit echten Qualitäten übrig bleiben. Deshalb zeige ich Ihnen jetzt etwas, was ich schon aus eigenem kreativen Interesse brauche, nämlich ein Komik-Montageband, wenn man so will, das haufenweise komische Figuren ausspuckt. Die werden wir dann in die Freiheit entlassen, um zu sehen, welche es bringen.

Zur Konstruktion einer komischen Figur benötigt man vier Elemente. Das erste und wichtigste ist die komische Perspektive.

Die komische Perspektive

> Zeigen Sie mir eine komische Figur ohne komische Perspektive und ich zeige Ihnen einen stinknormalen Menschen.

Das Herz und die Seele jeder komischen Figur ist ihre STARKE KOMISCHE PERSPEKTIVE. Ich wiederhole diese Worte – STARKE KOMISCHE PERSPEKTIVE – und schreibe sie in Versalien, weil es vielleicht die wichtigsten Worte in diesem Buch sind. Ohne starke komische Perspektive keine komische Figur. Wenn Sie die starke komische Perspektive Ihrer Figuren kennen, dann wissen Sie, was sie bis in alle Ewigkeit zuverlässig komisch macht.

Die komische Perspektive einer Figur ist deren ganz spezielle Weltsicht, die auf ausgeprägte, grundlegende Weise von der »normalen« Weltsicht abweicht. Im vorigen Kapitel habe ich von der komischen Prämisse als Kluft zwischen realer und komischer Wirklichkeit gesprochen. In gewissem Sinn ist die komische Perspektive die individuelle komische Prämisse einer Figur. Die komische Perspektive funktioniert bei einer Figur auf die gleiche Weise wie die komische Prämisse bei einer Geschichte: Sie definiert die Kluft, über welche die Funken des Gelächters hinwegsprühen.

Gracie Allens komische Perspektive war Naivität. Sie war der Filter, durch den sie die Welt betrachtete und durch den ihr Humor strömte. Harpo Marx' komische Perspektive war Verspieltheit. Die von Groucho dagegen war, wie soll ich sagen, boshafter Zynismus. In *Ausgerechnet Alaska!* lautet Joel Fleischmans komische Perspektive im Prinzip: New York ist Spitze, Alaska das Hinterletzte. Sehen Sie, dass all seine komischen Erlebnisse in dieser Serie auf seiner komischen Perspektive basieren?

Jerry Lewis hatte zu seiner filmischen Glanzzeit eine Tölpelperspektive. Er hat tollpatschig gehandelt, aber noch wichtiger: tollpatschig gedacht. Jack Bennys komische Perspektive war Geizkragen (Geizkragigkeit? Geizkragerei?). In der klassischen Jack-Benny-Nummer sagt ein Räuber zu Jack: Geld oder Leben. Jack antwortet darauf: Moment, lass mich überlegen…, und filtert so die Drohung des Räubers durch seine starke komische Perspektive. Die Möglichkeit, dass Jack sein Leben für weniger wertvoll halten könnte als sein Geld, bringt den Lacher. Und seine komische Perspektive lässt diese Möglichkeit real erscheinen.

Die starke komische Perspektive einer Figur ist der Motor, der ihre Komik-Maschine antreibt. Die Komik der Geschichte resultiert aus der Figur, das heißt im Grunde aus deren ganz spezieller, schrulliger, schräger Weltsicht. Wenn ich einen großen Standup-Comedian sehe, bewundere ich am meisten seine Fähigkeit, die ganz normalen Details des Alltagslebens in einem anderen Licht zu betrachten. Jerry Seinfeld hat die Begabung, den Kleinkram des heutigen Lebens wie mit der Lupe zu vergrößern; Jimmy Durante hat die Welt durch eine Brille betrachtet, die die gleiche Farbe hatte wie seine Nase.

Beachten Sie, dass ich von einer *starken* komischen Perspektive spreche. Wenn Sie Ihre eigenen komischen Perspektiven kreieren (in etwa dreißig Sekunden), werden Sie feststellen, dass diese umso komischer sind, je stärker sie sind. Es ist eine direkte mathematische Funktion. Man könnte ein Schaubild davon zeichnen.

Okay, jetzt haben wir also ein neues Instrument, die *komische Perspektive*. Setzen wir es ein, indem wir zehn solcher starken Perspektiven erfinden. Ich fange an:

> sexuell unerfahrener Schüler
> neugeborenes Baby
> alter Griesgram
> Pechvogel
> Außerirdischer
> überkandidelter Optimist
> Testosteronvergiftung
> schlauer Politiker
> totaler Paranoiker
> Klugschwätzer
> ...

Jede davon ist eine bestimmte, klar definierte Art und Weise, die Welt zu betrachten. Für einen sexuell unerfahrenen Schüler wäre die nackte Brust einer Frau beispielsweise eine Brücke

zum Mannsein, für ein neugeborenes Baby hingegen wäre dieselbe Brust... Mittagessen! Der Klugschwätzer wird Ihnen weismachen, der Ananastoast sei vom Grafen von und zu Ananas erfunden worden; der totale Paranoiker wird sich fragen, ob er vergiftet ist. So gut wie alles lässt sich durch eine komische Perspektive filtern, und so gut wie jeder Blickwinkel kann eine komische Perspektive sein. Probieren Sie's mal:
...

Wahrscheinlich finden Sie nicht alle Ihre Perspektiven grandios. Manche erscheinen Ihnen vielleicht platt, langweilig und nicht sehr viel versprechend. Woran liegt das? Ich glaube, wenn Sie Ihre Liste durchgehen, werden Sie feststellen, dass die langweiligen komischen Perspektiven diejenigen sind, die am wenigsten von allgemein üblichen Perspektiven abweichen. Die Perspektive eines Priesters ist beispielsweise nicht schon von sich aus komisch. Man muss an dieser Perspektive arbeiten, sie in einen Grenzbereich treiben und die Kluft zwischen dem aufreißen, was real und was lustig ist. Das macht man mit Übertreibung, dem Instrument, das wir uns als Nächstes ansehen werden.

Vorher möchte ich aber, dass Sie einen kurzen Blick auf Ihren kreativen Prozess werfen. Wenn Sie in dieser Phase unserer Reise allmählich ein Gefühl dafür bekommen, wie man mit Instrumenten umgeht, sollten Ihre Ideen ein wenig freier fließen, sowohl wegen der veränderten Erwartungshaltung als auch aufgrund des verengten Blickwinkels. Beachten Sie, dass die Probleme, die wir lösen, zunehmend kleiner werden.

(Bonus-Punkte für Sie, wenn Ihnen da gerade ein »Wow, was für ein Oxymoron« entfahren ist.)

Begonnen haben wir mit der Frage: Was ist komisch? Dann haben wir gefragt: Was ist eine lustige Geschichte? und anschließend: Was ist eine komische Figur in einer lustigen Geschichte? Jetzt fragen wir gerade: Was ist die starke komische Perspektive einer komischen Figur? Und unsere nächste Frage lautet: Wie können wir diese starke komische Perspektive noch verstärken?

Übertreibung

Wer schwache Argumente hat, braucht eine starke Stimme.

Gracie Allen war nicht nur naiv, sie war die Unschuld in Person. Niemand könnte wohl noch naiver sein als Gracie. Ebenso wenig könnte jemand ein noch größerer Tölpel sein als Jerry Lewis (vielleicht mit Ausnahme von Peter Sellers' Inspektor Clouseau). Morks und Alfs extraterrestrische Perspektive ist unverwechselbar und ganz anders als jede irdische Sicht der Dinge. Die beiden sind buchstäblich Millionen von Meilen zu uns gereist.

Das Instrument der Übertreibung spitzt eine komische Perspektive also einfach weiter zu, dehnt sie und beschleunigt sie, bis sie so weit von unserer Perspektive entfernt ist, dass sie anfängt, komisch zu sein. Die Perspektive eines Priesters ist nicht unbedingt komisch, aber wenn man ihn in einen ständig betrunkenen Schluckspecht oder in einen totalen Hallodri verwandelt, ist das schon ein Schritt in die richtige Richtung.

Dieses Instrument – Übertreibung – verlangt in erster Linie, dass man *kühn* ist. Wir Autoren neigen immer dazu, nach der Logik zu fragen, aber die Komik widersetzt sich der Logik.

Was ist dynamisch? Was ist merkwürdig? WAS IST ÜBERDEUTLICH HERVORGEHOBEN? Darum geht es uns hier. Joel Fleischman ist unwiderstehlich, weil er so stark konturiert ist. Er ist kein Mensch, der New York irgendwie mag und Alaska irgendwie nicht mag, sondern einer, der New York *vorbehaltlos liebt* und Alaska *total verabscheut*. Weniger wäre auch nicht genug.

Die Regel lautet also: Gehen Sie mit der komischen Perspektive Ihrer komischen Figur *bis zum Äußersten*. Dudley Moores Säufer in *Ritter Hank* war der besoffenste Säufer, den die Welt je gesehen hatte (seit Falstaff). Woody Allen ist nicht bloß neurotisch; als komische Figur ist er ein Festschmaus für jeden Freudianer. Ich weiß, ich trage hier Eulen nach Athen, aber es ist von entscheidender Bedeutung, also haben Sie bitte ein wenig Geduld. Die meisten durchgefallenen komischen Figuren sind durchgefallen, weil sie nicht übertrieben genug konzipiert waren. Wäre Robin Williams weniger interessant und weniger lustig, wenn er nicht so absolut manisch wäre? Da können Sie zwei Drinks minimum drauf wetten.

Weitere Beispiele: In der satirischen Fernsehshow *Laugh-In*, die von 1968 bis 1973 bei NBC lief, war Goldie Hawn nicht bloß ein blondes Dummchen, sie war das ultimative blonde Dummchen. Das machte sie komisch. Walter Mitty träumt nicht davon, rechtzeitig einen Bus zu erwischen, er träumt davon, die Welt zu retten. Thurber hat Mittys komische Perspektive bis zur Schmerzgrenze getrieben. Genau das müssen Sie tun.

Sie wissen, ich habe mich lang und breit darüber ausgelassen, dass man keine Angst vor einem Misserfolg haben soll, und ich sage es hier noch mal: Wenn Sie versuchen, eine komische Figur zu übertreiben, haben Sie keine Angst vor einem Misserfolg. Das Gute ist nämlich: In diesem Fall *können*

Sie's nicht vermasseln. So etwas wie zu viel Übertreibung gibt es nicht. Ist das nicht ein Segen?

Übertreibung.

Übertrrreibung.

Übertrrrrrrrrrrrrrrrrrrrrrrrrrrrrrrrrrrrrrrrrrrrrrrrrrrrrrrrrrrrrrrrrrrrrrrrrrrrrrrrrrrrrrrrrrrrrrrrrrrrrrrrrrrrrrrrrrrrrrrrrrrrrrrrrrrrrrrrrrrrrrrrrrrrrrrrrrrrrrrrrrrrrrrrrrrrrrrrrrrrrrrrreibung.

Zu viel!

Na schön, probieren wir's mit einer anderen Übung. Diesmal wollen wir eine komische Perspektive bis an die Grenze treiben. Wenn die komische Perspektive Ihrer Figur zum Beispiel lautet: *sie mag Katzen*, dann wäre eine Übertreibung *völlig besessen von Katzen, hat zwölf Dutzend davon*. Wenn die komische Perspektive *elterliche Missbilligung* lautet, ist die Übertreibung: *hasst alles, was Kinder tun, von ihrer Musik über ihr Essen bis zu den kleinen Lämpchen, die sie heutzutage in ihren Schuhen haben*. Sehen wir uns eine Liste an:

komische Perspektive	Übertreibung
furchtsam	zuckt beim Anblick von Schatten zusammen
fröhlich	kichert Tag und Nacht
betrunken	sternhagelvoll
abenteuerlustig	Adrenalin-Junkie
exzentrischer Sammler	Anhäufung von Nasenhaaren
kein Gehör für Tonhöhen	Roseanne Barr

Machen Sie's wie bei den Fragen in den Intelligenztests: A verhält sich zu B wie C zu ____.

komische Perspektive   Übertreibung
...   ...

Übertreibung ist übrigens ein Instrument, dessen Einsatz sich überall in der Welt der Komik bezahlt macht, und wir werden immer wieder darauf zurückkommen. Jetzt wollen wir uns aber zunächst die dritte Facette der Konstruktion einer komischen Figur ansehen, etwas, ohne das keine komische Figur vollständig wäre: Fehler.

Fehler

> Was stimmt nicht in diesem Bild?

Die Komik einer komischen Figur entsteht unter anderem aufgrund ihrer Fehler. Fehler sind Schwächen oder negative Eigenschaften im Rahmen der Merkmale oder Aspekte einer Person. In der Fernsehserie *Cheers* ist Sam Malones Egomanie ein Fehler, ebenso wie Diane Chambers' Snobismus. Im Werk von P. G. Wodehouse ist Bertie Woosters unbekümmerte Gedankenlosigkeit ein Fehler, ebenso wie die Pingeligkeit seines Butlers Jeeves. Hamlets Unschlüssigkeit ist ein Fehler. Meine Rechtschreibschweche is auch ain Fela.

Die Fehler einer komischen Figur dienen dazu, eine emotionale Distanz zwischen ihr und den Zuschauern oder Lesern zu schaffen, so dass diese ungeniert darüber lachen können, wenn jemand beispielsweise auf einer Bananenschale ausrutscht.

Ohne diesen emotionalen Abstand kämen die Wahrheit und der Schmerz einer Situation dem Publikum so nah, dass es das nicht lustig fände. Etwas ist nur lustig, solange es dem anderen widerfährt, und die Fehler einer Figur bewirken, dass diese im Bewusstsein des Lesers oder Zuschauers zu »dem anderen« wird. Als ich in der siebten Klasse wegen Leslie Parker ausgeflippt bin, trennte mich mein Fehler der Indiskretion (und der groben Dummheit) von meinem Publikum, diesen sadistischen Ratten, und erlaubte es ihnen, ungeniert über meine Qualen zu lachen.

Manchmal sind Fehler subjektiv; was der eine als Fehler betrachtet, findet der andere empörend. In dem Film *Ein Fisch namens Wanda* spielte Michael Palin einen Stotterer. Für manche war das ein komischer Fehler. Für andere war es beleidigend. Und überhaupt nicht komisch. Denken Sie daran, dass ein Witz immer im Kontext der Erwartungen des Publikums steht. Wenn Sie Ihre komischen Figuren mit Fehlern ausstatten, müssen Sie stets im Auge behalten, was Ihr Publikum akzeptieren, tolerieren oder auch nur kapieren wird. Denken Sie auch daran, dass ein körperliches Merkmal ein Fehler sein kann, ohne etwas Schlechtes zu sein. Eine Glatze, Kleinwüchsigkeit, Riesenwuchs, Fettleibigkeit, Spiddeligkeit, wild wuchernde Nasenhaare – all das dient dazu, die komische Figur vom Publikum zu distanzieren: Wer immer dieser Kerl sein mag, er ist ganz anders als ich.

Je mehr Fehler Sie für Ihre komischen Figuren ersinnen, desto interessanter, komplexer und komischer werden sie. Al Bundy in *Eine schrecklich nette Familie* ist schlampig, sexistisch und egoistisch. Außerdem hat er Käsefüße und wild wuchernde Nasenhaare. Louie DePalma in *Taxi* ist bestechlich, verdorben, lüstern, gemein usw. Eine komische Figur ist zumindest in gewissem Sinn die Summe ihrer Fehler.

Ein Fehler kann auch ein zu weit getriebener positiver Zug sein. Freundlichkeit, Liebe, Freigebigkeit oder Gutgläubigkeit – sie alle werden zu Fehlern, wenn man sie durch Übertreibung hervorhebt und ihnen dadurch anomale Dimensionen verleiht. Charlie Browns Gutgläubigkeit ist ein Fehler, weil er *zu* gutgläubig ist. Deshalb lachen wir, wenn Lucy ihm zum x-ten Mal den Football wegnimmt.

Man kann eine komische Figur nicht nur von ihrer komischen Perspektive her entwickeln, sondern auch von ihren Fehlern. Finden Sie einen Fehler und Sie haben eine komische Figur.

Ganz schön verrückt, was? *Finden Sie einen Fehler und Sie haben eine komische Figur.* Wenn das stimmt, dann bräuchte man bloß eine Liste von Substantiven aufzustellen, sich ein paar ansprechende auszusuchen und sie als kleine Komik-Startrampen zu benutzen. Wie schwer kann es sein, ein Substantiv zu finden?

Komik ist eine Frage der Technik. Wenn Sie das richtige Instrument haben, brauchen Sie nie durch den Spiegelpalast der ziellosen Schreiberei zu irren. Starker Gedanke. Vielleicht sollten wir alle mal einen Moment lang darüber meditieren, hmm?

Hmmmmmmmmmmmm-mmmmmmmmmmmmmmmm-mmmmmmmmmmmmmmmm-mmmmmmmmmmmmmmm-mmmmmmmmmm.

Okay, wieder an die Arbeit.

Habsucht ist ein Fehler; Scrooge ist eine Figur. Totale Hemmungslosigkeit ist ein Fehler; John Belushi ist eine Figur. Suff ist ein Fehler; Dean Martin ist eine Figur. Faulheit ist ein Fehler; Willi Wacker ist eine Figur. Sturheit ist ein Fehler; Murphy Brown ist eine Figur.

Um diese Beziehung deutlicher zu erkennen, stellen Sie jetzt bitte eine Liste von Fehlern auf und extrapolieren Sie dann jeweils eine entsprechende komische Figur. Ihre Liste sollte ungefähr so aussehen:

Fehler	komische Figur
Furchtsamkeit	Jammerlappen mit tausend Ängsten
Unsicherheit	Mimose
Wahnsinn	psychopathischer Killer
Neid	Kollege, der auf Ihren Job scharf ist
Drogenmissbrauch	Dauerkiffer
künstliches Bein	schlechtester Hürdenläufer der Welt
Kahlköpfigkeit	Möchtegern-Sexsymbol
...	...

Es ist leicht, aber ganz so leicht nun auch wieder nicht. Sie müssen in Ihrem Kopf passende Substantive für die erste Spalte »einkaufen gehen« und dann Figuren suchen, mit denen Sie sie in der zweiten Spalte verbinden können. Aber ist es nicht erheblich einfacher, sich Wörter auszudenken als komplette komische Ideen? Sie könnten sogar in einem Wörterbuch blättern. Soll mal jemand zu sagen wagen, das sei Beschiss.

Beachten Sie auch, dass man die Fehler nicht unbedingt mit einer »passenden« Figur verbinden muss. Es liegt zum Beispiel nahe, Prüderie einer Schulmeisterin zuzuordnen, aber was ist, wenn Sie stattdessen eine Stripperin damit ausstatten? Oder einen Fluglotsen? Den Präsidenten der Vereinigten Staaten? Die Möglichkeiten sind schier unbegrenzt.

Manchmal ergänzen sich Fehler und komische Perspektive. Diane Chambers hat die starke komische Perspektive einer Intellektuellen und den ergänzenden Fehler des Snobismus. Gracie Allens komische Perspektive ist Naivität, und die ist gleichzeitig ein Fehler. Aber eigentlich geht es um eine Art Synergie zwischen Fehlern und Perspektive, so dass einige Fehler mit der Perspektive in Konflikt stehen, andere sie hingegen verstärken. Lucille Balls komische Perspektive »Es gibt nichts, was ich nicht kann« wird von ihrem Fehler der Impulsivität unterstützt und von ihrem Fehler der Inkompetenz behindert. Bei den besten komischen Figuren liegen Fehler und Perspektive in ständiger Fehde.

Betrachten Sie das einmal unter dem Gesichtspunkt des inneren Konflikts. Wenn eine Figur mit sich selbst im Widerstreit ist, gibt es eine Art seelisches Niemandsland zwischen dem Ort, an dem sie sich befindet, und dem Ort, wo sie sein will. Fehler reflektieren ihre wahre Natur; die komische Perspektive ist ihr Selbstbild in der Phantasie. Hier haben wir also eine weitere komische Prämisse, von der Sie Gebrauch machen können, die *innere komische Prämisse*, die Kluft zwischen dem Selbstbild einer Figur und dem, was sie wirklich ist. Das trifft allerdings nicht auf alle komischen Figuren zu. Aber manchmal lässt sich damit durchaus etwas anfangen.

Phantasie	Realität
Kriegsheld	absoluter Schwächling
Schönheitskönigin	Mauerblümchen
Genie	Dummkopf
allseits beliebt	Einzelgänger
…	…

Fehler dienen also einem doppelten Zweck: Sie erzeugen Konflikte im Innern der Figuren und schaffen emotionale Distanz zwischen Figur und Publikum. Nachdem wir diese Distanz hergestellt haben, müssen wir sie nun seltsamerweise wieder aufheben. Hier kommt die Menschlichkeit ins Spiel, die vierte und letzte Facette einer komischen Figur.

Menschlichkeit

> Ich mag ihn; er hat viel Ähnlichkeit mit mir.

Mit Hilfe von Fehlern haben wir einen Keil zwischen die Figur und das Publikum getrieben, damit das Publikum lachen konnte. Jetzt bauen wir mit Hilfe der Menschlichkeit eine Brücke zwischen Figur und Publikum, damit es am Schicksal der Figur Anteil nehmen kann.

Story-Structure-Gurus werden Ihnen erklären, es sei von entscheidender Bedeutung, dass das Publikum am Schicksal einer Figur Anteil nehmen könne. Die Hauptfigur oder der Held einer erfolgreichen Geschichte müsse beim Leser oder Zuschauer Sympathie und Mitgefühl wecken. Das heißt, Sie sollen den Helden mögen und er soll viel Ähnlichkeit mit Ihnen haben. Wenn das passiert, gehen Sie eine emotionale Verbindung mit dem Helden ein und begleiten ihn gern auf seiner Reise; Sie nehmen Anteil an seinem Geschick.

Das Gleiche gilt logischerweise auch für komische Figuren. Wenn man jemanden eine ganze Geschichte hindurch permanent komisch finden will, ist es schließlich besser, wenn man das Gefühl hat, an seinen Erfahrungen teilzuhaben. Es läuft also auf Folgendes hinaus: Irgendwo besitzen alle komischen Figuren *Menschlichkeit*. Wenn nicht, berühren sie uns nicht. So einfach ist das.

Einfach, ja, aber warum ist das so? Denken Sie daran, dass Komik Wahrheit und Schmerz ist, dass wir also, ohne die Wahrheit einer komischen Figur mit unserer eigenen Erfahrung zu verbinden, nicht wissen können, was wir lustig finden sollen. Die Menschlichkeit einer Figur ist die Brücke, die wir brauchen. Rufen Sie sich noch einmal den Unterschied zwischen dem Klassenclown und dem Außenseiter ins Gedächtnis. Der Klassenclown war komisch, weil er die gleichen Erfahrungen hatte wie Sie. Der Außenseiter war Gegenstand der Verachtung und Geringschätzung, weil er abseits stand; man konnte keine Beziehung zu ihm entwickeln. Im grausamen sozialdarwinistischen Treibsand der High-School besaß der Außenseiter keine Menschlichkeit.

Also, was ist Menschlichkeit überhaupt? Können wir auch bei einem Widerling wie Dan Fielding in *Harrys wundersames Strafgericht* Menschlichkeit finden? Und ob, da können Sie Ihre aufblasbare Gummipuppe drauf wetten. Klar, er ist ein Schleimbeutel, käuflich, sexistisch und verdorben, all das. Aber wenn es drauf ankommt, tut er das Richtige, selbst wenn er dazu seine schleimigen Ziele aufgeben muss. Das ist eine klassische Definition von Menschlichkeit: im Notfall das Richtige tun. Louie DePalma besitzt dieselbe Menschlichkeit. Aber das ist natürlich nicht die einzige Art von Menschlichkeit.

Sehen Sie sich Otto in *Ein Fisch namens Wanda* an. Worin besteht seine Menschlichkeit? Er ist ein Romantiker. Er hat eine romantische Seele. Wir verzeihen ihm seine Fehler und drücken ihm die Daumen, weil er insgeheim ein Romantiker ist, so wie wir.

Hier sind ein paar komische *good guys* und ihre Menschlichkeit: Charlie Brown ist verletzlich. Robin Williams ist voller Energie. Jonathan Winters ist ein Teddybär. Goldie Hawn ist temperamentvoll. Lily Tomlin ist verständnisvoll. Arnold Schwarzenegger ist stark. Hannibal Lecter ist charmant...

Hey, Augenblick mal, Hannibal Lecter soll ein komischer *good guy* sein? Hannibal the Cannibal aus *Das Schweigen der Lämmer*? Wie kann der zu den Guten gehören? Und wieso ist er überhaupt eine komische Figur? Okay, schauen wir ihn uns genauer an.

Hannibal Lecters starke komische Perspektive lautet: Menschen sind Nahrung. Zu seinen Fehlern gehören Arroganz, Böswilligkeit, psychotisches Gebaren, fehlende Selbsterkenntnis, Immoralität, überwältigende Schlechtigkeit und wirklich schlimme Essgewohnheiten. Wahrscheinlich benutzt er auch keine Zahnseide.

Als komische Figur braucht er also einen ganzen Berg Menschlichkeit, die seine Fehler aufwiegt. Zu seinen positiven Eigenschaften gehören Intelligenz, Weltgewandtheit, Selbstsicherheit, Witz, gute Manieren, Loyalität gegenüber seinen Freunden, ein Gefühl für Fair Play, Selbstvertrauen und ein unglaublich starker Siegeswille: Nichts wird ihn davon abhalten können, Ihnen die Nase abzubeißen. Obwohl wir seine Fehler verabscheuen, bringt uns seine Menschlichkeit dazu, ihn zu mögen und ihm den Sieg zu wünschen.

Damit Hannibal Lecter auf der komischen Ebene funktioniert, musste man ihn zuerst widerwärtig machen, damit wir ihn abstoßend finden, und dann darauf bauen, dass die Menschlichkeit unserem Abscheu entgegenwirkt. Es ist fast wie in der Physik: Jedem Fehler steht eine gleichwertige Menschlichkeit gegenüber. Je negativer man einige Züge einer komischen Figur anlegt, desto positiver muss man andere anlegen.

Eine der sichersten Methoden zur Erzeugung von Menschlichkeit besteht darin, seiner Figur einen unbezähmbaren Willen zu verleihen. Keine Figur ist unwiderstehlicher und gewinnender als eine, die sich durch nichts davon abhalten lassen wird, ihr Ziel zu erreichen.

Gehen Sie beim Zuweisen von Eigenschaften wie Menschlichkeit sorgfältig vor. Es reicht nicht, von einer Figur zu sagen: Klar, er ist ein Auftragskiller, aber er liebt seine Mutti, deshalb ist er in Ordnung. Die Menschlichkeit einer Figur muss ein echter Bestandteil ihres Charakters sein. Wenn sie nur angeklebt ist, kriegt man eine Karikatur, aber keine Persönlichkeit.

Machen Sie sich auch bewusst, dass ein Fehler einer Figur durchaus Bestandteil ihrer Menschlichkeit sein kann. Lucys Impulsivität bringt sie ständig in Schwierigkeiten, bewirkt aber auch, dass wir sie umso mehr lieben. Morks Naivität erzeugt Distanz und Nähe zugleich.

Menschlichkeit ist also die Summe der positiven menschlichen Eigenschaften einer Figur, die entweder Sympathie oder Mitgefühl oder beides auslösen. Eine Liste solcher Eigenschaften könnte folgende Begriffe enthalten:

Loyalität
Ehrlichkeit
Großzügigkeit
Bescheidenheit
Humor
Neugier
Verletzlichkeit
Willensstärke
Unschuld
Geduld
Körperkraft
Schönheit

Sie könnte auch folgende Begriffe enthalten:

...

Damit ist unser Bild der komischen Figur nun komplett: starke komische Perspektive, Fehler, Menschlichkeit und Übertreibung.

Komische Perspektive ist die ganz spezielle, von der normalen Wirklichkeit abweichende Weltsicht, welche die Komik-Maschine der Figur antreibt.

Fehler sind jene Elemente einer komischen Figur, die sie von »realen« Menschen trennen. Wenn sie keine Fehler hat, ist sie eine Allerweltsfigur. Und eine Allerweltsfigur ist nicht komisch.

Menschlichkeit ist die Eigenschaft einer komischen Figur, die sie mit dem Publikum vereint. Menschlichkeit erzeugt Sympathie und Mitgefühl und sorgt dafür, dass wir am Geschick der Figur Anteil nehmen.

Übertreibung ist jene Kraft, die auf alle drei – komische Perspektive, Fehler und Menschlichkeit – einwirkt und eine normale Figur immer weiter in die komische Welt hineintreibt. Übertreibung verbreitert die Kluft, auf der die komische Prämisse der Figur gründet.

Sehen wir uns ein paar berühmte komische Figuren an und betrachten wir deren komische Perspektive, Fehler, Menschlichkeit und die Übertreibung.

> Groucho Marx ist ein boshafter Zyniker, dessen enorme Misanthropie von seinem ungezügelten trockenen Witz neutralisiert wird.
> Sam Malone, dieser ungehemmte Egomane, ist zutiefst sexistisch, aber wenn er sich seine Unsicherheit anmerken lässt, verlieben wir uns alle in ihn.
> Diane Chambers ist eine Hyperintellektuelle, deren Snobismus nicht anziehend ist – im Gegensatz zu ihrer Großherzigkeit.
> Charlie Brown ist der ewige Verlierer. Sein Selbstmitleid würde uns verprellen, wenn seine schwer geprüfte Geduld nicht wäre.
> Bertie Wooster sieht die Welt durch das Prisma des Privilegs. Sein Fehler ist Standesdünkel, aber er kann zumindest Hilfe annehmen, wenn er welche braucht.
> Jerry Lewis ist ein unfähiger Tölpel, aber grundehrlich.
> Hamlet, der verrückte Däne, ist rachsüchtig und unentschlossen, aber edel, willensstark und loyal gegenüber seinem Vater.

Vielleicht sollten Sie's jetzt auch mal probieren. Wie wär's mit Charlie Chaplin? Donald Duck? Willi Wacker?

Sie werden sehen, dass eine komische Figur viele komische Perspektiven, Fehler und menschliche Qualitäten haben kann. Kein Wunder, schließlich sollen Ihre komischen Figuren ja interessante, komplexe, dynamische Geschöpfe mit einem reichen Potenzial für innere Konflikte sein, und das ist nur dann der Fall, wenn man ihre Persönlichkeiten in Schichten aufbaut. Aber um eine simple komische Figur zu konstruieren, müssen Sie nur diese vier Dinge beachten: komische Perspektive, Fehler, Menschlichkeit, Übertreibung.

Am Anfang des Kapitels habe ich Ihnen versprochen, dass Sie am Ende komische Figuren mit der Schnelligkeit, wenn auch nicht mit der Präzision eines Montagebands konstruieren könnten. Also probieren Sie's jetzt mal. Erschaffen Sie ein paar komische Figuren. Geben Sie ihnen Namen, komische Perspektiven, Fehler und Menschlichkeit und arbeiten Sie dabei mit Übertreibung.

Suchen Sie bei dieser Übung nach Konfliktlinien zwischen Ihren Kategorien und innerhalb derselben. Wenn Sie zum Beispiel eine Figur erschaffen, deren komische Perspektive Furchtlosigkeit ist, dann geben Sie sich besondere Mühe, sie mit Phobien als Fehler und mit dem superheldenhaften Bedürfnis, anderen zu helfen, als Menschlichkeit auszustatten. Dieser dynamische innere Konflikt wird dazu führen, dass irgendein Teil Ihrer Figur zwangsläufig immer Probleme hat, selbst wenn ansonsten alles in Ordnung ist. Wie Hamlet wird sie nie Frieden finden.

Um ein anderes Beispiel zu nehmen: Wenn die komische Perspektive Ihrer Figur »Liebe überwindet alle Hindernisse« lautet, dann weisen Sie ihr Selbstsucht als Fehler und Arglosigkeit als Menschlichkeit zu. Diese Synergie wird eine solche Figur in eine höchst unangenehme Zwickmühle bringen, und genau da wollen Sie Ihre komischen Figuren ja auch haben.

FIGUR: Sebastian Hasenfuß
KOMISCHE PERSPEKTIVE: Experte für alles
FEHLER: Klugschwätzer-Attitüde, gewaltige Wissenslücken
MENSCHLICHKEIT: wohlmeinend, ehrlich, hilfsbereit
ÜBERTREIBUNG: kennt die sieben Hauptexportartikel Bulgariens

FIGUR: Ophelia Genierlich
KOMISCHE PERSPEKTIVE: Der Körper ist ein Tempel des Heiligen Geistes
FEHLER: Schüchternheit, schwelende Libido
MENSCHLICHKEIT: loyal gegenüber ihren Freunden, sehnt sich verzweifelt nach Liebe
ÜBERTREIBUNG: zieht sich im Dunkeln aus, selbst wenn sie allein ist

FIGUR: Willi Wuff
KOMISCHE PERSPEKTIVE: geborener Schuhezerkauer
FEHLER: Neugier, unkontrollierter Harndrang, spitze Zähne
MENSCHLICHKEIT: verspielt, liebevoll, weich und knuddelig
ÜBERTREIBUNG: pisst alle fünf Minuten

FIGUR:
KOMISCHE PERSPEKTIVE:
FEHLER:
MENSCHLICHKEIT:
ÜBERTREIBUNG:

FIGUR:
KOMISCHE PERSPEKTIVE:
FEHLER:
MENSCHLICHKEIT:
ÜBERTREIBUNG:

FIGUR:
KOMISCHE PERSPEKTIVE:
FEHLER:
MENSCHLICHKEIT:
ÜBERTREIBUNG:

FIGUR:
KOMISCHE PERSPEKTIVE:
FEHLER:
MENSCHLICHKEIT:
ÜBERTREIBUNG:
...

Ich werde immer wieder gefragt, wie man ein Drehbuch, eine Szene, eine Geschichte oder sogar einen einzelnen Satz witzig macht. Die Leute kommen im Supermarkt zu mir. Sie sagen: »Hey, Mister, ich seh schon auf den ersten Blick, was für'n witziger Typ Sie sind. Wie kann ich auch witzig sein?« Ich gebe diesen Leuten keine andere Antwort als Ihnen, nämlich: Erfinden Sie Figuren, geben Sie ihnen starke komische Perspektiven, Fehler und Menschlichkeit, übertreiben Sie diese Attribute und lassen Sie diese Geschöpfe dann auf die Welt los. Dann erkundige ich mich, ob sie wissen, in welchem Gang die Erbsen stehen.

Wenn Sie kontinuierlicher komisch sein wollen, dann legen Sie sich eine Bibliothek komischer Perspektiven an und eine Antenne dafür zu, dass fast jeder Witz, den Sie hören, und jede lustige Situation, in die Sie geraten, eine Funktion von jemandes komischer Perspektive ist.

> Wie der Mann zu seiner Frau sagte: »Ich kann für mich selbst denken – hab ich Recht, Schatz?«

Die starke komische Perspektive des Mannes ist klar: Seine Frau hat die letzte Entscheidung. Seine Fehler und seine Menschlichkeit sind impliziert: Er ist unterwürfig, aber loyal gegenüber der Frau, die er liebt.

Das wirft eine interessante Frage auf: Wie lautet Ihre starke komische Perspektive? Inwiefern betrachten Sie die Welt auf eine ganz spezielle, übertriebene Weise, die stark von der normalen Wirklichkeit abweicht?

Als ich mir diese Frage das erste Mal stellte, spazierte ich gerade in einem Casino in Las Vegas herum und schwelgte begeistert in dem ganzen Ambiente: die Pit-Bosse, die Pokerspieler, die blauhaarigen Automatenköniginnen, die Umtauschmädchen, der schmuddelige Teppich, der Lärm, die

Lichter und alles. Ich bildete mir fast ein, sie hätten das ganze verdammte Casino nur für mich gebaut. In diesem Moment offenbarte sich mir blitzartig, dass dies meine starke komische Perspektive war: Die Welt ist mein Zirkus. Alles, was ich sehe, höre oder erlebe, alles, was irgendwo auf der Erde geschieht, dient nur zu meiner Belustigung. Irgend so ein Kerl in Kolumbien betrachtet es als seine Lebensaufgabe, ganz tolle Bohnen für meinen Kaffee anzubauen. DJs spielen meine Lieblingslieder, ohne dass ich sie darum bitten muss. Das Finanzamt würde *mir* nie einen Steuerprüfer auf den Hals hetzen, außer wenn es der Meinung wäre, das Erlebnis würde mir echt was geben.

Natürlich ist das eine Übertreibung, und natürlich laufe ich nicht ununterbrochen mit dieser Einstellung durch die Gegend. Aber wenn ich eine komische Perspektive brauche, lohnt es sich »Die Welt ist mein Zirkus« parat zu haben. Zumindest weiß ich, woher mein nächster Witz kommt. Nehmen Sie sich einen Moment Zeit, um über Ihre starke komische Perspektive nachzudenken. Sie müssen sich nicht auf eine festlegen und Sie können Ihre Antwort später immer noch ändern, aber wenn Sie witzig sein wollen, ist es nützlich zu wissen, welcher Teil Ihrer Persönlichkeit bereits witzig ist.

Wenn Sie Ihre komische Perspektive finden, haben Sie auch Ihre komische Stimme gefunden, die zuverlässige, beständige Plattform Ihres Humors von jetzt an bis zum letzten Tag Ihres Lebens. Und vielleicht sogar noch länger.

Länger? O ja. Denken Sie an W.C. Fields. Seine starke komische Perspektive war der grummelige Griesgram. In den Worten auf seinem Grabstein – »Alles in allem wäre ich lieber in Philadelphia« – lebt seine komische Perspektive über seinen Tod hinaus weiter. Tja, Leute, das ist fürwahr eine *starke* komische Perspektive.

5
HANDWERK HUMOR:
EINIGE INSTRUMENTE

Es gibt so etwas wie die Einlösung eines Titelversprechens. Wenn ich zum Beispiel in einen Film mit dem Titel *Bills und Teds aufregendes Abenteuer* gehe, dann erwarte ich zumindest ein aufregendes Abenteuer und bin enttäuscht, wenn der Film keines bietet. Ebenso lässt sich vermuten, dass eine Fernsehserie namens *Familienbande* etwas mit Familienleben zu tun hat. Oder mit einer sehr speziellen Bondage-Variante.

Jeder Titel ist ein Versprechen, und der Film, die Fernsehsendung, das Buch, der Comic oder die Ein-Mann-Pantomimentruppe, die dieses Versprechen nicht einlöst, riskiert, ihr Publikum gänzlich zu verlieren.

Nehmen Sie sich jetzt bitte ein paar Minuten Zeit für eine kleine Brainstorming-Übung: Denken Sie sich Titel für Sitcoms aus und überlegen Sie, was für ein Versprechen Ihr Titel impliziert.

Mutter – Mit den Nerven zu Fuß könnte beispielsweise auf eine leidgeprüfte, sympathische weibliche Hauptfigur hindeuten, die Probleme hat, mit den Widrigkeiten des Arbeits- und Familienlebens sowie mit einem 1975er Dodge Dart fertig zu werden, der sturerweise nie anspringen will.

Der hundertjährige Krieg verspricht eine Art Ehekrieg, wahrscheinlich zwischen einem alten Ehepaar, das sich so etwa seit Anbeginn der Zeitrechnung liebt und hasst.

Ein Glorx zieht in die Stadt lässt eine Geschichte über ein Wesen namens Glorx und dessen Bemühungen erwarten, sich an eine neue, schwierige Umgebung anzupassen. Jetzt sind Sie dran:

...

Dies ist ein weiterer Weg durchs Hintertürchen zu komischen Ideen. Statt hektisch und aufs Geratewohl nach Inspirationen zu angeln, können wir einfach eine Liste von Titeln aufstellen, uns überlegen, welches Versprechen jeder Titel enthält, und anschließend die vielversprechendsten Prämissen entwickeln.

Okay, vor Ihnen liegt ein Buch mit dem Titel *Handwerk Humor*. Welches Versprechen ist in diesem Titel enthalten? Dass Sie am Ende witziger sein werden als zu Beginn. Dass Sie beim Lesen hin und wieder mal lachen können. Und dass Sie ein paar Instrumente an die Hand kriegen. Wenn nicht, werden Sie mir früher oder später untreu werden und sich wieder *Ein Glorx zieht in die Stadt* ansehen oder irgendwas anderes tun, was Sie vorher gemacht haben. Nun ja, in Wahrheit haben wir schon einige dieser Instrumente benutzt, aber jetzt ist es an der Zeit, Namen zu nennen.

Kontextueller Zusammenprall

Kontextueller Zusammenprall ist die erzwungene Vereinigung inkompatibler Elemente. Kontextueller Zusammenprall reißt etwas aus seiner gewohnten Umgebung und verpflanzt es an einen Ort, wo es nicht hinpasst. Eine Hure in einem Kloster ist ein kontextueller Zusammenprall. Ein Elefant in einer Badewanne ebenfalls. Und auch ein Glorx, der in die Stadt zieht.

Ausgerechnet Alaska! reißt Joel Fleischman aus seinem normalen Kontext, New York, und verpflanzt ihn in die neue, schwierige Welt von Cecily, Alaska. *Crocodile Dundee* reißt seine Titelfigur aus ihrem normalen Outback-Kontext und verfrachtet sie nach New York.

Eine Zeitungsanzeige für Haartransplantate trägt die Überschrift »Erfolgreich flirten«. Wenn Sie die Überschrift aus der Haartransplantatanzeige ausschneiden und sie in die Impotenzanzeige auf der nächsten Seite einkleben, ist das ein kontextueller Zusammenprall.

Denken Sie an Songtexte. Innerhalb ihres Kontexts ergeben sie Sinn, aber wenn man sie aus ihrem Kontext herausnimmt – sie spricht oder niederschreibt –, können sie einem schon ziemlich merkwürdig vorkommen:

> Ich heiße Leo Lunge, ich steh auf Nikotin.
> Ich rauche Zigaretten, seit ich siebzehn bin.
> Und fragst du mich, warum,
> dann nehm ich's dir nicht krumm:
> Ich huste einfach gern.

Kontextueller Zusammenprall funktioniert auf allen Ebenen der Komik, von der breit angelegten Geschichte bis zum simplen Kalauer. Es kann sich dabei um die Prämisse eines komischen Romans wie *Gullivers Reisen* oder einer Filmkomödie wie *Big* handeln, in der Tom Hanks aus seinem normalen Kindheitskontext herausgerissen und in den fremden Kontext des Erwachsenseins verpflanzt wird. Kontextueller Zusammenprall ist die treibende Kraft in Fernsehserien wie *The Beverly Hillbillies* (Landvolk in der Stadt) und *Green Acres* (Stadtvolk auf dem Land). Man kann einen visuellen Gag auf dem kontextuellen Zusammenprall aufbauen, wie zum Beispiel bei der letzten Szene in *City Slickers – Die Großstadt-Helden*, als

Billy Crystal mit einem Kalb im Wagen nach New York zurückkommt. Kontextueller Zusammenprall erzählt Witze: *Heirat in Hast, Reue in Reno.* Oxymorons sind kleine kontextuelle Zusammenpralle: ehrlicher Diebstahl; im Jungbrunnen ertrinken; Fernsehwirklichkeit.

Kontextueller Zusammenprall funktioniert also, indem etwas von dort, wo es hingehört, dorthin gebracht wird, wo es nicht hingehört. Und es gibt weitaus mehr Orte, wo etwas nicht hingehört, als umgekehrt. Eine Hochzeit findet zum Beispiel so gut wie immer in einer Kirche, einem Park oder einem Privathaus statt. Wo würde eine Hochzeit so gut wie *nie* stattfinden? Wie wär's mit einer Autowaschanlage oder einer Pfandleihe? Mitten auf der Autobahn? Per Computer? Bei einem Fußballspiel? Im Einkaufszentrum? Man sieht, kontextueller Zusammenprall ist ein überraschend einfach handhabbares Instrument. Zum Beispiel:

> ein Kind als Präsident
> Albert Einstein im Fummel
> ein Golfplatz auf dem Mond
> Schönheitswettbewerb im Knast
> Donald Trump als Penner
> Picasso malt röhrende Hirsche
> Madonna als Opernsängerin
> Michael Jackson gegen Michael Tyson
> ...

Beim kontextuellen Zusammenprall muss es sich nicht unbedingt um physische Juxtapositionen handeln; man kann auch unterschiedliche emotionale Reaktionen oder innere Einstellungen miteinander konfrontieren. Das nennt sich dann:

Die völlig unangemessene Reaktion

In *Monty Python's – Das Leben des Brian* gibt es eine Szene, in der Brian auf der Flucht vor römischen Wachen um sein Leben rennt. Er versteckt sich in einem Laden – und muss dort, bedrängt vom Inhaber, um den Preis einer billigen Kalebasse feilschen. Hier wird die Kleinlichkeit des Ladeninhabers gegen Brians furchtbare Situation ausgespielt. Das ist kontextueller Zusammenprall in Form einer völlig unangemessenen Reaktion.

Umgekehrt könnte man auch ein schreckliches inneres Problem gegen eine völlig belanglose Situation ausspielen, zum Beispiel indem man jemanden mit so starker Höhenangst ausstattet, dass er nicht vom Randstein auf die Straße treten kann, ohne in Ohnmacht zu fallen. Tatsächlich lassen sich innere Einstellungen und äußere Situationen beliebig kombinieren, solange sie nicht von Natur aus kompatibel sind. Und je inkompatibler sie sind, desto komischer wird die Szene, der Witz oder der Gedanke.

Wenn Ihnen auffällt, dass hier mit dem Instrument der Übertreibung gearbeitet wird, seien Sie sich meines Lobes gewiss und kommen Sie nach vorn an die Tafel. Wir wollen eine *völlig* und keine *etwas* unangemessene Reaktion. Sie werden vielleicht auch bemerken, dass eine völlig unangemessene Reaktion aus der starken komischen Perspektive einer Figur resultiert. Der Kalebassenhändler will feilschen, weil seine starke komische Perspektive ihm sagt, dass Feilschen das

Größte für ihn ist. Es macht durchaus nichts, dass diese Instrumente sich überschneiden; ein Meer ist blau, aber es ist auch nass.

Die völlig unangemessene Reaktion ist wirklich ziemlich einfach zu benutzen. Sie brauchen sich bloß eine Situation auszusuchen und zu überlegen, wie jemand in dieser Situation logischerweise reagieren würde. Dann suchen Sie das Gegenteil dieser Reaktion oder irgendeine andere falsche Verhaltensweise – die gibt es ja massenhaft –, und schon sind Sie im Geschäft.

Bei Beerdigungen ist beispielsweise respektvolles Schweigen angemessen; wir machen uns also auf die Suche nach respektlosem Lärm. Geben Sie den Trauergästen lauter Kazoos. Oder Tubas. Oder automatische Waffen.

Angenommen, Sie würden eine Liebesszene schreiben, in welcher der Mann die Frau fragt, ob es für sie auch gut gewesen sei. Wenn die Frau das auf komische Weise bejahen soll, könnte sie eine Karte mit einer Zehn drauf hochhalten, wie eine Punktrichterin. Das wäre sowohl ein Fall von unangemessener Reaktion als auch ein physischer kontextueller Zusammenprall.

Wenn Sie nun auch noch das Instrument der Übertreibung auf die Szene anwenden, haben Sie am Schluss nicht nur olympische Wertungskarten, sondern echte olympische Punktrichter (je mehr, desto lustiger!) mit dem glücklichen Liebespaar im Bett.

Nehmen wir an, Sie wären Schauspieler und sollten die folgenden Szenen improvisieren. Wie könnten Sie mit Hilfe der völlig unangemessenen Reaktion eine komische innere Einstellung erfinden, die innerhalb der jeweiligen Szene zum Tragen käme?

Szene	**unangemessene Reaktion**
Grillabend im Garten	militantes Vegetariertum
im Fußballstadion	den Schiedsrichter anfeuern
in der Todeszelle	Lachkoller
Entlassung eines Mitarbeiters	sadistische Freude
Hochzeitsnacht	Keuschheitsgelübde
am Strand	...
im Gottesdienst	
wissenschaftliche Tagung	...
Luftkampf	
im Nachtclub	
die erste Verabredung	
in den Fernsehnachrichten	
in der Autowerkstatt	
Entgegennahme des Oscars	
Computerkauf	
...	

Wenn Filmleute von *High Concept*-Ideen sprechen, meinen sie Ideen, die in höchstens einem Satz verständlich ausgedrückt werden können. Oftmals landen sie dann beim kontextuellen Zusammenprall: Ein Junge im Körper eines Mannes (*Big*); ein

Mann in Frauenkleidern (*Tootsie*); eine Meerjungfrau in Manhattan (*Splash – Jungfrau am Haken*). Kontextueller Zusammenprall ist der beste Freund eines *High Concept*-Vertreters.

Aber da es cool ist, mehr als einen besten Freund zu haben, wollen wir uns noch ein weiteres Instrument ansehen.

Das Gesetz der komischen Gegenpole

Mit diesem Instrument arbeiten Sie folgendermaßen: Zunächst erschaffen Sie eine komische Figur und bestimmen deren komische Perspektive. Dann suchen Sie das diametrale Gegenteil dieser Perspektive und weisen es einer zweiten Figur zu. Anschließend sperren Sie die beiden zusammen in einen Raum, lehnen sich zurück und schauen sich den Spaß an.

In *Ein seltsames Paar* ist Felix Unger die ganze Zeit ein absoluter Sauberkeitsfanatiker, und Oscar Madison ist der König der Schmutzfinken. Das sind komische Gegenpole, zwei einander widersprechende komische Figuren. In *Midnight Run – Fünf Tage bis Mitternacht* spielt Robert De Niro einen hyperrationalen Kopfgeldjäger, und Charles Grodin ist ein Neurotiker von Weltklasseformat. Für einen großen Teil des Films sind die beiden buchstäblich aneinander gekettet. Das ist eine Zwangsgemeinschaft.

In *African Queen* sind Humphrey Bogart und Katherine Hepburn komische Gegenpole, die durch die Umstände auf ähnliche Weise aneinander gekettet sind. Wenn Gracie Allen die Naivität in Person ist, folgt daraus, dass George Burns der personifizierte Zynismus ist, an Gracie gekettet vom heiligen Sack Zement, Verzeihung, Sakrament der Ehe.

Machen Sie folgende Übung: Stellen Sie sich vor, der mächtige Chef eines großen Filmstudios hätte mit seinem BMW soeben Ihren Wagen zerschrottet. Nutzen Sie die Gelegenheit, um ihm ein paar mit Hilfe des Gesetzes der komischen Gegenpole entwickelte *High Concept*-Filmideen vorzuschlagen.

> Ein Geizhals heiratet eine Verschwenderin.
> Ein braver Streber und ein Partyfreak teilen sich
> im Internat ein Zimmer.
> Ein Priester erbt ein Bordell.
> Ein Mädchen aus gutem Hause geht mit einem
> Obdachlosen zum Ball.
> Ein Bauarbeiter adoptiert ein verwöhntes reiches Gör.
> ...

Um starke komische Gegenpole zu finden, können Sie mit Blick auf Ihre komische Figur auch fragen: Wer könnte dieser Person das Leben so schwer wie nur irgend möglich machen? Ein Pfarrer wird mehr Probleme mit einer Hure haben als beispielsweise mit einem Versicherungsvertreter. Wer würde einem egozentrischen, arroganten Fußballstar das Leben so schwer wie nur irgend möglich machen? Eine egozentrische, arrogante Diva?

Offensichtlich führt nicht jede Paarung komischer Gegenpole zu einer ergiebigen und vollständigen komischen Geschichte, ob es sich nun um *High Concept*-Ideen handelt oder nicht. Aber auch hier sehen Sie wieder, wieviel leichter es ist, eine simple, konkrete Frage wie »Was ist der komische Gegenpol eines Geizhalses?« zu beantworten als eine allgemeine, ungenaue Frage wie »Was ist eine gute Idee für einen Spielfilm?«.

Spannung und Auflösung

Jedes Mal wenn man einen Witz erzählt, erzeugt man eine gewisse Spannung. Die Spannung entwickelt sich oft in Form einer Frage: Worum geht es in diesem Witz? Wenn der Witz funktioniert, dann entlädt sich die gesamte angestaute Spannung bei der Pointe in Form von Gelächter. Im Allgemeinen gilt: Je mehr Spannung sich anstaut, desto befreiender ist die Pointe.

> Gestern Nacht hatte ich einen Traum, in dem ich als Stand-up-Comedian auftrat, und ich ging auf die Bühne, stellte mich vor und sagte: »Mein Name ist John Vorhaus, das reimt sich auf whorehouse, und weil das schon mein ganzes Leben lang so ist und ich's ehrlich gesagt leid bin, ändere ich jetzt meinen Namen.«

Das ist natürlich nur ein Traum.

> »Wie ich jetzt heiße? Vordello.«

Die Spannung in diesem Witz entsteht durch das Wissen, dass der Erzähler ein Problem mit seinem Namen hat, und durch die unterschwellige Frage, wie er dieses Problem lösen wird. Die Lösung, die natürlich überhaupt keine ist, löst die ganze angestaute Spannung. Und je länger man den Knalleffekt hinauszögern kann, desto lustiger wird der Witz sein.

Stimmt das? Nun, angenommen, ich würde stattdessen sagen: »Mein alter Name war Vorhaus, aber jetzt heiße ich Vordello«, dann bekäme ich vielleicht einen Lacher, aber der hielte sich in Grenzen, weil ich der Spannung keine Chance gegeben hätte, sich zu entwickeln. Der Zuhörer muss über die Frage des Witzes nachdenken können, um vom Spannungsaufbau zu profitieren.

Deshalb habe ich diesen letzten Witz in einem Traum angesiedelt, und deshalb nehmen Standup-Comedians so lange, umständliche Wege zum springenden Punkt ihrer Geschichten. Sie wissen, wieviel es bringt, den Moment bis zum Letzten auszukosten.

Spannung und Auflösung ist nicht nur abhängig von der Zeit, sondern oft auch von der Situation. Jedes Mal wenn ein Publikum, ein Leser oder ein Zuschauer sich Gedanken über Sie und Ihre Figuren macht, hat sich ein gewisses Maß an Spannung in Form von Furcht aufgestaut. Je schlimmer die Situation, desto größer die Spannung; je größer die Spannung, desto stärker der *comic relief*, die befreiende Wirkung, wenn sie sich löst.

In *Zwei Banditen* gibt es eine Szene, in der Butch und Sundance in die Enge getrieben worden sind und sich nun darüber klar zu werden versuchen, ob sie von einer Klippe in den Fluss tief unten springen sollen. Obwohl ihr Leben auf dem Spiel steht, drehen und wenden sie die Sache mehrere Minuten lang hin und her, bis Sundance schließlich verkündet, dass er nicht springen wird, basta. Butch fragt ihn, warum nicht. »Ich kann nicht schwimmen!«, ruft Sundance aus. »Blödmann«, sagt Butch, »wahrscheinlich kommst du schon bei dem Sturz ums Leben.« Und während das Publikum in Gelächter ausbricht, stürzen sich unsere Helden von der Klippe.

Fazit: Um einen Witz lustig zu machen, müssen Sie die Pointe hinauszögern; um eine Situation komisch zu machen, müssen Sie prekäre Umstände erschaffen. Darauf kommen wir später noch eingehender zu sprechen, wenn es darum geht, wie man in einer komischen Geschichte den Einsatz erhöhen kann. Fürs Erste brauchen Sie sich nur eins zu merken: maximale Spannung – hinausgezögerte Auflösung.

Manchmal kann man aus einem Witz oder einer komischen Idee mehr herausholen, indem man sich das lustige Wort einfach bis zum Schluss aufspart. Das nennt man *Positionierung der Pointe*. Es gibt drei gute Argumente dafür. Erstens ist die Lösung aufgestauter Spannung am ertragreichsten. Zweitens wird Ihr Publikum bei der Pointe lachen, wenn der Witz wirklich komisch ist, und dann geht der Rest des Satzes im Gelächter unter. Drittens – und das ist der wichtigste Grund für die Verlegung der Pointe ans Ende des Satzes – sollte man sicherstellen, dass alle wichtigen Informationen vermittelt worden sind. Schauen Sie sich folgenden Satz an:

> Wenn das Universum sich fortwährend ausdehnt, weshalb finde ich dann nie einen Parkplatz?

Das Wort, durch das der Witz funktioniert, heißt »Parkplatz«; es beantwortet die Frage: Worum geht es bei diesem Witz? Wenn man den Witz so formulieren würde: »Weshalb finde ich nie einen Parkplatz, wenn sich das Universum doch fortwährend ausdehnt?«, müsste Ihr Publikum über das »Parkplatz« hinaus bis zum Ende des Satzes auf die für das Verständnis des Witzes erforderlichen Informationen warten. Es ist, als hätten Sie die Frage beantwortet und erst anschließend gestellt. Und da die Antwort das Komische ist, machen Sie den Witz kaputt, wenn Sie die Pointe zu früh bringen.

Hier sind noch ein paar Beispiele für die korrekte Positionierung der Pointe.

> **richtig**: »Hör auf, dich selbst zu bemitleiden – du erbärmlicher Verlierer!«
>
> **falsch**: »Du erbärmlicher Verlierer, hör auf, dich selbst zu bemitleiden!«

Der Leser des zweiten Satzes muss den »erbärmlichen Verlierer« verarbeiten, dann die Pointe lesen und anschließend wieder zurückgehen und noch einmal über den »erbärmlichen Verlierer« nachdenken, um den Witz zu verstehen, während im ersten Satz »erbärmlicher Verlierer« sowohl die Pointe als auch das für die Wirkung der Pointe erforderliche Schlüsselwort ist.

> **richtig**: »Wenn du Gott zum Lachen bringen willst, erzähl ihm von deinen Plänen.«

> **falsch**: »Erzähl Gott von deinen Plänen, wenn du ihn zum Lachen bringen willst.«

In diesem Fall wird die Spannung von der Frage erzeugt: Wie bringt man Gott zum Lachen? Wenn man den Witz umdreht, gibt man die Antwort preis, bevor man die Frage gestellt hat.

> **richtig**: »In der Schule bekam ich die meisten Stimmen, als es darum ging, wer beim Hundert-Meter-Lauf schon vor dem Ziel aufgeben würde.«

> **falsch**: »Als es darum ging, wer beim Hundert-Meter-Lauf schon vor dem Ziel aufgeben würde, bekam ich in der Schule die meisten Stimmen.«

Wenn die Worte »in der Schule« am Satzanfang stehen, verstärken sie die Pointe, im letzten Teil des Satzes hingegen verschwenden sie nur Platz. Betrachten Sie sie als träge Masse, wie das Gas Argon. Streichen Sie sie.

Wenn ein Witz nicht zündet, muss man manchmal nur die Teile neu anordnen, und schon funktioniert er wieder. Im Zweifelsfall sollten Sie das lustige Wort immer ganz ans Ende stellen.

Die Wahrheit sagen, um einen komischen Effekt zu erzielen

Ich habe eine Glatze. Es macht mir nichts aus. Ich sehe das so: Ich kämme mich schon seit sieben Jahren nicht mehr, war aber in dieser Zeit trotzdem keinen einzigen Tag schlecht frisiert.

Das nennt man die Wahrheit sagen, um einen komischen Effekt zu erzielen.

Johnny Carson hat das dauernd gemacht. Immer wenn ein Witz in die Hose ging, machte er eine Bemerkung oder sah das Publikum auf eine Weise an, die im Grunde bedeutete: Tja, dieser Witz hat nicht funktioniert. Auch wenn der Witz selbst keine Lacher gebracht hatte – die Wahrheit, die er hinterher sagte, brachte fast immer welche.

Man kann dieses Instrument in beinahe jeder Situation benutzen, indem man einfach das Offensichtliche konstatiert. Sie könnten zum Beispiel über einen Zweijährigen sagen: »Er hat die Aufmerksamkeitsspanne eines Zweijährigen.« Oder zu einem Polizisten, der Sie anhält, weil Sie zu schnell gefahren sind: »Ich glaube, ich weiß, warum Sie mich angehalten haben.« Wahrscheinlich wird er nicht lachen, aber Polizisten sind ja auch ein notorisch schwieriges Publikum.

Wie viele andere tolle Instrumente ist auch dieses umkehrbar. Man kann nicht nur die Wahrheit sagen, um einen komischen Effekt zu erzielen, man kann auch:

Lügen, um einen komischen Effekt zu erzielen

Angenommen, Sie stehen irgendwo in einer Schlange und sagen: »Das ist aber echt eine lange Schlange.« Das ist zwar die Wahrheit, aber nicht komisch. Probieren Sie's stattdessen mal mit einer Lüge: »Wenn diese Schlange noch länger wird, kriegt sie bestimmt eine Postleitzahl.«

Lügen, um einen komischen Effekt zu erzielen, hat viel Ähnlichkeit mit der Suche nach der völlig unangemessenen Reaktion. Eruieren Sie die Wahrheit einer Situation und behaupten Sie dann einfach das Gegenteil: »Ich will dich nur wegen deines Intellekts.« »Ronald Reagan war schlau.« »Dieses Buch ist sein Geld wert.«

Diese beiden Werkzeuge ergänzen sich bestens; wenn eine Situation nicht nach der Wahrheit schreit, schreit sie nach einer Lüge, oder umgekehrt. Versetzen Sie sich also zu Übungszwecken in verschiedene Situationen und suchen Sie nach Reaktionen, bei denen entweder die Wahrheit gesagt oder gelogen wird, um einen komischen Effekt zu erzielen.

Situation	**Reaktion**
beim Zahnarzt	»Novocain? Nein danke.«
in haiverseuchten Gewässern	»Ausgerechnet jetzt krieg ich meine Tage!«
auf dem Anrufbeantworter	»Im Moment mach ich mich gerade an jemand Wichtigeren ran als dich ...«
bei der Beichte	»Glauben Sie mir, Vater, das wollen Sie wirklich nicht wissen.«
zu einem Tauben	» !«

...

Manchmal ist schwer zu erkennen, ob man die Wahrheit sagt oder lügt, um einen komischen Effekt zu erzielen. Wenn ich vor Seminarteilnehmern stehe und ihnen erzähle, ich hätte Angst, die Polizisten vom Betrugsdezernat könnten jederzeit reingeplatzt kommen und mich ins Gefängnis für falsche Lehrer stecken, sage ich dann die Wahrheit oder lüge ich? Offensichtlich rechne ich nicht damit, dass wirklich irgendwelche Polizisten die Tür eintreten, andererseits spreche ich aber eine echte Unsicherheit an.

Letzten Endes ist es egal, ob man den Witz in die eine oder die andere Kategorie, in keine von beiden oder in beide einordnet. Der Zweck dieser Instrumente ist nicht, dass man sich an Definitionen aufhängt, sondern dass man einen zuverlässigen Ort findet, wohin man gehen kann, wenn man einen Witz braucht, und zwar sofort. Wenn Sie ein Instrument namens »Die Wahrheit sagen, um einen komischen Effekt zu erzielen« benutzen und am Ende eine komische Lüge dabei herauskommt, macht das in meinen Augen nicht den geringsten Unterschied. Und es ist mein Buch, also denke ich mal, was ich sage, gilt.

6
TYPEN KOMISCHER GESCHICHTEN

Wenn man sich anschickt, eine komische Geschichte zu erzählen, ist es ganz nützlich zu wissen, was für eine Art von Geschichte man erzählen will. Die Regeln für die eine Sorte sind für eine andere völlig irrelevant. Ich bin kein sonderlicher Verfechter des Gedankens, dass man sich an die Regeln halten muss (weil Regeln in der Regel nur den Regelmachern dienen sollen und nicht Ihnen und mir), aber wenn man in einem Genre wie der Comedy schreibt, besteht nur dann Aussicht, dass man seine Sache richtig macht, wenn man weiß, wie die Formen und Strukturen dieses Genres beschaffen sind. Wahres Genie arbeitet innerhalb der vorgegebenen Form.

Außerdem ist die Benutzung von Kategorien eine weitere Methode, ein großes, unübersichtliches, unpräzises kreatives Problem gegen ein kleineres, saubereres, viel straffer organisiertes auszutauschen. Statt zu fragen: Was ist eine komische Geschichte? oder: Woher kriege ich meine nächste Idee?, könnten Sie fragen: *Was für eine* komische Geschichte soll ich erzählen? Der Wissenschaft zufolge bewegt sich das Universum in Richtung zunehmender Entropie, das heißt im Wesentlichen, von Ordnung zum Chaos. Wenn Sie wissen, was für eine komische Geschichte Sie erzählen, kämpfen Sie gegen die Entropie. Ist das nicht tröstlich?

Falls Sie allerdings Standup-Comedian, Verfasser von Glossen oder Comic-Zeichner sind, wäre es durchaus möglich, dass dieses Kapitel, um meine vorherige Formulierung noch mal aufzugreifen, völlig irrelevant für Sie ist. Wenn Sie in den

Lesesaal gehen möchten, stelle ich Ihnen gern einen Erlaubnisschein aus. Alle anderen rücken jetzt bitte ein bisschen näher, denn wir werden nun die wundervolle Welt der komischen Welten erkunden.

Center and Eccentrics

In einer Center-and-Eccentrics-Konfiguration ist ein Jedermann von komischen Figuren umgeben. Dieser Jedermann fungiert als Stellvertreter für Sie und mich, als unsere Augen und Ohren, während wir all den verrückten, abgedrehten Sonderlingen seiner und unserer neuen Welt einen Besuch abstatten.

Die komische Prämisse einer Center-and-Eccentrics-Geschichte findet sich in der Kluft zwischen der normalen Perspektive unserer zentralen Figur und den ungewöhnlichen komischen Perspektiven der exzentrischen Figuren um sie herum.

In dem Spielfilm *Falsches Spiel mit Roger Rabbit* ist Bob Hoskins Eddie Valiant, ein ganz normaler Mensch, der sich in eine Welt voller Zeichentrickfiguren verirrt. Roger, Jessica, Mr Acme, Richter Doom und die Wiesel haben sich allesamt verschworen, Eddie das Leben so schwer wie irgend möglich zu machen. Wir, das Publikum, sehen die Komik dieser Welt durch die Augen des verwirrten, leidgeprüften Eddie.

In *Monty Python's – Das Leben des Brian* wird der arme Brian von einer komischen Figur nach der anderen gejagt, gepiesackt und beschimpft, bis er schließlich einen schrecklichen Tod am Kreuz stirbt, umringt von lauter fröhlichen Menschen, die »Always look on the bright side of life« singen.

Das Fernsehen liebt Center and Eccentrics. In Bob Newharts Shows ist diese Struktur immer benutzt worden, ebenso in *Barney Miller* und allem, was Judd Hirsch je gemacht hat. In *Taxi* war Hirsch, unser Jedermann, von einem sturzbetrunkenen Boxer, einem LSD-Geschädigten, einem verdorbenen kleinen Mann und einem Ausländer umgeben. Die Episoden dieser Serie bezogen ihren Stoff routinemäßig aus der Kluft zwischen der Weltsicht von Hirschs Alex Rieger und derjenigen von Tony, Jim, Louie und Latka. In *Mary Tyler Moore* sehen wir allwöchentlich Jederfrau Mary im Kampf gegen Teds Ego, Lous Schroffheit, Murrays Nachgiebigkeit, Rhodas Gejammer usw.

Ist *Catch 22* ein Fall von Center and Eccentrics? Nur wenn man Yossarian selbst nicht für einen Exzentriker hält. Natürlich erklärt er allen immer wieder, er sei nicht verrückt, aber wer glaubt schon so einem Verrückten? Der Kolumnist Art Buchwald hat an sich keinen exzentrischen Blickwinkel; stattdessen weist er der endlosen Reihe fiktiver Bekanntschaften und Freunde, über die er schreibt, schrullige Ansichten zu.

Beim Versuch herauszufinden, ob etwas unter Center and Eccentrics fällt, geht es nicht um den reinen Spaß an der Freud, wie bei der Suche nach Walter in den Bildern der »Wo ist Walter?«-Bücher (obwohl – ist Walter nicht in Wahrheit der vollendete Center unter lauter Eccentrics?). Es geht darum, Ihnen bei der Konstruktion Ihrer eigenen starken komischen Geschichten zu helfen, und dazu eignet sich Center and Eccentrics ganz hervorragend.

Bei der folgenden Übung wird Ihnen vielleicht auffallen, dass Sie jetzt immer mehr schreiben müssen. Bisher haben wir uns meist mit Listen und Sätzen begnügt; nun werden wir eine Zeit lang ganze Absätze verfassen. Wenn Sie bislang an den Rand oder auf den Handrücken geschrieben haben, wäre dies also ein guter Zeitpunkt, den Computer anzuwerfen oder sich ernsthaft das bereits erwähnte Notizbuch anzulegen.

Hier ist die Aufgabe: Benennen Sie eine zentrale Figur und geben Sie ihr eine normale, nichtkomische Perspektive. Versetzen Sie sie anschließend in irgendeine Situation, zum Beispiel dorthin, wo sie arbeitet oder wohnt. Erschaffen Sie nun ungefähr ein halbes Dutzend weitere Figuren und statten Sie alle mit starken komischen Perspektiven aus. Gehen Sie bei dieser Übung möglichst sparsam mit Worten um; wenn Sie eine Figur nicht mit einem Satz definieren können, glaube ich nicht, dass Sie sie überhaupt definieren können. Ich habe diese Übung gerade selbst gemacht und dabei eine Sitcom mit dem Titel *Wir sitzen alle in einem Boot* kreiert.

SALLY CROWDER ist die schwer geprüfte Mutter eineiiger Drillinge im Teenie-Alter. CHIP hat sein Leben ganz der Verehrung von Elle McPherson gewidmet. SKIP hätte »geborenes Physik-Genie« auf den Arm tätowiert bekommen sollen. SCOOTER würde die Katze verkaufen, wenn der Preis stimmen würde. Sally ist mit GEORGE verheiratet, dem Mann mit der teflonbeschichteten Hirnschale, und die Nachbarin, MRS BRICKLE, ist der Ansicht, es gebe kein Problem, und sei es auch noch so groß oder kompliziert, das nicht mit Pudding kuriert werden könne.

Sie merken hoffentlich, dass es viel leichter ist, mit einem solchen Ausgangspunkt als Sprungbrett in eine Geschichte einzutauchen als zum Beispiel mit »Ein Mann geht zur Arbeit in den Zoo«. Angehende Autoren – besonders auf dem Gebiet der Situationskomödie – machen sich oftmals nicht klar, dass es in einer komischen Geschichte nicht um ein Setting, eine Situation oder eine missliche Lage geht, sondern um starke, dauerhafte Konfliktlinien zwischen den Figuren und in deren Innerem. Center and Eccentrics sagt Ihnen sofort, wer Ihr Held ist, gegen wen er antritt und wo seine Konfliktlinien liegen.

Fish out of Water

In einer Fish-out-of-Water-Geschichte finden wir entweder eine normale Figur in einer komischen Welt oder eine komische Figur in einer normalen Welt. Sie, kluger Leser, werden natürlich sofort erkennen, dass es sich bei dieser Konfiguration um kontextuellen Zusammenprall für die Dauer einer kompletten Geschichte handelt. Und Sie werden auch merken, dass Fish out of Water viel Ähnlichkeit mit Center and Eccentrics hat, weil man dazu eine Figur oftmals ratzfatz mitten unter ein paar wirklich sehr seltsame Geschöpfe verfrachtet. Beides richtig. Macht aber nichts. Denken Sie dran, was wir übers Abstempeln und über ausgegangene Tinte gesagt haben – Kategorien sind dazu da, durchbrochen zu werden.

In so gut wie jeder Zeitreise-Geschichte kommt eine normale Figur in einer komischen Welt vor. *Zurück in die Zukunft; Time Bandits; Der Schläfer* usw. zeigen uns den Zusammenprall der komischen Perspektiven von Gegenwart und Zukunft beziehungsweise Gegenwart und Vergangenheit. Um eine Geschichte mit dieser Struktur zu konstruieren, brauchen Sie nur einen typischen Stadtmenschen an einen buchstäblich oder metaphorisch weit entfernten Ort zu versetzen.

Wenn Sie diese Struktur umdrehen, haben Sie eine komische Figur in einer normalen Welt. Die meisten Komödien mit Außerirdischen fallen aus offensichtlichen Gründen in diese Kategorie. *Mork vom Ork; E.T.; Meine Stiefmutter ist ein Alien; Mein Onkel vom Mars* und *Alf* schöpfen ihren Humor allesamt aus der Kluft zwischen der komischen Perspektive der komischen Figur und der konventionellen Realität (unserer Realität), die sie nun umgibt. Sowohl in *Die Glücksritter* als auch in *Prinz und Bettelknabe* geraten zwei Figuren in die Welt der jeweils anderen. Nach den ultimativen Fish-out-of-Water-

Geschichten brauchen Sie natürlich nicht lange zu suchen: *Splash – Jungfrau am Haken* und *Arielle – die Meerjungfrau*.

Machen Sie sich klar, dass für Fish-out-of-Water-Geschichten keine reale, physische Ortsveränderung erforderlich ist. Oftmals durchläuft eine Figur eine innere Veränderung, und das setzt die Geschichte in Gang. In *Big* ist die Tom-Hanks-Figur anfangs ein Kind und wird dann zum Erwachsenen. Schwupp, schon ist dieser Fisch aus dem Wasser. Ebenso in *Tootsie*: Michael Dorsey zieht Frauenkleider an, und dadurch kommt seine Geschichte in Schwung. Und wenn Sie – nur um den Kreis zu schließen – Tom Hanks in Frauenkleider stecken, haben Sie die kurzlebige Sitcom *Bosom Buddies*.

Ich muss Sie warnen: Fish out of Water ist eine unverhüllte Einladung zum Haarespalten. Geht es in *Ausgerechnet Alaska!* um eine normale Figur in einer komischen Welt oder um eine komische Figur in einer normalen Welt? Aus Joel Fleischmans Perspektive Ersteres, aber aus der Perspektive der Einwohner von Cecily ist es genau umgekehrt. Ebenso in *Sister Act – Eine himmlische Karriere*, wer ist da die komische Figur, Whoopi Goldberg oder all diese verrückten Nonnen? Sowohl als auch. Weder noch. Es könnte nicht unwichtiger sein. Wichtig ist nur, dass Sie ein Gefühl dafür kriegen, eine Figur an einen Ort zu verfrachten, wo sie nicht hingehört – und je weniger sie dort hingehört, desto besser.

Wir wollen hier eigentlich nur eins, nämlich unsere Helden durch die Hölle gehen lassen. Wir wollen sie in Welten stecken, in denen ihnen das Leben so richtig sauer gemacht wird. Ich hab immer vor dieser Denkweise zurückgescheut, weil ich im Grunde ein netter Kerl bin und will, dass meinen Freunden nette Sachen passieren. Aber hier handelt es sich um komische Figuren, nicht um Freunde, und damit deren Geschichten lustig sind, muss man sie wirklich in Kalamitäten bringen. Sobald Sie eine echt kranke, perverse Freude daran finden, ihnen das Leben zu vermiesen, werden Ihre Geschichten viel interessanter und lustiger werden. Wenn Sie Übertreibung auf Fish out of Water anwenden, haben Sie bald nicht nur einen Fisch außerhalb des Wassers, sondern einen verzweifelten sterbenden Fisch, der am Strand herumzappelt, sich windet und nach Luft ringt. Zum Totlachen!

Vielleicht ist es ganz nützlich, mal ein paar bekannte Fish-out-of-Water-Geschichten auf einen Satz einzudampfen. Ich fange an, dann können Sie's selber versuchen:

> Ein Mann, der sich nichts sehnlicher wünscht, als sein altes Leben hinter sich zu lassen, bleibt in einer Kleinstadt hängen und erlebt immer wieder denselben Tag. *(Und täglich grüßt das Murmeltier)*

> Eine ängstliche Liebesromanautorin landet auf der Suche nach einem Schatz im südamerikanischen Dschungel. *(Auf der Jagd nach dem grünen Diamanten)*

> Eine aufstiegsorientierte schwarze Familie zieht in die vornehme Upper East Side. *(The Jeffersons)*

> Eine knallharte Geschäftsfrau bekommt ein Baby aufgehalst. *(Baby Boom – Eine schöne Bescherung)*

> Ein ganz normaler Mann erwacht nach einer Nacht voller unruhiger Träume und stellt fest, dass er sich in eine riesige Kakerlake verwandelt hat. (Kafkas *Die Verwandlung*)
>
> ...

Die Verwandlung?!? Okay, wir brechen nicht gerade vor Lachen zusammen. Trotzdem ist es eine echte Fish-out-of-Water-Story, und ein Drama ist schließlich nur eine Komödie ohne Lacher. Man beachte auch, dass die neuen Welten dieser Figuren in gewissem Sinn deren komische Gegenpole sind. Die Frau, die nichts weniger will als ein Baby, ist diejenige, die eins kriegt. Die Frau, die Angst vor Abenteuern hat, stolpert in eins hinein. Auf solche dynamischen Konflikte sind Sie aus.

Okay, nächste Übung. Schreiben Sie ein paar Ideen für Fish-out-of-Water-Geschichten auf – einen Satz, nicht mehr. Versuchen Sie, ihnen auch Titel zu geben:

> Ein Marsianer gewinnt in einer Game-Show eine Reise zur Erde und landet im Wilden Westen, wo er sich als Indianer verkleidet. *(Cowboys und Aliens)*
>
> Eine Nonne, die an ihrer Berufung zweifelt, wird Geschäftsführerin eines Spielcasinos. *(Kreuz-Königin)*
>
> Eine unterdrückte Hausfrau tauscht den Platz mit Jeanne d'Arc. *(Mutter d'Arc)*
>
> Ein böser alter Mann stirbt und kommt irrtümlich in den Himmel. *(Im Himmel ist die Hölle los)*
>
> …

Auch hier gilt wieder: Nicht alle unsere Ideen werden sich als tragfähig erweisen. Das macht nichts; wir wissen mittlerweile, dass das auch nicht nötig ist. Die kleinen Fische müssen Sie halt oftmals zurückwerfen.

Charakterkomödie

Die Charakterkomödie ist ein direkter emotionaler Krieg zwischen starken komischen Gegenpolen. Wenn Sie eine dauerhaft erfolgreiche Sitcom, einen starken komischen Film, eine Kurzgeschichte, eine Bühnennummer oder sogar einen Comic-Strip entwickeln wollen, ist es nicht das Schlechteste, das Gesetz der komischen Gegenpole auf der Ebene Ihrer Prämisse heranzuziehen. Es ist ein Naturgesetz; da gibt's keinerlei Einspruchsrecht.

Calvin und Hobbes, die beiden Protagonisten des gleichnamigen Comic-Strips, kämpfen fortwährend um die Macht. Der gleiche Krieg tobt auch zwischen Ralph Kramden und Ed Norton in *The Honeymooners*, zwischen Wodehouses Bertie Wooster und Jeeves, zwischen der Bill-Murray-Figur und der Richard-Dreyfuss-Figur in *Was ist mit Bob?*, ein Krieg, der auch in *Hölle, wo ist dein Schrecken*, *Die Zwei von der Tankstelle* und einer Myriade weiterer Geschichten ausgefochten wird, die Sie bestimmt auch selber auflisten können.

Oftmals ist die Charakterkomödie zugleich auch ein Liebesfilm, so dass der direkte emotionale Krieg zwischen zwei Menschen tobt, die einander zunächst nicht ausstehen können, sich am Ende jedoch ineinander verlieben. Sam und Diane in *Cheers*, Dave und Maddie in *Das Model und der Schnüffler*, Tracy und Hepburn in all ihren Filmen; diese Paarungen sind so angelegt, dass die Partner einander das Leben zur Hölle machen. Glauben Sie mir, wenn sie einander auch nur ein winziges bisschen weniger nerven würden, wären sie für uns erheblich weniger komisch.

Für eine funktionierende Charakterkomödie braucht man starke Kräfte, die ein Paar auseinander treiben, und genauso starke Kräfte, die es zusammenhalten. In *All in the Family* sind Archie und Meathead durch die Ehe verbunden. In *48 Stunden* haben Nick Nolte und Eddie Murphy jeweils lebenswichtige Gründe dafür, zusammenzubleiben und das Verbrechen aufzuklären, und das zusätzlich im Wettlauf gegen eine tickende Uhr. In *Cheers* hassen sich Sam und Diane, aber ihre sexuelle Chemie verbindet sie mit der Kraft eines endokrinen Superklebers. Das ist auch gut so.

Für eine Charakterkomödie braucht man nicht unbedingt diametral entgegengesetzte komische Figuren. In *Mein Partner mit der kalten Schnauze* ist Jim Belushi ein Cop mit einem Hund als Partner. In *Stop! Oder meine Mami schießt* ist Sylvester Stallone ein Cop, der seine Mami zur Partnerin hat. In *Cop und ein Halber* ist Burt Reynolds ein Cop mit einem Kind als Partner. In jedem dieser Fälle ist die Nemesis des Helden nicht so sehr sein Gegenpol als vielmehr sein Katalysator des Elends.

Katalysator des Elends. Diesen Ausdruck sollten Sie bei der nächsten Übung im Kopf behalten. Versuchen Sie, Ihre Geschichten um Figuren herum aufzubauen, die füreinander echte Katalysatoren des Elends sein könnten. Und haben Sie keine Angst davor, fies zu sein. Diese Leute sind Produkte Ihrer Phantasie; Sie können sie quälen, soviel Sie wollen.

Richten Sie Ihr Augenmerk auch darauf, dass Sie bei unserer Reise vom Listenerstellen zum Geschichtenerzählen stark versucht sein werden, sich in den Details jeder neuen Story zu verheddern. Widerstehen Sie diesem Drang. Zum gegenwärtigen Zeitpunkt brauchen Sie nicht mehr über Ihre Geschichte zu wissen als den einen Satz, der sie skizziert. Im nächsten Kapitel werde ich eine Kurzschrift umreißen, mit deren Hilfe Sie Ihre Geschichte zur nächsten Ebene »wachsen« lassen können. Vorläufig jedoch wollen wir nur unsere Komik-Muskeln trainieren und sehen, was dabei herauskommt:

> Ein konservativer Firmenchef nimmt seinen radikalen Sohn ins Familienunternehmen auf.
>
> Eine Heterofrau und ein Schwuler konkurrieren um denselben Mann.
>
> Ein Elektriker und ein Zauberer tun sich zusammen, um die Welt zu retten.
>
> Eine Ärztin heiratet einen Hypochonder.
>
> Ein Cop bekommt einen Rockstar zum Partner.
>
> Eine Anwältin verteidigt ihren Exmann, einen Betrüger, in einem Mordfall.
>
> ...

Lassen Sie sich keine grauen Haare wachsen, wenn nicht all Ihre Paarungen säuberlich in diese Kategorie zu passen scheinen. Wie schon gesagt, die besten komischen Geschichten überschreiten Grenzen. Handelt es sich bei *Ausgerechnet Alaska!* um Center and Eccentrics, Fish out of Water oder eine Charakterkomödie? Antwort: viertens, alles zugleich. Wenn Sie von einer Idee besonders angetan sind, sollten Sie am besten prüfen, wie viele verschiedene Typen von Geschichten

Sie mit demselben Konzept erzählen können. Dadurch bekommen Ihre komischen Ideen Tiefe und Textur. Deshalb wollen wir jetzt noch eine Prise Magie zu der Mischung geben.

Zauberkräfte

In einer komischen Geschichte, die um Zauberkräfte herum aufgebaut ist, stellen diese Kräfte selbst die komische Prämisse dar. Die Kluft zwischen der realen Wirklichkeit und der komischen Wirklichkeit ist die unterstellte Existenz eines magischen oder phantastischen Elements. Es gab da zum Beispiel einmal eine Fernsehserie mit dem Titel *My Mother the Car*, in der sich alles darum drehte, dass die tote Mutter eines Mannes zurückkommen und ihn piesacken konnte, indem sich ihr Geist in seinem Wagen einnistete, einem 1928er Porter. Wenn man die Prämisse akzeptierte, ließ man sich auf die Serie ein; wenn nicht, sah man sich *Combat* oder *Tausend Meilen Staub* oder so an. Damals liefen auch Serien wie *Verliebt in eine Hexe*; *Bezaubernde Jeannie*; *Mister Ed*; *Mein Onkel vom Mars* oder *The Flying Nun*. Darum ist diese Periode als goldenes Zeitalter der Fernsehmagie bezeichnet worden, wenn auch von niemandem außer mir, aber jetzt dürfen Sie's auch, wenn Sie wollen.

Abenteuer mit Außerirdischen sind fast immer Fish-out-of-Water-Geschichten, wie wir bereits erörtert haben. Sie sind auch per definitionem Zaubergeschichten, in denen es um die »Magie« des extraterrestrischen Lebens auf der Erde geht. Andere Science-Fantasy-Storys sind ebenfalls Zaubergeschichten: Man denke zum Beispiel an *Liebling, ich habe die Kinder geschrumpft*; *Liebling, jetzt haben wir ein Riesenbaby*; *Liebling; ich habe die Kinder nach Honolulu geschickt* usw., usf.. Wie Arthur C. Clarke schon sagte: »Magie ist nichts weiter als hoch entwickelte Technologie.«

Leser und Zuschauer sind ungeheuer tolerant gegenüber Magie in komischen Geschichten. Das nennt man ihren »bereitwilligen vorübergehenden Verzicht auf Skepsis«. Man legt die Regeln seiner Welt fest, bittet das Publikum, diese Regeln als gegeben hinzunehmen, und macht weiter. Wenn das Publikum beispielsweise von Anfang an weiß, dass es nun eine Geschichte über einen Unsichtbaren zu sehen bekommt, wird es fast jede noch so blödsinnige Erklärung tolerieren, wie diese Unsichtbarkeit zustande gekommen ist. Hoch geheime Technik? Zufällige Bestrahlung? Eingelegte Knoblauchzehen? Ganz egal! Wenn die Geschichte interessant und lustig ist, geben die Zuschauer einen feuchten Kehricht darauf, ob die Erklärung plausibel ist oder nicht. Sie sind voll dabei.

Aber nachdem man sie so weit hat, darf man nicht mittendrin die Regeln ändern. Wenn man eine Gespenstergeschichte schreibt, in der die Gespenster in der ersten Szene durch Wände gehen können, beim Höhepunkt aber nicht, bekommen die Zuschauer Kopfschmerzen und gehen Popcorn holen. Vielleicht gehen sie sogar ins Schachtelkino nebenan, wo gerade der von der Kritik gefeierte *Ein Glorx zieht in die Stadt* läuft. In diesem Film verhält sich der Glorx zumindest so, wie es sich für einen Glorx gehört.

Wenn Sie also eine komische Geschichte um Zauberkräfte herum konstruieren wollen, sollten Sie diese beiden Dinge im Kopf behalten: Nehmen Sie eine simple Prämisse, um Ihre Geschichte in Gang zu setzen (»Hexen existieren« oder »Menschen können Körper tauschen«), und seien Sie dann konsequent, was den Einsatz von Magie seitens Ihrer Figuren betrifft:

> Ein dicker und ein dünner Mann tauschen die Körper.

Die Welt wird von einer Rasse hyperintelligenter Beuteltiere bedroht.

James Joyce wird als Game-Show-Moderator reinkarniert.

Eine Frau heiratet einen Roboter.

Ein Junge und sein Hund tauschen die Plätze.

Ein Pantomime ist unterhaltsam.

Ich habe meistens mit kontextuellem Zusammenprall und Übertreibung gearbeitet, um meine Magie zu finden und ins Spiel zu bringen. Beachten Sie auch, wie präzise der Blickwinkel ist. Ich suche nur eine einzige Information: Wie könnte eine Geschichte über Zauberkräfte aussehen? Es ist immer leichter, etwas zu finden, wenn man an weniger Stellen suchen muss. Probieren Sie jetzt auch einmal, etwas von dieser Magie zu finden:

…

Ich persönlich bin kein übermäßiger Fan von Zaubergeschichten, weil sie normalerweise nicht zu tiefen emotionalen Konflikten führen. Tut mir Leid, aber mit einem sprechenden Hund verfügt man nun mal nur über begrenzte Möglichkeiten. Trotzdem hat die Magie ihren Platz. Achten Sie nur darauf, dass Ihre Zauberkraft neu und faszinierend ist, und halten Sie sich dann an Ihre Regeln. Danach ist es leicht. Zucken Sie einfach mit der Nase, zwinkern Sie oder wackeln Sie mit dem kleinen Finger ...

Ensemble-Komödie

In einer Ensemble-Komödie steht eine Gruppe von Personen in Konflikt miteinander und mit der Welt. Obwohl man eine Hauptfigur oder einen Helden in der Gruppe benennen kann, machen die besten Ensemble-Komödien diese Unterscheidung überflüssig und lenken unser Interesse mehr oder weniger gleichmäßig auf alle Figuren. Diese Geschichten sind oftmals »menschliche« Komödien, weil das Vorhandensein des »Gruppenprotagonisten« mühelos die Tür zur Erörterung realer emotionaler Themen innerhalb der Gruppe und bei deren Mitgliedern selbst öffnet.

Beispiele für Ensemble-Filmkomödien sind *Der große Frust; M*A*S*H; Rückkehr nach Secaucus; Peter's Friends; This is Spinal Tap* und *Indian Summer*. Im Fernsehen finden wir *Cheers; Murphy Brown* und die *Golden Girls*. Auf den Witzseiten wären *Doonesbury* und *For Better or Worse* zu nennen. Der Schlüssel für eine Ensemble-Komödie ist das gemeinsame Ziel oder der gemeinsame Feind der Gruppe. In *Cheers* geht es um zwischenmenschliche Konflikte, wenn Sam sich mit Diane streitet, aber es ist eine Ensemble-Komödie, wenn die ganze *Cheers*-Crew es mit einem widerspenstigen Gast, einem Betrüger oder der konkurrierenden Bar am anderen Ende der Stadt aufnimmt. Genauso in *M*A*S*H*, da gibt es unübersehbare zwischenmenschliche Konflikte zwischen Hawkeye und Major Burns beziehungsweise zwischen Hawkeye und Hot Lips, aber wenn verwundete Soldaten eintreffen, vereint sich die Gruppe, um ihre gemeinsame Aufgabe zu erfüllen. In *Golden Girls* kämpft der Gruppenprotagonist gegen das Altern. In *For Better or Worse* ringt die Familie darum zu verstehen, was es bedeutet, eine Familie zu sein.

Der Trick bei der Entwicklung einer funktionierenden Ensemble-Komödie besteht darin, so viele Schichten von Konfliktlinien *innerhalb* der Gruppe anzulegen, dass sich das Zusehen lohnt. Es reicht nicht, wenn ein Haufen von Wissenschaftlern gegen ein japanisches Monster kämpft – man will, dass sie sich auch gegenseitig an die Kehle gehen.

Das ist eine besonders harte Nuss. Man braucht eine ganze Reihe starker komischer Figuren, die alle mit starken und unterschiedlichen komischen Perspektiven ausgestattet sind. Man muss sie mit ihren Unterschieden auseinander treiben und sie trotzdem an ein übergeordnetes gemeinsames Ziel oder einen gemeinsamen Kampf binden. Wenn man seine Figuren zu grob zeichnet, landet man bei einer Karikatur wie *Gilligans Insel*, wo jeder Konflikt ein globaler Konflikt ist und die einzige Spannung von der Frage herrührt, wie es Gilligan wohl diese Woche gelingen wird, die Gruppe auf der Insel festzuhalten. Wenn die Figuren zu streitbar sind, tötet das ihren Witz. Sicher, die Leute in *Höllenfahrt der Poseidon* haben ein gemeinsames Ziel, aber sind sie komisch? Ja, schon, aber nur unfreiwillig.

Eine Ensemble-Komödie ist eine Art Meta-Story, die Anleihen bei der Charakterkomödie, dem kontextuellen Zusammenprall, Fish out of Water und Zauberkräften macht und all diese verschiedenen Elemente zu einem dynamischen, organischen Eintopf verrührt. Weil sie derart stark von authentischen komischen Figuren abhängt, ist sie für den Autor so ziemlich der schwierigste Typus einer komischen Geschichte. Versuchen wollen wir's trotzdem:

Eine Gruppe irischer Schüler macht ihrem Lehrer und sich selbst das Leben zur Hölle.

Nachdem ihre Mutter und ihr Vater bei einem Verkehrsunfall umgekommen sind, versuchen sieben Schwestern, sich als Familie durchzuschlagen.

Eine Gruppe von Hackern wird in einem Computer gefangen gesetzt.

Eine Clique von Außenseitern führt ein zweitklassiges Rugby-Team zur nationalen Meisterschaft.

Ein Indianerstamm besetzt einen Wolkenkratzer in New York, um Manhattan zurückzubekommen.

Ein Kunstfälscherring wird vom Geist Vincent van Goghs heimgesucht.

Der mormonische Tabernakel-Chor wird in die Vergangenheit zurückversetzt und muss zusehen, wie er mit Hilfe seines Gesangs wieder von der Teufelsinsel herunterkommt.

…

Für eine Ensemble-Komödie reicht eine tolle Prämisse nicht aus. Sie müssen auch bereit sein, die harte Arbeit auf sich zu nehmen, jede Ihrer Figuren als Helden ihrer Geschichte zu behandeln und jeweils starke, fesselnde Storys für sie zu erfinden. Dann müssen Sie austüfteln, wie man diese Storys so miteinander verknüpfen kann, dass eine interessante, faszinierende Gesamtgeschichte entsteht. Niemand hat behauptet, es wäre leicht. Wenn Sie's allerdings leicht haben wollen, dann empfehle ich Ihnen:

Slapstick

Unter all den verschiedenen Komödienformen ist die Slapstick-Komödie so ziemlich am leichtesten hinzukriegen, denn wie Gertrude Stein einmal über Oakland, Kalifornien, gesagt hat: »Da gibt es kein Dort.« Beim Slapstick müssen Sie sich den Kopf nicht über innere Konflikte, zentrale emotionale Themen oder all die anderen Sachen zerbrechen, die das Schreiben – insbesondere auf dem Feld der Komik – so brutal schwer machen. Sie müssen nur für einen sehr oberflächlichen Witz sorgen.

Ist so leicht, wie auf einer Bananenschale auszurutschen.

Eine Slapstick-Figur hat niemals mit Selbstzweifeln zu kämpfen. In *Gilligans Insel* hat Gilligan vielleicht ein schlechtes Gewissen, weil er das Funkgerät kaputtgemacht hat, beim Schlafwandeln durch die Satellitenschüssel des Professors gelatscht ist oder den russischen Kosmonauten verschreckt hat, aber seine grundlegende »Gilliganigkeit« stellt er niemals in Frage. In seinen eigenen Augen ist er immer in Ordnung. In einer Slapstick-Geschichte oder einer Slapstick-Szene besteht die komische Prämisse also in der Kluft zwischen der Selbstgewissheit der Slapstick-Figur und ihrer offenkundigen Unfähigkeit.

Sehen Sie sich Lucy an. In den klassischen Folgen von *Hoppla Lucy* versucht sie immer, sich in einer Situation als tüchtig zu erweisen, die unweigerlich das Gegenteil demonstriert. In der einen Woche will sie sich unbedingt in das drei Nummern zu kleine Kostüm einer Tänzerin zwängen. In der nächsten Woche ist sie auf einem Campingurlaub, der zu einem Höllentrip wird. Aber nichts, was Lucy zustößt, kann jemals ihr elementares Selbstvertrauen erschüttern.

Dieser Zug des unerschütterlichen Selbstvertrauens findet sich bei allen Slapstick-Größen: Peter Sellers' Inspector Clouseau zweifelt nie daran, dass er imstande ist, das Verbrechen aufzuklären. Dagwood Bumstead aus dem Comic-Strip *Blondie* ist sehr stolz auf seine ewigen Nickerchen, seine Riesen-Sandwiches und seine anderen schlechten Angewohnheiten. Jerry Lewis mag ein unverbesserlicher Tölpel sein, aber nicht in seinen eigenen Augen.

Da die Slapstick-Komödie den Selbstzweifel verleugnet, ist ihr Witz körperlicher und nicht intellektueller Natur. Deshalb findet man Slapstick im Fernsehen und im Film, auf der Bühne und auf der Witzseite der Sonntagszeitung, aber nicht in Romanen oder Glossen. (Das Wort *slapstick* stammt übrigens von einem gleichnamigen Gerät, das im Vaudeville und auch anderswo benutzt wurde; es erzeugte ein lautes Klatschen, wenn ein Schauspieler damit einen anderen schlug. Erstaunlich, nicht? Nur damit Sie was haben, womit Sie bei Ihren Freunden angeben können.)

Die Slapstick-Komödie arbeitet mit Misshandlungen, aber sie funktioniert, weil das Publikum sich darüber im Klaren ist, dass das Opfer genau das kriegt, was es verdient. Die Torte im Gesicht ist am komischsten, wenn das Gesicht einem aufgeblasenen Idioten gehört. Um eine Slapstick-Komödie zu entwickeln, müssen Sie also zunächst einmal größenwahnsinnige komische Figuren erschaffen und sie dann in Situationen bringen, in denen diese Wahnvorstellungen arg malträtiert werden:

Ein arroganter Deutschlehrer wird gezwungen, ein Fußballteam aus lauter Arbeiterjugendlichen zu betreuen.

Ein Zehnkämpfer hat plötzlich seine Füße nicht mehr unter Kontrolle.

Eine verrückte alte Katzenliebhaberin erbt ein Dutzend junge Hunde.

Ein Wirtschaftskrimineller sitzt seine Strafe in einem Hochsicherheitstrakt ab.

Ein gerissener Spieler hat die ärgste Pechsträhne der Welt.

Ein verwöhnter Yuppie wird auf einer einsamen Insel ausgesetzt.

...

Zweifellos werden Sie eine gewisse Ähnlichkeit zwischen Ihren Ideen für Slapstick-Geschichten und denen aus anderen Kategorien feststellen, vor allem aus den Bereichen zwischenmenschlicher Konflikt und Fish out of Water. Ob diese Geschichten letztlich Slapstick werden oder nicht, hängt größtenteils davon ab, wie Sie die zentralen Figuren behandeln. Wenn Sie eine komische Figur ohne Ichgefühl und Selbstzweifel konstruieren, wird sie fast zwangsläufig ein »Watschenaugust«

werden, eine Figur, der wir alles Schlechte an den Hals wünschen.

Natürlich können Sie den metaphorischen Kuchen in ein reales oder metaphorisches Gesicht werfen, das sich ganz und gar außerhalb der Geschichte befindet, die Sie erzählen möchten. In diesem Fall betreten Sie die Welt von:

Satire und Parodie

Eine Satire ist eine inhaltliche Attacke auf eine soziale oder kulturelle Ikone beziehungsweise ein soziales oder kulturelles Phänomen. Eine Parodie attackiert den Stil einer Kunstform. *The First Family*, ein Anfang der sechziger Jahre phänomenal erfolgreiches Programm des Kabarettisten Vaughn Meader, war eine Satire auf Präsident John F. Kennedy, während *Spaceballs – Mel Brooks' verrückte Raumfahrt* Weltraumabenteuerfilme parodiert. *Die unglaubliche Reise in einem verrückten Flugzeug* parodiert Katastrophenfilme. *Lebenskünstler* ist eine Satire auf den Rationalismus, *This is Spinal Tap* eine Parodie auf Rockumentaries. *In Living Color* parodiert andere Fernsehserien, ist aber zugleich eine Satire auf Rassismus und Sexismus usw. Politische Karikaturisten sind Satiriker. The Rutles haben die Beatles parodiert. The Capitol Steps, eine Comedy-Truppe ehemaliger Kongress-Mitarbeiter, machen politische Satire.

Satire und Parodie haben einen gemeinsamen Nenner: Beide finden ihre komische Prämisse in der Kluft zwischen der Welt, wie sie sie darstellen, und der Welt, wie ihr Publikum sie kennt. Um den Witz zu verstehen, muss das Publikum allerdings aus der Show heraustreten, die es sich ansieht.

Dana Carveys George-Bush-Nummer beispielsweise können die Zuschauer nur dann komisch finden, wenn sie wissen, wie der echte George Bush normalerweise redet und handelt. Und wenn jemand noch nie einen Horrorfilm gesehen hat, wird eine Parodie auf Horrorfilme bei ihm nicht ankommen.

Parodie und Satire sind überdies auch deshalb eine heikle Sache, weil man präzise abschätzen muss, wieviel das Publikum über den jeweiligen Gegenstand weiß. Sie selbst mögen es außerordentlich erheiternd finden, sich über die Regeln der malaysischen Gesetzgebung lustig zu machen, aber wenn Ihr Publikum keine Ahnung von malaysischer Politik hat, geht der Witz wie auch Ihr inhaltliches Anliegen sang- und klanglos unter.

Um noch einmal unseren Klassenclown und den Außenseiter anzuführen: Der Klassenclown parodiert den Lehrer, während der Außenseiter ein Buch parodiert, das keiner außer ihm gelesen hat.

Wenn der Zuschauer allerdings aus der Geschichte heraustritt oder der Leser sich vom Text entfernt, besteht immer die Gefahr, dass sie nicht zurückkommen. Wenn Sie zum Beispiel in eine ansonsten in sich geschlossene komische Geschichte plötzlich einen Verweis auf Mahatma Gandhi einbauen, ist das vielleicht äußerst komisch, funktioniert aber möglicherweise trotzdem nicht. Ihr Leser muss innehalten und sich alles ins Gedächtnis rufen, was er über Gandhi weiß, muss sozusagen »seine Datei aufrufen« und diese Information dann mit Ihrem Verweis abgleichen. Selbst wenn er den Witz versteht, haben Sie Ihren Erzählfluss unterbrochen, den Leser aus dem Text herausgerissen. Wenn der Witz nicht verdammt gut ist, laufen Sie Gefahr, mehr zu verlieren, als Sie gewinnen.

Die besten Parodien und Satiren arbeiten auf zwei Ebenen zugleich. In einer Fish-out-of-Water-Geschichte könnte eine komische Figur beispielsweise die Herausforderungen einer neuen Welt zu meistern versuchen und sich zur gleichen Zeit über eine Facette der uns vertrauten Welt lustig machen. Der Witz reißt den Leser aus dem Text, aber die starke, fesselnde Geschichte holt ihn wieder zurück. *The Bullwinkle Show* hat das immer sehr gut hingekriegt. Auf einer Ebene war sie eine Zeichentrickserie, in welcher der erfindungsreiche Rocky und der begriffsstutzige Bullwinkle immer wieder in haarige und komische Situationen gerieten. Die Kinder liebten sie. Auf einer anderen Ebene war sie ein nicht übermäßig geistreiches Puzzle von Anspielungen, voller Scherze und Überraschungen für Erwachsene: »›Wer hat den Schlüssel zum Kreml?‹ – ›Josef Stalin.‹ – ›Wem denn?‹ – ›...?‹ – ›Ach so, Josef Stalin, der sowjetische Diktator. Stalin / stahl ihn. Jetzt versteh ich. Hahahaha!‹«

Wenn Ihre Parodien und Satiren funktionieren sollen, müssen Sie also in erster Linie sicherstellen, dass der jeweilige Gegenstand Ihrem Publikum wohlbekannt ist und dass Ihre Rahmenhandlung auch noch auf einer anderen Ebene funktioniert. Denken Sie auch daran, mit dem Instrument der Übertreibung zu arbeiten. Bei Parodie und Satire brauchen Sie eine riesige Kluft zwischen Ihrer Geschichte und dem Gegenstand.

> Eine Studiomanagerin versucht, ihren talentlosen, aber hübschen jugendlichen Liebhaber zum Star aufzubauen.

> Ein Geisteskranker mit phänomenaler Begabung für Börsengeschäfte wird Aktienmogul an der Wall Street.

> Schlecht beratene Unternehmer eröffnen einen Themenpark, der auf den Werken von Marcel Proust basiert.

Ein glorxischer Immigrant übernimmt auf der Suche nach dem amerikanischen Traum eine McDonald's-Filiale.

Man beachte, dass jede dieser Satiren ein klar definiertes Thema aus der realen Welt zum Gegenstand hat.

> Ein Taubstummer wird Moderator einer Talkshow.
>
> Ein Pornofilm wird ab sechs Jahren freigegeben.
>
> Eine Skiffleband spielt Wagners Ring.
>
> Rentner spielen die Hauptrollen in einer Teenie-Komödie.
>
> Das Leben Buddhas wird zum Musical verarbeitet.

Eine Parodie muss der Sache, die sie parodiert, in Form und Struktur gleichen. Mein letztes Beispiel, *Oh, Buddha!*, hätte dieselbe Form und denselben salbungsvollen Ton wie *Jesus Christ, Superstar*. Jetzt versuchen Sie's mal.

SATIRE:

...

PARODIE:

...

Wenn Sie alle Übungen in diesem Kapitel gemacht haben, müssten Sie jetzt über ein Arbeitsvokabular von fünfzig, sechzig oder sogar siebzig verschiedenen Ansatzpunkten für komische Geschichten verfügen. Dazu haben Sie weder Zauberkräfte noch spektakuläre kreative Talente gebraucht. Wir haben nur die große Frage »Was ist eine komische Geschichte?« gegen kleinere Fragen eingetauscht: »Was sind Beispiele für *diese spezielle Art* einer komischen Geschichte?« Ich hoffe, Ihr Vertrauen in Ihre Fähigkeiten auf dem Gebiet der Komik wächst allmählich; Sie sehen ja, diese Fähigkeiten wurzeln in logischen Abläufen und simplen, direkten, kreativen Problemlösungsprozessen.

7
DIE COMIC THROUGHLINE

Was ist eine Throughline? Mein Wörterbuch führt das Wort nicht auf und wirft mir stumm vor, ich hätte es erfunden. Also sagen wir einfach, die Throughline ist ein simpler, direkter Weg vom Anfang einer Geschichte zu ihrem Ende. Wenn die Geschichte komisch ist, dann handelt es sich um eine Comic Throughline, eine Formulierung, die ich mir habe schützen lassen, damit es bei mir ordentlich in der Kasse klingelt, wenn Comic-Throughline-Sportswear, Comic-Throughline-Kaffeebecher und Comic-Throughline-Spielzeugfiguren auf den Markt kommen.

Nicht alle Formen der Komik benötigen eine Geschichte, obwohl man bei genauer Betrachtung den Anfang, die Mitte und das Ende jedes komischen Moments finden kann, selbst wenn es sich um einen Witz, eine Landung auf dem Hintern oder den Start, Flug und Aufschlag der eher schlichten Torte im Gesicht handelt. Ebenso wenig ist alles Geschichtenerzählen komisch, obwohl man bei genauer Betrachtung dieser Throughline-Sache, glaube ich, feststellen wird, dass sie bei ernsten Geschichten genauso funktioniert wie bei komischen.

Tatsächlich weiß ich es, weil ich sie auch für dramatische Geschichten benutzt habe, und eines Tages werde ich sie wohl in einem anderen Buch Dramatic Throughline nennen (und schützen lassen). Sie werden in diesem Kapitel feststellen, dass ich gleichermaßen Beispiele aus komischen wie dramatischen Geschichten heranziehe und keine große Unterscheidung zwischen den beiden treffe. Für mich ist der Unterschied zwischen

Komödie und Drama eine Frage der Übertreibung, der Perspektive, unangemessener Reaktionen und der breiten Kluft der komischen Prämisse. Aber das sind Unterschiede im Ton, nicht in der Struktur. So ungefähr der einzige Punkt, in dem die komische von der dramatischen Struktur abweicht, ist das Ende, und damit werden wir uns – na, wann wohl? – am Ende beschäftigen.

Ich könnte jetzt einen großartigen Sermon zum Thema Struktur ist Struktur ist Struktur vom Stapel lassen, aber begnügen wir uns einfach mit Folgendem: Ob Ihre Geschichte nun komisch oder ernst ist, sie muss zuallererst als *Geschichte* funktionieren. Dieses Kapitel stellt Ihnen eine Schablone zur Verfügung, mit der Sie diese schwierige Aufgabe bewältigen können.

Manche Leute erzählen Ihnen vielleicht, für eine komische Geschichte brauche man keine Struktur. »Ist doch bloß Comedy«, sagen sie, »da kommt's nur auf die Gags an.« Glauben Sie mir, diese Leute irren sich und werden Ihnen bald mit dubiosen Immobilienangeboten kommen oder Ihnen Michael-Bolton-CDs anzudrehen versuchen. Eine gut strukturierte Story bereitet den Boden für Gags. Sie erklärt dem Publikum, wessen Geschichte es folgen soll. Wenn die Zuschauer, Zuhörer oder Leser nicht wissen, wem sie folgen sollen, wissen sie nicht, an wessen Schicksal sie Anteil nehmen sollen. Und wenn sie nicht Anteil nehmen, lachen sie nicht.

Obwohl wir also in diesem Kapitel, wenn man es ganz genau nimmt, über etwas anderes als Komik, Komödie oder Comedy sprechen werden, heben Sie sich Ihre Skepsis bitte noch etwas auf und gehen Sie vorläufig davon aus, dass wir etwas entwickeln, was von entscheidender Bedeutung für diesen Bereich ist. Falls Sie nicht vollständig zufrieden sein sollten, wird Ihr Geld trotzdem einbehalten.

Ich glaube, für den humoristischen Autor ist es so ziemlich der schwierigste Teil seiner Arbeit, sich eine gute Story aus den Fingern zu saugen. Woran liegt das? Nun, was uns witzig macht – ein Talent zur Erfindung komischer Sachen –, hilft uns nicht unbedingt dabei, mit den Qualen und Zwängen des Geschichtenerzählens zu Rande zu kommen. Überdies (und ich bin sicher, Sie werden nicht überrascht sein, das zu hören) liegt es am *Fehlen geeigneter Instrumente*.

Ich habe zu meiner Zeit ständig in Buchläden rumgehangen, in denen sämtliche Regale überquollen von dicken Wälzern über Story Structure und Drehbuchschreiben für Film und Fernsehen: *Zen und die Kunst Plot Points zu setzen; Der zweite Akt – leicht gemacht* usw. usf. Ich fand fast alle diese Bücher unbegreiflich blöd. Das soll nicht heißen, dass man nichts mit ihnen anfangen kann; es ist nur so, dass *ich* nichts mit ihnen anfangen konnte. Ich bin ein schlichter Typ. Ich brauchte ein einfacheres System.

Also habe ich mir mein eigenes geschaffen. Ich wollte etwas haben, was es mir ermöglichte, das Gerüst meiner Geschichte in höchstens zehn Sätzen aufzuschreiben, so dass ich mit minimalem Arbeitsaufwand feststellen konnte, ob ich eine interessante und tragfähige Geschichte hatte oder nicht. Hier ist es:

> Wer ist der Held?
> Was will der Held?
> Die Tür geht auf.
> Der Held meistert die Lage.
> Ein Knüppel kommt geflogen.
> Alles fällt auseinander.
> Der Held erreicht den Tiefpunkt.
> Der Held riskiert alles.
> Was kriegt der Held?

Bisher haben wir in diesem Buch nur Geschichten von ein oder zwei Sätzen Länge entwickelt. Mit dieser Struktur gehen wir zur nächsten Stufe über: ein oder zwei Absätze. Wenn alles nach Plan läuft, werden Sie auf dieser Stufe den Anfang, die Mitte und das Ende Ihrer Geschichte sowie ein paar wichtige Stationen auf dem Weg klar und deutlich erkennen.

Die Comic Throughline wird Ihnen nicht alle Antworten geben. Sie wird Ihnen nicht sagen, wie Tante Emilie die Bank in Klein-Kleckersdorf ausrauben konnte, wenn sie zur selben Zeit mit Señor Guernevaca auf Ibiza war. Ich habe ein paar Strategien zur Lösung solcher Probleme, aber dazu kommen wir später. Vorläufig wollen wir nur feststellen, ob unsere Geschichte vollständig und authentisch ist. Und zwar mit minimalem Arbeitsaufwand.

Das soll nicht heißen, dass man den Umgang mit diesem Instrument nicht üben muss. Es wird Ihnen zunächst bestimmt klobig und umständlich vorkommen, eher so wie »Malen nach Zahlen« oder »Setzen Sie die fehlenden Worte ein« als ein echtes Entwickeln komischer Geschichten. Nach ein paar Durchgängen wird es Ihnen jedoch gut in der Hand liegen. Und dann wird es interessanterweise aus dem Blickfeld verschwinden. Schon nach kurzer Zeit werden Sie es benutzen, um Ihre Arbeit zu überprüfen, um sich zu vergewissern, dass Ihre Geschichte korrekt in der Spur liegt (aber nicht so, wie man durch Subtraktion eine Addition überprüft, was ja nichts weiter beweist, als dass man denselben Fehler zweimal machen kann). Und wenn es Ihnen ebenso nützlich erscheint wie mir, wird es zu guter Letzt einen weißen Fleck auf Ihrer Landkarte des Geschichtenerzählens füllen, der vorher vielleicht nur als »absichtlich frei gelassene Fläche« bezeichnet war.

So sieht jedenfalls der Plan aus. Dann wollen wir ihn mal aus dem Fenster werfen und sehen, ob er unten ankommt.

Wer ist der Held?

Jede Geschichte handelt von jemandem. Es können mehrere Personen sein, wie in *Der große Frust*, es kann auch um jemanden gehen, der ein Etwas wird, wie in *Die Verwandlung*, oder um etwas, was nie ein Jemand war, wie in *Der Bär*. Bevor Sie sich nicht darüber klar werden, von wem Ihre Geschichte handelt, können Sie nie und nimmer herausfinden, *wovon* sie handelt. Stellen Sie sich einen Privatdetektiv vor, der einen Verdächtigen beschatten will, ohne sich vorher Klarheit darüber verschafft zu haben, wer der Verdächtige ist. Ein Ding der Unmöglichkeit.

Zuerst müssen Sie also Ihren Helden auswählen. Hier ist mit »Held« keine überlebensgroße Figur wie Conan oder Roseanne Arnold gemeint. Unterlebenskleine Figuren wie Yossarian und Woody Allen geben auch ausgezeichnete Helden ab. Mit »Held« meinen wir einfach den Protagonisten, die Hauptfigur, den Star der realen oder metaphorischen Show. Für die Zwecke dieser Übung tut es jeder x-beliebige Held, aber wenn Sie eine komische Geschichte entwickeln wollen, müssen Sie mit einer starken komischen Figur anfangen, wie wir sie im vierten Kapitel umrissen haben. Und denken Sie bitte daran, obwohl ich aus praktischen Gründen meist von *dem* Helden spreche, meine ich damit keineswegs, dass er männlich sein muss.

Filmhelden sind Leute wie Sylvester Stallone in *Rocky*, Scarlett O'Hara in *Vom Winde verweht*, Luke Skywalker in *Krieg der Sterne*, Dorothy im *Zauberer von Oz*, E.T. in *E.T.* und der mutige japanische Journalist, der gegen Godzilla kämpfte und ein Unentschieden herausholte. Zu den Helden von Fernseh-Sitcoms zählen Archie Bunker in *All in the Family*, Rob Petrie in der *Dick van Dyke Show*, Gilligan, Seinfeld und der arme, schwer geprüfte Oliver Douglas in *Green Acres*. Romanhelden sind zum Beispiel Sissy Hankshaw, Tom Sawyer, Rip van Winkle und der Schreiber Bartleby.

Interessanterweise sind wir alle die Helden unserer jeweils eigenen Abenteuer. Sie sind der Held Ihrer Geschichte, ich bin der Held der meinen. Mao Zedong war der Held des Langen Marsches. Jesus Christus spielte die Hauptrolle in den Evangelien.

Kann eine Geschichte zwei Helden haben? Klar: Woodward und Bernstein, Butch und Sundance, Gertrude Stein und Alice B. Toklas. Das Problem ist, dass jede dieser Figuren der Held beziehungsweise die Heldin ihrer eigenen Geschichte ist, und um ihre Geschichten vollständig zu verstehen, muss man sie letztlich trennen und einzeln verfolgen. Sie sparen sich eine Menge Kummer, zumindest in diesem Kapitel, wenn Sie sich eine Einzelperson zum Helden wählen und die Geschichte durch sie entwickeln.

Deshalb möchte ich, dass Sie nun eine Figur erschaffen, die im weiteren Verlauf des Kapitels zusammen mit mir diese Throughline durchläuft. Konstruieren Sie eine neue Figur auf der Basis der komischen Perspektive oder benutzen Sie eine, die Sie bei einer früheren Übung erfunden haben. Sie dürfen sogar bei Ihrem Nachbarn abgucken. Die Aufsicht ist gerade mal rausgegangen.

Also, mein Held heißt ALBERT COLLIER, ein junger Träumer im Jahr 1915. Seine starke komische Perspektive ist Neugier; er ist ein Bastler, will unbedingt Dinge erfinden. Zu seinen Fehlern gehören Unbeholfenheit, Neugier, sexuelle Unerfahrenheit, intellektuelle Arroganz, schmerzhafte Schüchternheit, Impulsivität und Höhenangst. Zu seiner Menschlichkeit gehören Intelligenz, Mitgefühl, Kreativität, Humor, gutes Aussehen, Charme und der innige Wunsch, mit seinen Erfindungen die Welt zu verändern. Von Übertreibung zeugen Alberts schreckliche Tollpatschigkeit, seine Neigung, Dinge auseinander zu nehmen, die er nicht wieder zusammensetzen kann, seine sexuelle Unerfahrenheit – er errötet schon beim Anblick der entblößten Knöchel einer Frau – und die höchst erfinderischen, aber völlig untauglichen Dinge, die er baut. Kurz, Albert Collier ist ein junger Mann, der wirklich einiges auf die Beine stellt – sofern er sich dabei nicht selbst in die Quere kommt.

Nehmen Sie sich jetzt einen Moment Zeit, um Ihren Helden zu erfinden und ihn zu beschreiben – und zwar schriftlich. Beschränken Sie sich auf einen Absatz mit Einzelheiten und reduzieren Sie dann all diese Einzelheiten wieder auf einen Satz. Hören Sie erst auf, wenn Sie Ihren Helden wirklich mit einem Satz charakterisieren können, denn das ist ein deutlicher Hinweis darauf, dass Sie ihn kennen. Und halten Sie sich nicht mit dem Versuch auf, »richtige« Lösungen zu finden. Jede Figur wird ohne Vorankündigung starke Veränderungen durchlaufen, und es stimmt zwar, dass Sie Ihre Geschichte erst finden können, wenn Sie Ihren Helden gefunden haben, aber genauso gilt, dass Ihre Geschichte Dinge über Ihren Helden zutage fördern wird, von denen Sie alle beide vorher nichts gewusst haben.

Was will der Held?

Sobald wir den Helden unserer Geschichte festgelegt haben, müssen wir als Nächstes in Erfahrung bringen, was er will: Was ist sein Ziel, sein sehnlichster Wunsch, sein Bedürfnis? Wie sich herausstellt, hat ein interessanter und gut gebauter komischer Held nicht nur ein starkes Bedürfnis, sondern zwei: ein *äußeres* und ein *inneres* Bedürfnis. Simpel ausgedrückt, ist das äußere Bedürfnis das, was der Held zu wollen glaubt, sein inneres Bedürfnis hingegen das, was er wirklich will.

Ihr Held könnte zum Beispiel glauben, dass er ein erfolgreiches Unternehmen aufbauen will, obwohl er sich eigentlich in den Wald zurückziehen und malen möchte. Oder er könnte glauben, er hätte den Wunsch, zur See zu fahren, obwohl er in Wirklichkeit seinen verdammten Vater vom Hals haben will. Er könnte auch glauben, dass er seine tote Frau zurückhaben möchte, obwohl er sich eigentlich wünscht, mit ihrem Tod fertig zu werden. Noch einmal: Sie sehen in solch düsterer Psychologie vielleicht nicht das richtige Korn für die Mühlen Ihres Humors, aber ich glaube, Sie werden feststellen, dass es doch so ist.

In *Even Cowgirls Get the Blues* ist es Sissy Hankshaws äußeres Bedürfnis zu trampen, aber ihr inneres Bedürfnis besteht darin, ihren Platz in der Welt zu finden. In *Tootsie* ist es Michael Dorseys äußeres Bedürfnis, Arbeit als Schauspieler zu bekommen, aber sein inneres Bedürfnis besteht darin, sein wahres Ich zu entdecken. In *City Slickers – Die Großstadt-Helden* ist es Billy Crystals äußeres Bedürfnis, ein kerniges Abenteuer zu erleben, aber sein inneres Bedürfnis besteht darin, eine authentische Lebenserfahrung zu machen. In *Pretty in Pink* ist es Molly Ringwalds äußeres Bedürfnis, sich den Snobs in der Schule gegenüber zu beweisen, aber ihr inneres Bedürfnis besteht darin, sich ihr selbst gegenüber zu beweisen.

Sitcom-Figuren haben ebenfalls äußere und innere Bedürfnisse. Mary Richards' äußeres Bedürfnis ist es, sich um ihre Freunde zu kümmern, aber ihr inneres Bedürfnis besteht darin, für sich selbst einzutreten. Archie Bunkers äußeres Bedürfnis ist es, seine bigotten Ansichten zu beweisen, aber sein inneres Bedürfnis besteht darin, eine komplizierte Welt zu verstehen. Murphy Browns äußeres Bedürfnis ist es, sich gegenüber jedermann zu beweisen, aber ihr inneres Bedürfnis besteht darin, sich ihr selbst gegenüber zu beweisen.

Im Neuen Testament ist es Jesus' äußeres Bedürfnis, den Armen zu helfen, aber sein inneres Bedürfnis ist es, Gott zu erkennen. Über Maos inneres Bedürfnis auf dem Langen Marsch will ich nicht spekulieren. Womöglich wollte er warme Füße haben. Was ist Ihr äußeres und inneres Bedürfnis? Die Antwort auf diese Frage wird uns nicht unbedingt helfen, Ihre komische Geschichte zu erzählen, aber es ist trotzdem interessant, darüber nachzudenken. Betrachten Sie's als kleine Zusatzaufgabe.

Hier noch ein paar Beispiele, nur um sicherzustellen, dass wir uns alle einig darüber sind, worum es uns geht. In *Harry und Sally* ist es Harrys äußeres Bedürfnis zu beweisen, dass er Recht hat, aber sein inneres Bedürfnis besteht darin, Liebe zu finden. In *Auf der Jagd nach dem grünen Diamanten* ist es Joan Wilders äußeres Bedürfnis, ihre Schwester zu retten, aber ihr inneres Bedürfnis besteht darin, Liebe zu finden. In *Und täglich grüßt das Murmeltier* ist es das äußere Bedürfnis der Bill-Murray-Figur, aus der Sackgasse ihres Lebens herauszukommen, aber ihr inneres Bedürfnis besteht darin, Liebe zu finden.

Wir sehen das in Filmkomödien immer wieder: Ganz gleich, was der Held zu wollen glaubt, in Wahrheit ist er auf der Suche nach Liebe. Gut möglich, dass die Frage, ob das Thema Liebe vorkommt oder nicht, den Unterschied zwischen einer komischen und einer dramatischen Geschichte ausmacht. Ich will hier nicht darüber spekulieren, das ist Stoff für Doktorarbeiten, in Anleitungsbüchern hat das nichts zu suchen. Es soll genügen zu sagen, dass Sie Ihrer Figur den Wunsch nach Liebe zuweisen sollten, wenn Sie kein anderes inneres Bedürfnis für sie finden können. Damit kann nicht allzu viel schief gehen.

Lassen Sie sich von dem Wort »Liebe« aber ebenso wenig täuschen wie von dem Wort »Held«. Außer der romantischen gibt es noch alle möglichen anderen Formen der Liebe. In *City Slickers – Die Großstadt-Helden* liebt Billy Crystal das Kalb, will es aber nicht heiraten (soweit wir erkennen können). In *Vater der Braut* liebt Steve Martin seine Tochter. In *Krieg der Sterne* liebt Luke Skywalker die Rebellen-Allianz.

Kann ein Held mehr als ein inneres und äußeres Bedürfnis haben? Sicher, warum nicht? In *Auf der Jagd nach dem grünen Diamanten* hat Joan Wilder das Bedürfnis nach einer Romanze und einem Abenteuer, möchte aber auch das Leben ihrer Schwester retten. In *Krieg der Sterne* wird Luke Skywalker vom Wunsch nach Männlichkeit, Abenteuer und Liebe angetrieben. Er muss Darth Vader schlagen, die Rebellen-Allianz retten und die Macht beherrschen. Schwer beschäftigt, der Junge. So wie die interessantesten Geschichten viele Konfliktebenen haben, verfügen die interessantesten Helden über vielschichtige komische Bedürfnisse. Andererseits reichen zwei, solange das innere und das äußere Bedürfnis echt sind. Denken Sie jetzt also einen Moment über Ihre Figur nach und weisen Sie ihr diese Bedürfnisse zu.

In meiner Geschichte über Albert Collier (Arbeitstitel: *Ein Traum wird wahr*) ist es Alberts äußeres Bedürfnis, wenigstens einmal irgendwas zu erfinden, was funktioniert, aber sein inneres Bedürfnis besteht darin, ein Mann zu werden.

Es macht mir nichts aus, dass Alberts inneres Bedürfnis – mündig zu werden – schon von anderen zum Thema gemacht worden ist. Solche Bedürfnisse sind universell; durch sie wird eine Geschichte erzählenswert. Machen Sie sich also nichts daraus, wenn das Bedürfnis Ihres Helden »gebraucht« ist. Wenn Sie es im Detail ausarbeiten, bekommt es Ihre ganz spezielle Handschrift.

Machen Sie sich auch keine Gedanken, falls sich die Bedürfnisse Ihres Helden später ändern sollten. Im Moment wollen wir die Geschichte nur in Gang setzen. Eine Story ist etwas Dynamisches. Nichts steht fest, ehe es nicht gesetzt und gedruckt ist. Seien Sie also ruhig unbekümmert und kühn in Ihren Entscheidungen. Schließlich kann man eine kaputte Geschichte erst dann reparieren, wenn man sie vorher voll gegen die Wand gefahren hat.

Ach, und ich möchte noch hinzufügen, dass es nicht reicht, über diese Dinge nachzudenken. Sie müssen sie wirklich hinschreiben. Tun Sie? Na prima. Ich sag's auch nie wieder.

Die Tür geht auf

Nachdem wir nun das starke innere und äußere Bedürfnis unseres Helden festgelegt haben, müssen wir seine Geschichte in Schwung bringen. Dazu schubsen wir ihn am besten in eine neue Welt voller Herausforderungen, im wörtlichen oder übertragenen Sinn fern der Heimat, wo er eine Chance bekommt, das zu suchen, was er zu wollen glaubt. Wenn Dorothy im *Zauberer von Oz* glaubt, dass sie von zu Hause fort möchte (obwohl sie ihr Zuhause in Wirklichkeit *akzeptieren* will), geht die Tür auf, als der Tornado kommt und sie mitnimmt.

In einer Fish-out-of-Water-Geschichte verlässt der Fisch an dieser Stelle den Teich. In einer Charakterkomödie treffen die komischen Gegenpole aufeinander. In einer Zauberkräfte-Geschichte findet Ihr Held den Zauber. Auf dem Papier könnte Ihre Geschichte bis jetzt so aussehen:

PAULA PAWLOWSKI ist eine brave und anständige Braut in spe. Sie hat das starke äußere Bedürfnis, rechtzeitig nach Hause zu kommen, um HELMUT zu heiraten. Ihr starkes inneres Bedürfnis besteht jedoch darin, rechtzeitig zu der Erkenntnis zu gelangen, dass sie den Falschen heiraten will. Die Tür geht auf, als sie mit ANDY KLÜVER nach Hause fährt, der im Herzen ein Anarchist und, was Paula nicht weiß, genau der Richtige für sie ist.

In *L.I.S.A. – Der helle Wahnsinn* haben zwei junge Computerfreaks das starke äußere Bedürfnis, beliebt zu sein. Die Tür geht auf, als der Computer wie durch Zauberei das Mädchen ihrer Träume erschafft. In *Mach's noch einmal, Sam* möchte Woody Allen Erfolg bei Frauen haben. Die Tür geht auf, als Humphrey Bogart für ihn lebendig wird. In *Even Cowgirls Get the Blues* will Sissy Hankshaw trampen. Die Tür geht auf, als sie alt genug wird, um sich an die Straße zu stellen. In *Der große Frust* hat eine Gruppe von College-Freunden das starke komische Bedürfnis, mit ihrer Vergangenheit ins Reine zu kommen. Die Tür geht auf, als der Selbstmord eines Mitglieds der Clique sie alle noch einmal zusammenführt.

Eine Episode von *Mary Tyler Moore* könnte mit Marys starkem äußerem Bedürfnis anfangen, die Animositäten zwischen Ted und Lou zu bereinigen. Die Tür geht auf, als sich die beiden bereit erklären, einen Versuch zu wagen. Eine Episode von *All in the Family* könnte mit Archies starkem äußerem Bedürfnis anfangen, den Nachweis zu erbringen, dass den Linken der Mut fehlt, zu ihren Überzeugungen zu stehen. Die Tür geht auf, als Michael sich nicht an einem Studentenstreik beteiligen will. In der Sitcom *Die Liebe findet einen Weg* (Sie brauchen gar nicht erst in die Zeitung zu schauen, wann sie läuft – ich hab sie gerade erfunden) ist der Held ein junger Witwer namens Walter, der das starke äußere Bedürfnis hat, eine Mutter für seine Kinder zu finden. Die Tür geht auf, als er eine Chauffeurin einstellt.

Nun, Sie und ich wissen, dass Walter und die Chauffeurin am Ende ein Liebespaar werden. Folglich kann das starke äußere Bedürfnis des Helden in einer Situationskomödie eine Folge und/oder eine ganze Serie antreiben. Murphy Browns starkes äußeres Bedürfnis, sich anderen gegenüber zu beweisen, veranlasst sie dazu, nach ihrem Entzug in der Betty-Ford-Klinik einen Job beim Sender FYI anzunehmen. Der Motor der Serie *The Many Loves of Dobie Gillis* war Dobies starkes äußeres Bedürfnis, das Mädchen seiner Träume zu finden.

Versuchen Sie, ein paar neue Situationskomödien zu entwickeln, indem Sie mit dem starken äußeren Bedürfnis der Hauptfigur anfangen. Zum Beispiel:

> In *Revuegirls!* treibt das starke äußere Bedürfnis, im Showbusiness zu sein, unseren Helden dazu, ein aufgegebenes Varietétheater zu kaufen und zu renovieren.

> In *Mein guter Stern* findet ein kleiner Junge mit dem starken Bedürfnis, seine Welt in den Griff zu bekommen, einen magischen Meteor, der ihm die Macht gibt, Wünsche wahr werden zu lassen.

> In *Trautes Heim* veranlasst der Traum von einem Eigenheim ein frisch verheiratetes Paar, ein Spukhaus zu kaufen.
>
> ...

In *Ein Fisch namens Wanda* hat John Cleeses Reggie das starke Bedürfnis, aus seinem langweiligen, konservativen Leben auszubrechen. Die Tür geht auf, als er Wanda kennen lernt. Wanda wiederum hat das starke Bedürfnis, gestohlene Diamanten wiederzubeschaffen, und die Tür geht auf, als sie Reggie kennen lernt, der ihr dabei helfen kann. Sie sehen an diesem Beispiel, dass jede Ihrer Hauptfiguren als Held ihrer eigenen Geschichte behandelt werden kann. In *Prinz und Bettelknabe* haben beide Hauptfiguren das Bedürfnis, sich neu zu erfinden, und die Tür geht für jede von ihnen auf, als sie einander begegnen.

In *Lockere Geschäfte* wünscht sich Tom Cruise ein bisschen Unabhängigkeit. Die Tür geht auf, als seine Eltern in Urlaub fahren. In *Kevin – allein zu Haus* will Macaulay Culkin verdammt noch mal in Ruhe gelassen werden. Die Tür geht auf, als die ganze Familie ohne ihn in Urlaub fährt.

Vom Standpunkt des Helden aus ist die aufgehende Tür entweder ein Problem oder eine Chance, eine Bedrohung oder eine ausgestreckte Hand. In Krimis geht die Tür mit der Entdeckung der Leiche auf, in Abenteuerfilmen wie *Herr der Ringe*, in denen etwas gesucht wird, mit der Aufforderung, nun loszugehen und sich der Aufgabe zu stellen. Der gemeinsame Nenner ist: Die aufgehende Tür *wirft alles über den Haufen*. Sobald sich die Tür öffnet, wird für Ihren Helden nichts mehr so sein wie zuvor.

Oder, anders ausgedrückt, die aufgehende Tür ist ein Angebot an Ihren Helden, das er nicht ablehnen kann. Machen Sie Ihre aufgehende Tür also so faszinierend oder so schrecklich wie irgend möglich. Dann zerren Sie Ihren Helden hindurch.

Sie können die Tür auch aufmachen, indem Sie Ihrem Helden etwas anbieten, was er gern hätte, womit er aber vielleicht nicht umgehen kann. Aschenputtel möchte gern zum

Ball, aber als sie dort eintrifft, steht sie vor der Aufgabe, das Herz des Märchenprinzen zu gewinnen.

Andererseits kann die aufgehende Tür aussehen wie der wahr gewordene schlimmste Albtraum Ihres Helden. In *Baby Boom* spielt Diane Keaton eine egoistische Yuppie-Frau auf dem Powertrip zur Karriere. Ihre aufgehende Tür – sie erbt ein Baby – ist das Letzte, was sie zu wollen glaubt. Im Hinblick auf ihre inneren Bedürfnisse – ihre Menschlichkeit, Weiblichkeit und Mütterlichkeit zu entdecken – ist dieses Baby natürlich genau das, was sie will. Sie weiß es nur noch nicht. Aber sie wird es schon noch merken.

Wir sehen das oft, eine sich öffnende Tür, die für das äußere Bedürfnis einer Figur großartig und für ihr inneres Bedürfnis schrecklich zu sein scheint, oder umgekehrt. In *Vater der Braut* hat Steve Martin das äußere Bedürfnis, seine kleine Tochter nicht erwachsen werden zu lassen. In diesem Licht fürchtet er ihre bevorstehende Hochzeit. Aber da er die Tatsache, dass sie erwachsen ist, innerlich akzeptieren möchte, ist ihre Hochzeit genau der richtige Schmelztiegel, in dem sich eine neue Beziehung herausbilden kann.

In *Ein Traum wird wahr* hat Albert das äußere Bedürfnis, ein erfolgreicher Erfinder zu sein, und das innere Bedürfnis, zum Mann zu werden. Die Tür geht auf, als er die Fliegerin KATHRYN HILLS trifft, die will, dass er ihr ein Flugzeug baut, damit sie über die Dörfer ziehen und Wettflüge veranstalten kann. Er bekommt seine Chance, etwas zu erfinden. Aber wird er der Herausforderung gewachsen sein? Er sitzt in der Klemme. Komische Sache, das mit der aufgehenden Tür: Hinter ihr scheint immer irgendeine Klemme zu warten.

Wenn Sie Ihre aufgehende Tür niederschreiben, denken Sie daran, sie in schlichten Worten zu formulieren: Die Tür geht auf, als er zum Zirkus geht; die Tür geht auf, als er den Jungen von nebenan kennen lernt; die Tür geht auf, als sie ein heiliges Amulett finden; so was in der Art. Noch einmal, wenn Sie's nicht in einem Satz zusammenfassen können, haben Sie die Informationen noch nicht richtig im Griff.

Der Held meistert die Lage

Nachdem der Held diese schöne, verlockende Tür gefunden hat, schreitet er kühn hindurch, bereit zu jedem Abenteuer ... oder zögernd, voll ängstlicher Erwartung. Was immer er dabei denken mag, zunächst einmal meistert er in seiner neuen Welt, die so viele Herausforderungen für ihn bereit hält, die Lage. Er hat sofort Erfolg und glaubt, dass alles wirklich so läuft, wie er es sich vorstellt. Er weiß es noch nicht, aber das ist nur ein oberflächlicher Triumph, ein scheinbarer Erfolg.

In *Tootsie* hat Michael Dorsey sofort Erfolg in seiner neuen Rolle. Er hat Fans, Geld, Anerkennung, alles, was das Herz begehrt. Ist das ein echter Sieg? Nein, denn all die Ehrungen und Lobeshymnen gelten nicht Michael Dorsey, sondern Dorothy Michaels. Zu seinen Gunsten spricht nur der oberflächliche Anschein; »kein Triumph, eine unglaubliche Simulation!«

In *Auf der Jagd nach dem grünen Diamanten* meistert die Heldin Joan Wilder die Lage, als sie nach Kolumbien kommt und Jack Colton engagiert. Sie macht gute Fortschritte auf dem Weg zu ihrem Ziel, und nach Lage der Dinge kann sie mit Fug und Recht hoffen, dass sie Erfolg haben wird. Aber wir wissen, dass Hoffnungen dazu da sind, enttäuscht zu werden. Sonst würde die Geschichte so gehen: Eine nervöse junge Frau fliegt nach Kolumbien, um ihre Schwester zu retten. Sie rettet sie. Ende.

Ziemlich maue Geschichte, was?

In *Ein Traum wird wahr* meistert Albert die Lage, indem er Kathryns Flugzeug baut. Als es fliegt, glaubt er, seine Geschichte sei vorbei. Wenn er Recht hätte, würde sie damit ein großes Wettfliegen gewinnen, mit ihm zusammen auf die Titelseite von *National Geographic* kommen, und das wär's.

Warum ist das kein echter, sondern nur ein oberflächlicher Erfolg? Weil Alberts *eigentlicher* Wunsch, sein inneres Bedürfnis nach Selbstachtung, noch nicht angesprochen worden ist. Er ist noch nicht geprüft, noch nicht bis an die Grenzen seiner Fähigkeiten getrieben worden. Er hat sich seine Sporen noch nicht verdient.

Wenn Sie also darüber nachdenken, auf welche Weise Ihr Held die Lage meistert, dann suchen Sie etwas aus der Kategorie *schneller, oberflächlicher Erfolg*. Gönnen Sie Ihrem netten Kerl ruhig was. Er soll sich darüber freuen, wie die Dinge laufen. Er soll seinen Spaß haben. Und vor allem darf er nichts von dem viel härteren Kampf ahnen, der sich bereits abzeichnet.

In *Krieg der Sterne* meistert Luke die Lage, indem er aufbricht, um sich der Rebellen-Allianz anzuschließen. Unterwegs lernt er in Ansätzen, was es bedeutet, ein Jediritter zu sein. Der schnelle Erfolg wiegt ihn in dem Glauben, er wüsste schon alles. Er weiß, dass es so etwas wie die Macht gibt, und er weiß, dass sie in seinem Leben vorhanden ist, aber er weiß eigentlich nicht, wie er sie benutzen soll. In einem Satz: Der Held meistert die Lage, als Luke aufbricht, um die Prinzessin zu finden, und in den Gebrauch der Macht eingeführt wird.

In *Big* meistert Tom Hanks die Lage, indem er nach Manhattan zieht und sich einen Job, eine Wohnung und all die anderen Insignien des Erwachsenseins verschafft. Er hat seinen Traum, »groß« zu sein, scheinbar verwirklicht, weiß aber nicht einmal andeutungsweise, was Erwachsensein wirklich bedeutet. Echtes Verantwortungsbewusstsein fehlt ihm noch; seine Geschichte ist also noch nicht erzählt. In einem Satz: Der Held meistert die Lage, als er nach Manhattan zieht und anfängt, sich wie ein Erwachsener zu benehmen.

Zur gleichen Zeit im Fernsehen ... Mary will, dass Ted und Lou besser miteinander auskommen. Die Tür geht auf, als sie sich zu einem Versuch bereit erklären. Die Heldin meistert die Lage, indem sie beide zum Abendessen einlädt, wo sie sich gut zu verstehen scheinen. Der Zuschauer weiß jedoch, dass die Geschichte noch nicht vorbei ist. Etwas muss schief gehen. Keine Frage. Sonst gibt's eine Viertelstunde Werbung.

In einer Folge von *Murphy Brown* könnte Murphy beispielsweise das starke äußere Bedürfnis verspüren, den großspurigen Diktator irgendeiner Bananenrepublik zu einem Interview vor die Kamera zu bekommen. Die Tür geht auf, als Murphy die Genehmigung für das Interview erhält, allerdings unter der Bedingung, dass sie den Diktator mit Respekt behandelt, den er ihrer Ansicht nach nicht verdient. Die Heldin meistert die Lage, als sie ihre atavistischen Triebe im Zaum hält und das Interview zu den Bedingungen des Diktators durchführt. Aber wir wissen, dass Murphy sich nicht ihrem Charakter gemäß verhält, und darum ist ihre Geschichte noch nicht erzählt.

In den Evangelien hat Jesus das starke äußere Bedürfnis, den Armen zu helfen. Die Tür geht auf, als er mit seinem Werk beginnt, und der Held meistert die Lage, indem er Wunder vollbringt, Jünger um sich schart und den Armen hilft. Aber er hat sich noch nicht um sein inneres Bedürfnis gekümmert, und darum ist seine Geschichte noch nicht abgeschlossen.

Wie meistert Ihr Held die Lage? Denken Sie sich ein Ereignis aus, das den folgenden Satz vervollständigt: »Der Held meistert die Lage, indem...« In *Ein Traum wird wahr* meistert der Held die Lage, indem er ein flugtüchtiges Flugzeug baut. In Ihrer Geschichte meistert der Held die Lage, indem er…

Jetzt fordern Sie sich selbst heraus. Denken Sie sich fünf weitere, nicht so wichtige Möglichkeiten aus, wie der Held die Lage meistern könnte. Das sind die Details Ihrer Geschichte. Sie brauchen sie jetzt noch nicht, aber später. In *Tootsie* meistert der Held die Lage, indem er seinen Vertrag unterschreibt, neue Kleider kauft, seine Sache vor der Kamera gut macht, sich mit Julie anfreundet und sich Ron gegenüber behauptet.

In *Ein Traum wird wahr* meistert Albert die Lage, indem er ein Flugzeug konstruiert, Kathryn beim Testen hilft, das Verdienst für die Erfindung in Anspruch nimmt, sich ganz toll findet und sich gegen den Stadtrüpel behauptet.

In Ihrer Geschichte meistert der Held die Lage, indem er…

Noch einmal, machen Sie sich keine Gedanken über richtig und falsch. Bei dieser Übung geht es nur darum, dass Sie ein besseres Gefühl dafür bekommen, was sich abspielt, wenn der Held die Lage meistert. Eigentlich brauchen Sie nur die kurz gefasste Beschreibung dieser Ereignisse. In *City Slickers – Die Großstadt-Helden* meistert der Held die Lage, indem er nach Westen geht und sich wie ein Cowboy aufführt. So einfach ist das? Na klar doch, Partner.

Ein Knüppel kommt geflogen

Ich habe mal Studenten aus Ägypten, Spanien und Bulgarien in Drehbuchschreiben unterrichtet, eine veritable Weltkonferenz zum Thema Story Structure. Sie konnten alle zumindest ein bisschen Englisch, weil dies dank CNN und MTV heutzutage die Weltsprache ist. Aber die amerikanische Idiomatik machte sie wahnsinnig. Das wiederum machte mich wahnsinnig, so sehr war ich es gewohnt, im kulturellen Steno meiner Muttersprache zu unterrichten. Wenn ich schreibe: »A monkey wrench is thrown«, dann wissen meine amerikanischen Leser, dass damit der sprichwörtliche Knüppel gemeint ist, der einem zwischen die Beine geworfen wird. Aber eine wörtliche Dekonstruktion von »monkey wrench« ergibt »ein Gerät zum Drehen von Affen«. Erhellend? Hilfreich? Finde ich nicht.

Ersetzen Sie also »Knüppel« durch »etwas Neues und Schlimmes«, denn das passiert in der Geschichte, wenn der Knüppel geflogen kommt. Es gibt ein Schlamassel, eine neue Gefahr tut sich auf, eine neue Figur betritt den Schauplatz des Geschehens, oder eine Komplikation entwickelt sich. In einem Krimi wird der Held alles im Griff haben und glauben, er hätte den Fall schon so gut wie gelöst, aber nur, bis sein Hauptverdächtiger tot aufgefunden wird. In komischen Geschichten, besonders im Film, ist das Neue und Schlimme eine Veränderung im Gemütszustand des Helden.

In Fernseh-Sitcoms kommt der Knüppel für gewöhnlich beim Act Break geflogen, dem Moment kurz vor der Werbung, wenn der Held erkennt, das alles nicht so läuft wie geplant. In unserem Beispiel hat Mary gerade ihren Waffenstillstand zwischen Ted und Lou ausgehandelt, als auch schon etwas Neues und Schlimmes geschieht, was ihre Feindseligkeiten nicht nur wieder aufflammen, sondern sogar noch eskalieren lässt und Mary in den Streit hineinzieht. Auf einmal ist sie ebenfalls feindselig. Ihr Gemütszustand hat sich verändert. In der Fernsehdramaturgie bezeichnet man das auch als *moment of maximum remove*. In diesem Moment dämmert es der Heldin, wie weit sie von ihrem Ziel entfernt ist.

Denken Sie daran, dass bis zu diesem Moment alles weitgehend so gelaufen ist, wie unsere Heldin oder unser Held sich das vorgestellt hat. Sie finden den Knüppel in Ihrer Story also, wenn Sie sich fragen: Wann geht etwas schief?

In einer komischen Geschichte kommt der Knüppel für gewöhnlich geflogen, wenn der Held sich verliebt. Warum ist das schlimm? Weil es einen dynamischen und unversöhnlichen Konflikt zwischen dem ursprünglichen egoistischen Ziel der Figur und ihrem neuen Ziel erzeugt, das Herz der beziehungsweise des Geliebten zu gewinnen. Während der ganzen »Der Held meistert die Lage«-Phase von *Tootsie* läuft alles bestens für Michael Dorsey. Er kommt seinem Ziel immer näher, sich als Schauspieler – Schauspielerin? schauspielende Person – Respekt zu verschaffen. Aber in dem Moment, als er sich in Julie verliebt, ist es aus mit ihm. Sie kann ihn unmöglich lieben, solange er eine Frau ist. Je länger er diesen Anschein aufrechterhält, desto näher kommt er seinem ursprünglichen Ziel, aber desto weiter entfernt er sich von Julies Liebe.

In *Auf der Jagd nach dem grünen Diamanten* hat Joan Wilder keine Probleme (abgesehen davon, dass regelmäßig auf sie geschossen wird), bis sie sich in Jack Colton verliebt. Jetzt gerät ihr Wunsch, ihre Schwester zu befreien, plötzlich in einen dynamischen Konflikt mit ihrem Wunsch, mit Jack auf Schatzsuche zu gehen und sein Herz zu gewinnen.

In *City Slickers – Die Großstadt-Helden* läuft alles bestens für Billy Crystal. Er reitet durch die Gegend, fängt die mutterlosen Kälber mit dem Lasso ein, trinkt Kaffee aus dem Proviantwagen und hat nicht die geringsten Probleme. Dann verliebt er sich in das Kalb Norman, und damit sitzt er in der Patsche. Jetzt trägt er Verantwortung. Er kann nicht mehr sorglos durch die Gegend reiten und Cowboylieder singen. Aus Loyalität zu dem kleinen Kalb muss er die Herde sicher nach Hause bringen.

Das Schlüsselwort heißt »Loyalität«. Eine Figur ist am Anfang immer loyal sich selbst und ihrem Ziel gegenüber. Wenn dann der Knüppel geflogen kommt, erlebt der Held eine *Verlagerung seiner Loyalität*. Michael Dorsey verlagert seine Loyalität auf Julie. Billy Crystal verlagert seine Loyalität auf Norman. Luke Skywalker verlagert seine Loyalität auf die Rebellen-Allianz. Dieser neue Konflikt zwischen ursprünglicher und verlagerter Loyalität stellt die ganze Geschichte auf den Kopf. Bis jetzt war es eine simple Story von einer Figur, die etwas will und es sich zu verschaffen versucht. Aber wenn die Loyalität verlagert wird, dreht sich die Geschichte plötzlich um eine Figur, die zwei sich gegenseitig ausschließende Dinge will. Unwiderstehliche Kraft gegen unbewegliches Objekt. Probleme.

Romeo und Julia haben keine echten Probleme, bis sie sich ineinander verlieben. Oder Robin Hood und Marian. Ödipus und Iokaste.

In *Asphalt Cowboy* verlagert Jon Voight seine Loyalität von sich auf Dustin Hoffman. In *Paper Moon* verlagert Ryan O'Neal seine Loyalität auf seine Tochter, und sobald das geschehen ist, findet er keine Ruhe mehr, bis er das, was er für sich selbst will, mit dem in Einklang bringt, was er für sie will. In *African Queen* verlagert Bogart seine Loyalität auf Katherine Hepburn. In *Casablanca* verlagert Bogart seine Loyalität auf Ingrid Bergman. In *Gangster in Key Largo* verlagert Bogart seine Loyalität auf Lauren Bacall. In *Die Spur des Falken* verlagert Bogart seine Loyalität auf Mary Astor. Großer Verlagerer, der alte Bogie.

Sobald also für Ihren Helden alles nach Wunsch läuft, ziehen Sie ihm den Teppich unter den Füßen weg. Lassen Sie Amors Pfeile auf ihn regnen. Sorgen Sie dafür, dass er zwei Dinge will, die er nicht beide haben kann. In *Ein Traum wird wahr* verliebt sich Albert in Kathryn. Nachdem er seine Loyalität dergestalt verlagert hat, ist er nicht mehr zufrieden damit, das Verdienst für ihrer beider Erfindung für sich allein in Anspruch zu nehmen, und er kann auch nicht ihr Herz gewinnen, ehe er ihr nicht gibt, was ihr zusteht.

Wie verlagert sich die Loyalität Ihres Helden? Welcher Knüppel könnte in Ihrer Geschichte zwischen den Beinen Ihres Helden landen und ihm die Tour vermasseln? Wer könnte ihm in die Quere kommen und einen Konflikt zwischen seinen anfänglichen und seinen jetzigen Wünschen erzeugen?

Ihre Antwort könnte etwa so aussehen: Paulas Knüppel kommt geflogen, als sie sich in Christoph verliebt, so dass sie Helmut unmöglich heiraten kann.

Damit diese Wendung funktioniert, brauchen Sie offensichtlich eine Figur, der gegenüber Ihr Held Loyalität entwickeln kann. Vielleicht sollten Sie an dieser Stelle noch einmal zurückgehen, um solch eine Figur zu erfinden und eine entsprechende Throughline für sie zu entwickeln. Sie suchen nach Ihrem alten Freund namens komischer Gegenpol, jener Person, die Ihrem Helden das Leben so schwer wie nur irgend möglich macht. In die soll Ihr Held sich verlieben. Wirklich, sehr nett von Ihnen.

Okay, rekapitulieren wir anhand zweier neuer Beispiele. In *American Graffiti* spielt Richard Dreyfuss einen High-School-Absolventen, der ans College will. Die Tür geht auf, als er ein Stipendium bekommt. Der Held meistert die Lage, als er in der Stadt herumfährt und seine letzte Nacht der Freiheit genießt. Ein Knüppel kommt geflogen, als er sich in das Mädchen in der weißen Corvette verliebt.

In *Strictly Ballroom* ist der Held ein junger Tänzer, der sich in der Welt des Ballroom Dancing einen Namen machen will.

Die Tür geht auf, als er anfängt, eigene Schritte zu tanzen. Er meistert die Lage, als er eine neue Tanzpartnerin findet. Ein Knüppel kommt geflogen, als der junge Tänzer sich in sie verliebt.

Ich hoffe, Sie erkennen allmählich, dass man mit Hilfe der Throughline eine Geschichte – sei es Ihre oder die von jemand anderem – wirkungsvoll auf ihren Kern reduzieren kann. Sie ist unter anderem sehr gut geeignet, Fehler zu entdecken. Wenn Sie zum Beispiel keinen anständigen Knüppel haben, merken Sie's jetzt.

Nach meinem Dafürhalten ist es viel besser, Story-Probleme schon jetzt am Anfang zu bemerken, als ein 120 Seiten starkes, weitschweifiges Drehbuch oder einen 400 Seiten dicken humoristischen Roman zu schreiben, nur um später (und zu spät) herauszufinden, dass das Skript auf der Ebene der Story mit Fehlern behaftet ist.

Nur mal so nebenbei, wenn Sie mit irgendwem Schluss machen wollen, brauchen Sie mit Ihrer oder Ihrem zukünftigen Verflossenen bloß ins Kino zu gehen und dort den Film zu analysieren. »Das ist es, was der Held will«, sagen Sie laut, »und jetzt geht die Tür auf, und jetzt meistert er die Lage. Oh, sieh dir das an! Da kommt der Knüppel geflogen! Mann, ich hab's echt kommen sehen. Du nicht?« Sie werden allein sein, noch bevor das Popcorn kalt ist.

Der fliegende Knüppel ist nur die erste einer Reihe von Unannehmlichkeiten, die unserem Helden widerfahren. Bis jetzt ist für ihn alles ziemlich glatt gegangen, aber von nun an wird er heftig durchgerüttelt, denn wie schon William Butler Yeats in »Der jüngste Tag« prophezeit hat…

Alles fällt auseinander

Erinnern Sie sich, was ich vor ein paar Kapiteln über die perverse Freude daran gesagt habe, Ihrem Helden das Leben zu vermiesen? Nun, jetzt können Sie in der Beziehung so richtig die Sau rauslassen. Sobald der Knüppel geflogen gekommen ist, sollten Sie Ihre Geschichte wirklich mit Katastrophen für den guten Mann pflastern.

In *Tootsie* fällt alles auseinander, als Michaels Vertrag verlängert wird, Julie Dorothy für eine Lesbe hält, Julies Vater seiner Tochter vorschlägt zu heiraten, Jonathan van Horn einen betrunkenen Annäherungsversuch macht, Michael feststellt, dass sein Vertrag wasserdicht ist, und Sandy sich im Stich gelassen fühlt. Das Leben ist die Hölle.

So wie »Der Held meistert die Lage« eine Reihe positiver Ereignisse umfasst, beinhaltet »Alles fällt auseinander« eine Reihe negativer Ereignisse. Die Throughline stellt uns vor die Aufgabe, alle Katastrophen auf eine simple Aussage zu reduzieren. Wie wär's damit: Alles fällt auseinander, als Michael sich in der Rolle von Dorothy Michaels gefangen sieht.

In unserer *Mary Tyler Moore*-Geschichte fällt alles auseinander, als Lou und Ted ihre Wut gegen Mary richten und ihr die Schuld an den Problemen geben, die sie miteinander haben. In *Krieg der Sterne* fällt alles auseinander, als Luke zum Kampf gegen Darth Vader antreten muss. In *City Slickers – Die Großstadt-Helden* fällt alles auseinander, als Jack Palance stirbt, die anderen Cowboys abreisen und ein heftiger Sturm den Erfolg des Viehtrecks bedroht; kurz, alles fällt auseinander, als Billy Crystal sich vor die Aufgabe gestellt sieht, den Viehtreck zu führen. Er sitzt in einer selbst gestellten Falle.

Das ist eine Schlüsselformulierung: in einer selbst gestellten Falle sitzen. Häufig entsteht eine Spannung zwischen der ursprünglichen Loyalität Ihres Helden und seiner verlagerten Loyalität, ihm wird klar, dass es irgendwie seine eigene verdammte Schuld ist. Natürlich können die Ghostbusters nichts für all die Geister, die in Manhattan herumspuken, aber ihre unbekümmerte Haltung und die Sorglosigkeit, mit der sie die gefangenen Geister entwischen lassen, führen sie geradewegs in eine selbst gestellte Falle.

Gehen wir einen neuen Film durch und sehen wir uns an, wie er zu diesem Punkt gelangt. In *Die Bären sind los* will Walter Matthau, der Held, Buße für Fehler in seiner Baseball-Vergangenheit tun. Die Tür geht auf, als er sich bereit erklärt, ein Kinderliga-Team zu trainieren. Der Held meistert die Lage, indem er Tatum O'Neal rekrutiert und das Team auf Vordermann bringt. Ein Knüppel kommt geflogen, als er seine Loyalität auf die Kinder verlagert und merkt, dass ihr Ziel, zu gewinnen, für ihn wichtig geworden ist. Alles fällt auseinander, als seine schlechten Angewohnheiten (die selbst gestellte Falle) dazu führen, dass die Spieler das Vertrauen in ihn verlieren.

Ersetzen Sie Walther Matthau durch Emilio Estevez und Baseball durch Eishockey, und Sie haben *Mighty Ducks – Das Superteam*.

Was eine interessante Frage aufwirft. Viele erfolgreiche komische Geschichten haben dieselbe Struktur, deshalb könnte man meinen, sie enthielten überhaupt keinen originellen Gedanken. In gewissem Sinn stimmt das auch. Was das Thema, die Struktur oder die Erzählweise einer Geschichte betrifft, werden wir humoristischen Autoren immer wieder zu denselben authentischen Orten geführt. Das ist nichts Schlechtes. Wenn Sie ein bisschen Ahnung von Popmusik haben, wissen Sie, dass die meisten Hits in Dur geschrieben sind. Songs, für die das nicht zutrifft, klingen nicht wie Hits. Genauso ist es bei Ihrer Geschichte: Wenn sie nicht konventionell strukturiert ist, funktioniert sie nicht wie eine konventionelle Story. Heißt das Daumen runter für unkonventionelle Storys? Natürlich nicht. Es ist nur so, dass man konventionelle und konventionell strukturierte Storys viel, viel leichter schreiben, lesen und genießen kann.

Der Trick besteht natürlich darin, die Struktur mit neuen und interessanten komischen Figuren, mit einfallsreichen und amüsanten Details und mit Wendungen des Plots zu transzendieren und damit der konventionellen Geschichte seine ganz spezielle Handschrift aufzuprägen. Nur weil *Die Bären sind los* das Thema Buße durch Baseball thematisiert hat, heißt das nicht, dass es keinen Platz mehr für einen Spielfilm gäbe, der sich mit Buße durch Eishockey befasst, oder für eine Geschichte wie *Freiwurf*, die sich mit Buße durch Basketball beschäftigt.

Sagen Sie mir, ob Folgendes nicht funktionieren würde: *Mit fliegenden Federn* (ich erfinde das gerade) ist die Geschichte einer ehemaligen Badminton-Spielerin von Weltklasse, die aus ein paar bunt zusammengewürfelten Kids ein Badminton-Superteam macht. Die Heldin, Twyla Hengst, will Buße für ihre Fehler in ihrer Badminton-Vergangenheit tun. Die Tür geht auf, als Twyla den Außenseiter-Kids Badminton beibringen muss. Die Heldin meistert die Lage, indem sie ihre Schützlinge überzeugt, dass »Badmintonspielen Fun ist«, und anfängt, deren Fähigkeiten zu entwickeln. Ein Knüppel kommt geflogen, als sie ihre Loyalität auf die Kinder verlagert und deren Träume vom Sieg mitträumt. Alles fällt auseinander, als Twyla der Ruf in die Olympiamannschaft ereilt, was bedeuten würde, dass sie ihr Team im Stich lassen müsste.

Wird die Geschichte komisch sein? Und ob – wenn die Charaktere echte komische Figuren sind, die starke Gegenpole bilden, wenn es nicht an Übertreibung und kontextuellem

Zusammenprall mangelt und wenn die starken komischen Perspektiven der Figuren zu witzigen Dialogen, Handlungen und Situationen führen. Macht es etwas aus, dass ich mich auf wohl bekanntem Gelände und ausgetretenen Pfaden bewege? Ich glaube nicht. Wie Pablo Picasso sagte: »Man malt einfach immer wieder dasselbe Bild.«

Womit wir wieder bei unseren Geschichten wären, Ihrer und meiner. In *Ein Traum wird wahr* fällt alles auseinander, als Kathryn Albert vorwirft, er habe fälschlicherweise das Verdienst für Kathryns Erfindungen in Anspruch genommen, als sie beim Absturz ihres Flugzeugs verletzt wird und Albert vor der Aufgabe steht, bei einem bevorstehenden Wettfliegen allein antreten zu müssen. Kurz, alles fällt auseinander, als Albert erkennt, dass er die Flugzeugsache bis zum Ende durchziehen muss.

Jetzt sind Sie mit Ihrer Geschichte an der Reihe. Listen Sie zuerst möglichst viele Ideen auf, wie alles auseinander fallen kann, und reduzieren Sie dann alles auf einen einzigen Satz.

Vielleicht finden Sie es nützlich, an dieser Stelle dasselbe zu tun wie ich mit meiner Badminton-Story. Beginnen Sie noch mal mit einer frischen, neuen Idee und gehen Sie mit der Throughline an sie heran. Ich glaube, Sie werden feststellen, dass Sie beim zweiten Mal leichter ins Schwarze treffen. Und beim dritten und vierten Mal. Irgendwann geht es fast automatisch.

Hier noch ein neuer Versuch:

Der Held, der soeben die Hotelfachschule abgeschlossen hat, will nichts weiter, als ein ruhiges, kleines Gasthaus betreiben. Die Tür geht auf, als ihm ein multinationaler Konzern die Führung eines heruntergekommenen Hotels in einem Land der Dritten Welt anvertraut, das von einem despotischen starken Mann regiert wird. Der Held meistert die Lage, als er in das Dritte-Welt-Land geht und das Hotel wieder auf Vordermann bringt. Ein Knüppel kommt geflogen, als der Held sich in eine schöne Guerillaführerin verliebt und seine Loyalität auf sie verlagert. Alles fällt auseinander, als der Diktator in dem Hotel absteigt und die Guerilleros planen, ihn zu ermorden, indem sie das geliebte Hotel des Helden in die Luft sprengen.

Sehen Sie den Konflikt zwischen der ursprünglichen Loyalität des Helden zum Hotel und seiner neuen Loyalität zu dem Mädchen und dessen Zielen? Wie die Dinge stehen, muss nun etwas passieren. Wenn Sie sich auf einen Moment zubewegen, an dem etwas passieren muss, sind Sie so weit, dass Sie die Sache erfolgreich zu Ende führen können.

Der Held erreicht den Tiefpunkt

Es gibt einen schmerzhaft schönen Moment ziemlich am Ende von *Tootsie*, an dem Tag nachdem Michael (in Gestalt von Dorothy) Julie deutlich seine Zuneigung gezeigt hat, so dass sie Dorothy nun für eine Lesbe hält. Er kommt in ihre Garderobe, um ihr alles zu erklären, aber sie will ihn nicht anhören. »Ganz ehrlich, ich liebe dich, Dorothy«, sagt sie, »aber ich kann dich nicht lieben.« In diesem Augenblick weiß Michael, was auch immer passieren mag, nach Lage der Dinge wird er die Frau, die er liebt, nie bekommen, also wird er nie wieder richtig glücklich sein. Jedes Mal wenn ich mir ins Gedächtnis rufen möchte, wie ein Held den Tiefpunkt erreicht, kommt mir diese Szene in den Sinn.

Auf einen solchen Moment zielt eine gute Story ab. Nachdem wir den Helden aus seinem Leben herausgerissen und in eine Welt voller Herausforderungen gestoßen haben, nachdem wir ihm schnellen Erfolg in dieser Welt gewährt, seine Loyalität verlagert und seine Lage dann immer weiter verschlimmert haben, führen wir ihn nun endlich zum Moment der Wahrheit. Diesen Moment gibt es in jeder Geschichte, die Sie je geliebt haben, von *Dornröschen* über *Moby Dick* bis zu *Vom Winde verweht*. In meinen Augen ist es dieser Moment der Wahrheit, welcher der Story Authentizität verleiht.

In unserer Folge von *Mary Tyler Moore* kommt der Moment der Wahrheit, als Lou auf Ted sauer ist, Ted auf Lou sauer ist, beide auf Mary sauer sind und Mary auch nicht mehr sonderlich gut auf die beiden zu sprechen ist. Genauer, es ist der Moment, als Mary erkennt, dass sie ihre beiden engen Freunde für immer verlieren wird, wenn nicht etwas Drastisches geschieht. Was soll sie tun?

In *Krieg der Sterne* greift Luke den Todesstern an. Darth Vader sitzt ihm im Nacken, und all seine Versuche, das Ziel zu treffen, sind fehlgeschlagen. Da hört er die Stimme von Obiwan Kenobi, die zu ihm sagt: »Benutze die Macht, Luke.« Die Macht zu benutzen würde bedeuten, dass er seine hart erkämpfte Männlichkeit einer höheren Macht unterwirft. Die Macht nicht zu benutzen würde bedeuten, dass er versagt und stirbt. Was soll er tun?

In *City Slickers – Die Großstadt-Helden* erreicht der Held den Tiefpunkt, als Norman, Billy Crystals geliebtes Kalb, in den Fluss gespült wird. Da steht unser Held nun mit seinen widerstreitenden Loyalitäten. Einerseits kann er sich von dem Kalb abwenden und am Leben bleiben, was er unbedingt will, nachdem er jetzt weiß, was Leben wirklich bedeutet. Andererseits kann er sich in die reißende Strömung stürzen und das Kalb zu retten versuchen, aber das könnte ihn das Leben kosten. Nach Lage der Dinge hat er so gut wie keine Aussicht auf ein Happy End. Was soll er tun, der *Lonesome Cowboy?*

Der gemeinsame Nenner all dieser Momente ist das Gefühl, dass die Zeit knapp wird. Der Held hat das Ende der Fahnenstange erreicht, jenen Augenblick, an dem er sich zwischen dem entscheiden muss, was er zu Beginn der Geschichte wollte, und dem, was er mittlerweile will. Er muss zwischen seiner usprünglichen Loyalität sich selbst gegenüber und seiner neuen verlagerten Loyalität wählen. In gewissem Sinn ist das eine Entscheidung zwischen dem »Ich« und dem »Du«.

In *Auf der Jagd nach dem grünen Diamanten* kämpft Joan Wilder mit Oberst Zola; es geht um Leben und Tod. In ihrem Moment der Wahrheit, als es um ihr Leben geht, ruft sie Jack Colton zu Hilfe. Wenn er sie rettet, wird sich ihr Traum von Liebe erfüllen, das weiß sie. Und wenn er es nicht tut?

Dann wird sie sterben.

In *Mighty Ducks – Das Superteam* erreicht Emilio Estevez den Tiefpunkt, als sein Eishockey-Team ihn am Abend des Spiels um die Meisterschaft aufgibt. In *Mit fliegenden Federn* erreicht Twyla den Tiefpunkt, als ihr Team sie am Abend des Spiels um die Meisterschaft aufgibt. In *Die Bären sind los* – na ja, Sie verstehen schon.

Wenn Ihre Geschichte gut in der Spur liegt, kommen Sie ganz automatisch zu dem Moment, in dem Ihr Held zwischen zwei Dingen hin und her gerissen ist, die er wirklich will, die sich jedoch gegenseitig ausschließen. Wenn Mary Partei für Ted ergreift, verliert sie Lou. Wenn sie Partei für Lou ergreift, verliert sie Ted. Wenn Albert Collier in das kaputte Flugzeug steigt und fliegt, könnte das seinen Tod bedeuten, aber wenn er es nicht tut, gewinnt Kathryn ihr Wettfliegen nicht, und Albert gewinnt *sie* nicht.

Indem Sie Ihren Helden bis zum tiefsten Punkt zerren, zwingen Sie ihn, die endgültige Entscheidung zu treffen. Die Macht benutzen oder nicht? Groß bleiben oder klein sein? Frau oder Mann sein? Das Kalb retten oder das eigene Leben? Vor solche Entscheidungen sollen Sie Ihren Helden stellen.

Es ist kein Zufall, dass es in so vielen guten komischen Geschichten letztlich um Leben und Tod geht. Je größer die Gefahr, desto größer auch die Komik, wie wir später noch ausführlicher erörtern werden.

Wie erreicht Ihr Held also den Tiefpunkt? Schreiben Sie Ihre Lösung jetzt auf.

Falls es Ihnen schwierig erscheint, diesen Moment zu finden, tja, dann haben Sie Recht. Aber es ist von entscheidender Bedeutung, dass Sie Ihren Helden zu einer solchen Entscheidung führen, sonst ist nämlich alles für die Katz, was Sie bis jetzt in die Geschichte investiert haben.

Erstaunlicherweise ist es nicht ganz so schwierig, wenn Sie noch mal mit einer neuen Geschichte anfangen. Meiner Erfahrung nach (und nur aus diesem Grund bin ich überhaupt so ermüdend ausführlich auf dieses Thema eingegangen) kann man mit Hilfe der Comic Throughline oftmals einen ansonsten verborgenen oder wackligen Moment der Wahrheit aufspüren. Fangen wir mit einer neuen Story an – mal sehen, ob ich Ihnen verdeutlichen kann, was ich meine:

Frank, ein dreizehnjähriger Junge aus Milwaukee, hat 1968 das äußere Bedürfnis, ein Hippie zu sein, und das innere Bedürfnis, verzichten zu lernen. Die Tür geht auf, als er ein siebzehnjähriges Hippiemädchen kennen lernt, das seine Welt in den Grundfesten erschüttert. Der Held meistert die Lage, als er sich mit dem Mädchen verbündet, von ihr lernt und vom äußeren Erscheinungsbild her ein Hippie wird. Ein Knüppel kommt geflogen, als er sich in das Mädchen verliebt und so kühn ist zu glauben, dass sie ihn – auch liebt. Alles fällt auseinander, als ihr Freund auftaucht, der sich vor dem Kriegsdienst gedrückt hat, und unser Held in den Versuch der beiden hineingezogen wird, über die Grenze nach Kanada zu fliehen.

Wie wird der Held bei diesem simplen Konzept den Tiefpunkt erreichen? Wird es nicht unweigerlich auf eine Entscheidung zwischen dem hinauslaufen, was der Held für sich selbst will – ihre Liebe –, und dem, was er für das Mädchen will – ihr Glück? Konkret, er wird sich entscheiden müssen, ob er den beiden bei der Flucht helfen soll, was bedeuten würde, das Mädchen zu verlieren, oder ob er versuchen soll, das Mädchen für sich zu behalten.

Ich muss gestehen, dass ich dem Helden in der ersten Fassung dieser Throughline das innere Bedürfnis zugewiesen hatte, echte Werte kennen zu lernen. Beim Blick auf diesen Moment der Wahrheit erkannte ich aber, dass das innere Bedürfnis, verzichten zu lernen, es ihm wesentlich schwerer machen würde, seine endgültige Entscheidung zu treffen. Also ging ich zurück und änderte sein inneres Bedürfnis. Das Ergebnis sehen Sie oben. So funktioniert das System. Indem man die Geschichte so schlicht wie möglich formuliert, kann man Veränderungen im Anfangsstadium vornehmen, solange es noch leicht ist. Später, wenn Sie das Skript, den Roman oder das Fernsehspiel schreiben, ist es schon viel zu spät und viel zu schwierig, die Geschichte so tiefgreifend zu verändern. Tun Sie's jetzt, solange es noch keine große Mühe bereitet.

Und tun Sie's mit frischem Material. Probieren Sie's mit einer neuen Geschichte und achten Sie darauf, ob sie nicht ganz von selbst unausweichlich auf einen finalen Konflikt zusteuert. Das wird nicht immer der Fall sein, und wenn nicht, dann wissen Sie, dass Ihnen ein paar entscheidende Story-Elemente noch unbekannt sind. Oder dass die Geschichte, auf die Sie aus sind, nichts taugt. Der Vorteil ist, dass Sie diese Einsicht mit minimalem Aufwand erlangen, ohne mehr zu schreiben als unbedingt nötig. Die Comic Throughline ist der Weg des geringsten Widerstands.

Und was geschieht, wenn der Held den Tiefpunkt erreicht? Wenn er mit seinem Moment der Wahrheit konfrontiert ist, in seinen Abgrund blickt, was tut unser Held dann?

Der Held riskiert alles

Ohne sichere Aussicht auf Erfolg stürzt sich der Held einer komischen Geschichte in den Abgrund. Er schreibt seine gesamten Investitionen in seine ursprünglichen Ziele ab, opfert alles zu Gunsten seiner verlagerten Loyalität. Der entscheidende Punkt ist hier, dass der Held das Richtige tut, auch wenn er nicht weiß, ob es sich auszahlen wird.

Ohne sichere Aussicht auf Erfolg stürzt sich Billy Crystal in den reißenden Strom, um das ertrinkende Kalb zu retten. Er weiß nicht, ob es ihm gelingen wird. Er weiß nicht einmal, ob er es überleben wird. Er weiß nur, dass es nicht so weitergehen kann wie bisher und dass er in diesem Moment lieber den Tod in Kauf nimmt, als es gar nicht erst zu versuchen. Beachten Sie, dass er die ganze Zeit auf der Suche nach genau einem solchen Moment war, einem Augenblick echter, authentischer Lebenserfahrung.

Ohne sichere Aussicht auf Erfolg reißt sich Michael Dorsey im Fernsehen die Perücke vom Kopf und enthüllt, dass Dorothy Michaels ein Mann ist. In diesem Augenblick weiß er nicht, ob er Julies Herz gewinnen wird oder nicht. Er weiß nur, dass er es nicht ertragen kann, nur noch eine Sekunde länger mit der Lüge zu leben. Er muss reinen Tisch machen.

In einer komischen Geschichte riskiert der Held sehr häufig alles, indem er reinen Tisch macht, die Wahrheit sagt, die Lüge gesteht, die ihn bisher durch die Geschichte getragen hat. Tom Hanks tut es in *Big*, als er zugibt, dass er kein Erwachsener ist. Dorothy tut es im *Zauberer von Oz*, als sie die Hacken zusammenschlägt und sagt: »'s ist nirgends besser als daheim.« Sie gibt damit zu, dass es falsch von ihr war, von zu Hause fortzuwollen. Jetzt will sie nur noch in ihr Zuhause zurück. Es ist schon ein großer Sprung ins Ungewisse, alles auf ein Paar Zauberschuhe zu setzen, aber genau das tut Dorothy.

Luke Skywalker benutzt die Macht. Er weiß nicht, ob es funktionieren wird, er weiß nur, dass er keine andere Chance mehr hat. Er ergibt sich einer höheren Macht.

Für Mary Richards kommt der Moment der Wahrheit, als sie zwischen Ted und Lou steht und von ihrer Loyalität zu den beiden wie auch zu sich selbst zerrissen wird. Als sie gar nicht mehr weiterweiß, ruft sie schließlich: »Wenn ihr nicht endlich erwachsen werdet und euch vernünftig benehmt, will ich mit euch beiden nichts mehr zu tun haben!« Ohne sichere Aussicht auf Erfolg stürzt sie sich in den Abgrund. Ist das eine »Strategie«? Hofft sie, dass Ted und Lou zur Vernunft kommen, wenn sie an die Decke geht? Nein. Sie weiß nur, dass sie mit dieser Lüge (Billigung der Fehde) keine Minute länger leben kann. Sie muss reinen Tisch machen. In Wahrheit respektiert sie alle beide nicht mehr, und das kann sie nicht länger verschweigen.

Joan Wilder steht mit dem Rücken zur Wand, ein Messer am Hals. Sie ruft nach Jack, aber Jack kommt nicht. Was wird sie tun? Wenn sie auf Jack wartet, wird sie sterben. Im allerletzten Moment gibt sie ihre Lüge auf – dass sie eine schwache Frau ist, die einen männlichen Retter braucht – und rettet sich selbst. Sie legt all ihre alten Vorstellungen von romantischer Liebe ab und zeigt, was in ihr steckt.

In *Die Bären sind los; Mighty Ducks – Das Superteam; Freiwurf* und *Mit fliegenden Federn* sind die Momente der Wahrheit identisch. Der Held sagt zu seinem Team, den Menschen, die er liebt: »Es ist mir egal, was mit mir passiert, und es ist mir egal, ob wir gewinnen. Das Einzige, was mich interessiert, seid ihr.« In *Mit fliegenden Federn* kommt Twyla bis zum Flughafen, wie ich es jetzt sehe, den Badminton-Schläger in der Hand, bereit zum Abflug zu den Olympischen Spielen. Doch dann sieht sie etwas, was sie an ihre viel versprechenden Protegés erinnert, und sie erkennt: »Ich kann es einfach nicht tun.« Ohne jede Aussicht, die Loyalität ihrer Schützlinge zurückzugewinnen, lässt sie ihren Flug sausen und kehrt, so schnell es geht, zur Sporthalle zurück.

In meiner Geschichte über den Möchtegern-Hippie kommt der Moment der Wahrheit, als ihm klar wird, dass das Mädchen, das er liebt, und ihr Freund erwischt werden, wenn er nichts unternimmt. Er setzt sein Leben aufs Spiel, um die Verfolger abzulenken. Er hat keine sichere Aussicht auf Erfolg, er kann nicht einmal damit rechnen, dass er selbst überleben wird. Alles spricht dafür, dass er durch diese Aktion das Mädchen verliert. Aber er weiß, dass er im Moment der Wahrheit nichts anderes tun kann, als zu verzichten und damit sein starkes inneres Bedürfnis zu befriedigen.

Der Moment der Wahrheit befriedigt das innere Bedürfnis. In *Ein Traum wird wahr* hat Albert das innere Bedürfnis, Selbstachtung zu erwerben. Als er in seinem Moment der Wahrheit die Angst überwindet, das Flugzeug fliegt und den Sieg erringt, entspricht er damit seinem inneren Bedürfnis. In *Big* kommt Tom Hanks' Moment der Wahrheit, als er beschließt, nach Hause zurückzukehren. Damit befriedigt er sein inneres Bedürfnis, mit sich selbst als Kind ins Reine zu kommen.

Die Kunst des Geschichtenerzählens wirkt geheimnisumwölkt, aber sie kann wie ein Uhrwerk sein. Wenn Sie das innere Bedürfnis Ihres Helden kennen, dann wissen Sie, was sein Moment der Wahrheit sein *muss*. Also fragen Sie sich jetzt auf der Basis der Story, die Sie bisher erzählt haben: Was muss mein

Held tun, welche Wahl muss er treffen, was muss er unternehmen, um seinem inneren Bedürfnis zu entsprechen? Wenn alles nach Plan gegangen ist, liegt die Antwort auf der Hand.

Um den Nutzen dieses Instruments zu optimieren, sollten Sie jetzt noch mal mit einer neuen Idee anfangen und sie bis zum Ende durchführen.

Die Heldin ist eine Tennisspielerin, die ihre beste Zeit hinter sich hat. Sie hat das äußere Bedürfnis, wieder ein Star zu sein, und das innere Bedürfnis herauszufinden, was »Liebe« ist – abseits des Courts. Die Tür geht auf, als sie sich mit ihrem komischen Gegenpol als Partner fürs Doppel arrangieren muss. Die Heldin meistert die Lage, als sie seine Spieltechnik verbessert und sie die ersten Partien gewinnen. Ein Knüppel kommt geflogen, als sie feststellt, dass sie ihn liebt, was ein Problem ist, weil sie ja bereits weiß, dass sie ihn hasst. Alles fällt auseinander, als ihre stürmische Romanze zum Störfaktor auf dem Court wird und die Partnerschaft zerbricht. Die Heldin erreicht den Tiefpunkt, als sie erkennt, dass sie den Turniersieg oder den Mann haben kann, aber nicht beides. Sie riskiert alles, indem sie um seiner Liebe willen auf den Sieg verzichtet.

Und was passiert als Nächstes?

Was kriegt der Held?

Die beiden gewinnen das große Doppelturnier. Unsere Heldin sonnt sich wieder im Glanz des Ruhms, und sie kriegt auch den Mann, den sie liebt. Oh, Happy End!

Ich diskutiere ständig über das Thema Happy End. Ehrlich. Sogar draußen auf dem Parkplatz machen mir Leute Vorwürfe und sagen: »He, Mann, warum bist du denn so dogmatisch mit deinem Happy End? Weshalb willst du nicht zugeben, dass Spielfilme, Fernsehserien und humoristische Romane nur darum ein Happy End haben, weil es der Markt so verlangt? Es ist nichts weiter als Anpassung!« Ja, das Happy End gibt dem Markt, was er verlangt, aber es ist keine Anpassung. Es ist organisch. Das natürliche Ende einer komischen Geschichte ist ein Happy End. Andernfalls würden all die verdienten komischen Valuta der Geschichte durch den Schluss verwirkt, sozusagen als empfindliche Strafe für kalten Entzug.

Überdies ist es der oberste Zweck einer Geschichte, etwas zu *vermitteln*, und die unterschwellige Botschaft jeder Geschichte lautet: »Wenn du dies oder das tust, dann geschieht Folgendes.« Wenn du deinen Vater umbringst und deine Mutter heiratest, Ödipus, ist kein Happy End drin. Du musst dir die Augen ausreißen und leiden. Aber wenn du das Richtige tust und die Macht benutzt, Luke, wirst du belohnt. Du zerstörst den Todesstern und darfst noch zwei weitere Filme lang mit der Prinzessin rumhängen. Nur eins: Sie ist deine Schwester, also schlaf nicht mit ihr, sonst geht's dir noch wie dem alten Ödipus.

Ja, ich bin ein großer Freund des Happy Ends. Aber ich habe mich mit vielen Schlüssen befasst, sowohl mit schönen als auch mit traurigen, und dabei ist mir etwas sehr Interessantes an den Schlüssen echter komischer Geschichten aufgefallen. Der Held ist nicht nur ein Gewinner, er ist ein *doppelter* Gewinner, denn er kriegt sowohl das, was er ursprünglich wollte, als auch das, was er später will. Wider alle Erwartungen gelingt es ihm am Ende, sowohl seiner Loyalität sich selbst gegenüber als auch seiner verlagerten Loyalität gerecht zu werden. Noch einmal, es muss nicht so sein, aber weil es in so vielen Geschichten so ist, ignorieren wir die bezwingende Logik solcher Schlüsse auf eigene Gefahr.

In *Krieg der Sterne* unterwirft sich Luke der Macht. Und was passiert? Er zerstört den Todesstern und erwirbt seine Männlichkeit. Er dient seinen eigenen Zielen und denen der Rebellen-Allianz. In *City Slickers – Die Großstadt-Helden* kommt Billy Crystal mit einer neu erwachten Liebe zum Leben nach Hause – und mit dem Kalb.

In einer guten komischen Geschichte kriegt der Held am Schluss das Beste beider Welten. Joan Wilder erlangt ihre Selbstachtung und gewinnt den Mann ihrer Träume. Albert Collier erobert seinen Platz in der Welt und gewinnt Kathryns Liebe. Mary Tyler Moore erklärt Ted und Lou, sie sollten verdammt noch mal erwachsen werden ... woraufhin ihnen die Augen aufgehen, so dass sie das Kriegsbeil begraben und Marys Bedürfnisse nach Frieden unter ihren Freunden und Wahrung ihrer Selbstachtung befriedigen.

Kommt Ihnen das heuchlerisch und unnatürlich vor? Das kann es zweifelsfrei sein, wenn die plötzliche Wendung des Schicksals nicht durch die vorherigen Geschehnisse gerechtfertigt ist. Aber in gut konstruierten Storys ist diese Wendung nicht nur gerechtfertigt, sie ist der einzig mögliche richtige Schluss. Als Michael Dorsey sich als Mann zu erkennen gibt, weiß er nicht, dass er Julies Liebe gewinnen wird, aber er *muss* Julies Liebe gewinnen, weil er das überhaupt nur erreichen kann, indem er *sein wahres Ich enthüllt*. Aus demselben Grund bekommt er auch Arbeit als Schauspieler: Indem er für seine wahre Liebe alles aufs Spiel setzt, gelingt es ihm endlich, sich selbst zu verstehen. Zum ersten Mal in seinem Leben gehört er zu jenen Schauspielern, die Arbeit finden. Paradoxerweise konnte ihn nur der endgültige Verzicht auf seine Karriere so weit bringen.

Nachdem der Möchtegern-Hippie bei der Überquerung der Grenze sein Leben riskiert hat, entkommen das Mädchen und ihr Freund sicher nach Kanada. Er hat sein erstes Ziel erreicht: zu verstehen, was verzichten bedeutet. Aber hat er auch sein zweites Ziel erreicht? Gehört ihm die Frau, die er liebt? Nein ... nicht, wenn sie nicht über die Grenze zurückkommt, ihm erklärt, dass es ihr in Kanada zu kalt ist, und mit ihm nach Woodstock fährt. Es stellt sich heraus, dass sein Verzicht, und nur sein Verzicht, sie dazu bringen könnte, sein Format zu erkennen und sich in ihn zu verlieben.

Wenn das wie das Evangelium des Happy Ends klingt, nun, dann ist es das. Ich möchte Sie warnen, dass niemand zufrieden sein wird, wenn Sie eine echte komische Geschichte ohne echtes Happy End schreiben. Weder Sie noch Ihre Leser oder Zuschauer, nicht mal Ihre Mutter, die doch den Schwur aller Schriftstellermütter abgelegt hat, jedes Wort zu lieben, das Sie je zu Papier bringen.

Probieren Sie's aus. Mal sehen, ob ich mich irre: Unser Held ist ein am Hungertuch nagender junger Autor, der das äußere Bedürfnis nach Ruhm und Ehre hat, dessen inneres Bedürfnis jedoch darin besteht, herauszufinden, was es eigentlich heißt, Schriftsteller zu sein. Die Tür geht auf, als er die Gelegenheit bekommt, bei einer Schriftstellerkonferenz als berühmter Romanautor aufzutreten. Der Held meistert die Lage, indem er tatsächlich den betreffenden Schriftsteller spielt. Ein Knüppel kommt geflogen, als er sich in eine Frau verliebt, die ihrerseits leidenschaftlich die Person liebt, als die er sich ausgibt. Alles fällt auseinander, als ein Rivale seine wahre Identität zu enthüllen droht. Der Held erreicht den Tiefpunkt, als er zwischen Liebe und Ruhm wählen und sich entscheiden muss, ob er die Maskerade fortsetzen oder endlich reinen Tisch machen soll. Der Held riskiert alles, indem er sich in ein Zimmer einschließt, ein zweihundert Seiten langes Geständnis abfasst und es der Frau zu Füßen legt. Er kann nicht erwarten, dass sie ihm vergeben oder ihn verstehen wird. Er weiß nur, dass er nach all diesen Lügen nun die Wahrheit sagen muss.

Was geschieht nun? Was kriegt er? Kommt er ins Gefängnis? Wird er nie wieder ein Wort veröffentlichen dürfen? Wird er zur Strafe dem Vergessen anheimfallen und im Elend enden? Ich glaube nicht.

Nein, Moment, ich *hoffe* es nicht. Stattdessen hoffe ich, dass die Frau ihm verzeiht und dass sein Akt der Buße, das Abfassen dieses Geständnisses, ihn lehrt, was es wirklich heißt, Schriftsteller zu sein, und ihm die Tür zu wahrem Ruhm und wahrer Ehre öffnet, dem Lohn echter, guter Arbeit. Das ist das Ende, das sich richtig anfühlt. Und weil es sich richtig anfühlt, behaupte ich, dass es richtig *ist*.

Aber was soll's, ich höre jetzt lieber auf, im Quark herumzutreten. Sie werden schon selbst rausfinden, was für ein Ende Ihre komischen Geschichten haben sollen. Denken Sie nur daran, dass ein Happy End der Zuckerguss auf dem Kuchen der Komik ist und dass Ihr Publikum sich betrogen fühlen könnte, wenn Sie ihm nicht den ganzen Kuchen geben. Und seien Sie nicht überrascht, wenn sich das Happy End heimlich einschleicht.

Bevor wir die Comic Throughline verlassen, möchte ich, dass Sie sie mindestens noch ein letztes Mal durchgehen. Suchen Sie sich irgendeine Geschichte aus, mit der Sie bis jetzt gearbeitet haben, oder nehmen Sie eine neue. Wenn alles nach Plan gegangen ist, wird es Ihnen jetzt viel leichter fallen als soundsoviele Seiten zuvor.

Also. Wer ist der Held? Der Held ist...

8
HANDWERK HUMOR: WEITERE INSTRUMENTE

Schön, dass ihr alle wieder da seid, ihr Witzereißer, Kolumnenschreiber, Comics-Kritzler und Herumstolzierer auf den Brettern der Komik-Welt, die ihr die letzten zwei Kapitel gemieden habt wie den Militärdienst in einem unpopulären Krieg.

Wenn das Thema Story Structure euch zu Tode langweilt, werdet ihr mit Freude vernehmen, dass das Schlimmste vorbei ist, zumindest bis zum Kapitel über Situationskomödien (und deren Handlungsstruktur), und es steht euch frei, das ebenfalls auszulassen.

In diesem Kapitel wollen wir uns nun ein paar kleine, aber feine Instrumente anschauen, die jeder benutzen kann. Während es in den letzten beiden Kapiteln um globale Erzählstrategien für komische Geschichten ging, konzentriert sich dieses auf lokale Taktiken zur Verbesserung Ihrer Witze – auf dem Papier, auf der Leinwand oder kurz vor Zapfenstreich in verräucherten Comedy Clubs.

Die Dreierregel

Wenn Sie so sind wie ich, haben Sie die Mathestunden in der neunten Klasse, in denen Geometrie auf dem Lehrplan stand, meist in einem Zustand abgestumpfter Betäubung verbracht, der allergrößte Ähnlichkeit mit gesundem, tiefem Schlaf hatte. Andernfalls sind Sie vielleicht ein »Vektor-Fuzzi«, wie wir diejenigen genannt haben, die sich gar nicht mehr einkriegten vor absurder Begeisterung über die Bildung des Hypotenusenquadrats oder die Halbierung eines Winkels.

Ich erinnere mich nur noch an zwei Dinge aus meinem Geometrieunterricht: erstens, dass Claire Franklin in diesem Jahr lernte, auf einen BH zu verzichten, und zweitens, dass zwei Punkte eine gerade Linie definieren. Trotz meines Entzückens über Ersteres war es doch Letzteres, was mir seit der komischen Ursprache meiner Jugend stets gute Dienste geleistet hat.

Zwei Punkte definieren eine Linie. Eine Linie weist in eine Richtung. Richtung impliziert Erwartung: Wenn ich in dieser Richtung weitergehe, bleibe ich auf dieser Linie. Nun zeigt es sich, dass wir einen Witz konstruieren können, indem wir diese spezielle Erwartung wecken und sie dann enttäuschen. Das ist nichts Neues; Sie haben solche Witze schon unzählige Male gesehen. Man kennt sie auch unter der Bezeichnung »Setup, Setup, Payoff« (Vorbereitung, Vorbereitung, Pointe). Hier ein paar Beispiele:

> An der High-School wurde ich mit den typischen Sachen aufgezogen. Mit meiner Größe. Meiner langen Nase. Ach ja, und mit dieser bedauerlichen Verurteilung wegen Brandstiftung...
>
> Allen großen Frauen dieser Welt lagen die Männer zu Füßen: Cleopatra, Benazir Bhutto... und Daisy Duck.
>
> »Das neue SPIEGELGLANZ löst Rost, poliert Chrom und macht Ihre Zähne unglaublich weiß, weiß, weiß!«

Jeder dieser Witze basiert auf zwei Variationen einer Idee oder eines Themas. Zunächst wird das Thema eingeführt. Die erste Variation bestätigt es, so wie der zweite Punkt die Linie definiert. Die zweite Variation verstößt gegen die Abfolge. *Einführung, Bestätigung, Verstoß.* Der Witz entsteht dadurch, dass das dritte Element der Sequenz die von den ersten beiden Punkten festgelegte Linie schneidet und durch die explosive Enttäuschung der Erwartung Gelächter erzeugt.

Es ist fast wie eine Frage in einem Intelligenztest: Was gehört nicht in diese Gruppe – Gabelstapler, Löffelbagger, Teesieb? Wenn Sie mit der Dreierregel arbeiten wollen, nehmen Sie einfach zwei Dinge, die zur selben Gruppe gehören, und suchen Sie dann ein drittes, das auf überspitzte Weise nicht dazugehört.

In *Bill und Teds verrückte Reise durch die Zeit* erzählen uns Bill und Ted, Beethovens Lieblingswerke seien Händels *Messias*, Mozarts *Requiem* und Bon Jovis *Slippery When Wet* gewesen. Das erste ist ein klassisches Musikstück. Das zweite ebenfalls. Sie legen die Linie »klassische Musik« fest. Das dritte Element könnte jedes nichtklassische Musikstück sein, aber je abseitiger es ist (durch Übertreibung), desto lustiger ist die Pointe.

Warum zwei Setups? Warum nicht eins? Oder drei? Nun, bei einem Setup bekäme das Publikum nicht genug Informationen, um eine positive Erwartung zu entwickeln, die dann durch die Pointe enttäuscht werden könnte. Und drei Setups wären einfach redundant.

Wenn man sagen würde: »Händels *Messias*, Mozarts *Requiem*, Verdis *Aida* und Bon Jovis *Slippery When Wet*«, gäbe man mehr Informationen als nötig. Das dritte Setup entzieht dem Moment nur die Spannung und reduziert damit das Potenzial für die komische Auflösung. Vermeiden Sie also Redundanz. Erklären Sie nicht zu viel. Wiederholen Sie sich nicht nicht. Drehen wir also ein paar Beispiele durch die alte Setup-Setup-Payoff-Mühle, okay?

Setup	Setup	Payoff
taub	stumm	hässlich
eifersüchtig	gierig	Republikaner
Kaffee	Tee	Nervengas
Deep Throat	*Deep Throat II*	*Bambi*

Angenommen, wir wenden ein anderes Instrument auf die Dreierregel an, nämlich die unangemessene Reaktion. In diesem Fall sollten die beiden Punkte, welche die Linie definieren, eine gewisse Angemessenheit der Reaktion gemein haben. Der dritte Punkt schneidet die Linie dann mit einer völlig unangemessenen Reaktion.

> Drei Dinge, die man bei einem Footballspiel niemals tun sollte: Die Gastmannschaft anfeuern; vor Kindern fluchen; großen, betrunkenen Kerlen kaltes Bier über den Kopf gießen.

> Drei Dinge, die man bei der Beerdigung niemals zu der Witwe sagen sollte: »Er sieht so friedlich aus.« – »Er ist an einen schöneren Ort gegangen.« – »Er war toll im Bett.«

> Drei Dinge, die man bei einer Steuerprüfung dabeihaben sollte: Steuererklärungen, sämtliche Quittungen und eine Kleinkaliberwaffe.

Denken Sie auch an Folgendes: Immer wenn zwei Stimmen oder Figuren einer Meinung sind, erzeugt eine dritte Stimme oder Figur, die auf übertriebene oder unangemessene Weise eine andere Meinung artikuliert, einen komischen Effekt.

Die Dreierregel ist nicht mein Lieblingsinstrument. Mir kommt es häufig so vor – und Ihnen bestimmt auch –, als hätte diese mechanische Wiederholung von Setup, Setup, Payoff in vielen Fällen etwas Gezwungenes und, nun ja, Unkomisches an sich. Ich persönlich bevorzuge Found Art, künstlerisch wertvolle Fundsachen wie die Enthüllung über Claire Franklins BH (eine Sache, die ich damals äußerst gut fand); aber die Dreierregel ist ein praktisches kleines Ding für die Gesäßtasche. Aller Gezwungenheit und Künstlichkeit zum Trotz ist sie oftmals der kürzeste Weg zu einem Witz.

Und wenn nicht zu einem Witz, dann doch immerhin zu einem Witzchen.

Witzchen

Ein Witzchen sieht aus wie ein Witz und klingt auch wie einer. Es geht, spricht, handelt und riecht wie ein Witz und fühlt sich auch so an, bis auf eine Kleinigkeit: Es ist nicht lustig. Nun mögen Sie denken, Witzchen leisteten Ihnen keine nützlichen Dienste bei Ihrer Arbeit. Sie mögen denken, man müsse Witzchen unter allen Umständen vermeiden. Irrtum. Wenn man Comedy schreibt, einer Seite Prosatext oder einer Szene in einem Drehbuch Humor verleiht, eine neue Bühnennummer entwickelt oder einen neuen Cartoon zeichnet, gibt es vielleicht kein nützlicheres Werkzeug als das gute alte hässliche Entlein namens Witzchen. Und warum?

Ein Witzchen füllt den Platz auf der Seite, wo irgendwann mal ein wirklich lustiger Witz stehen wird. Es ist ein Zwischenschritt zwischen keinem Witz und dem geschliffenen Endprodukt. Vielleicht ist das Witzchen nicht lustig, weil die Formulierung nicht stimmt oder die Zeichnung nicht klar ist. Vielleicht ist die Übertreibung nicht extrem genug. Vielleicht wird dem Leser zu viel – oder zu wenig – abverlangt, um den Witz zu verstehen. Aber wenn man ein Witzchen repariert, nimmt man nur eine Schönheitsoperation unter lokaler Betäubung vor. Das ist viel leichter, als gleich auf Anhieb einen perfekten Witz hinzukriegen.

Es ist immer leichter, etwas umzuschreiben. Es ist immer leichter, einen ausgereiften Comic Strip aus einer unreifen, vorläufigen Skizze zu entwickeln. Es ist immer leichter, vorhandenem Material den letzten Schliff zu geben, als makelloses neues Material aus dem Nichts zu erschaffen. Bei meinen ersten Entwürfen gebe ich mir den totalen Freibrief, jedes noch so blöde Witzchen hinzuschreiben. Wenn ich den Text später überarbeite, sehe ich mir diese Witzchen genauer an. Ich frage mich, auf welche lustige Idee ich abziele, und suche dann neue Formulierungen, um diese Idee besser zum Ausdruck zu bringen. Dadurch verwandle ich ein Witzchen in einen Witz.

> Wie viele Amish braucht man, um eine Glühbirne einzuschrauben?
>
> Zwei – einer schraubt die Glühbirne ein, der andere fragt sich, wozu sie da ist.

Das ist schon ganz gut. So ist es aber noch besser:

> Wie viele Amish braucht man, um eine Glühbirne einzuschrauben?
>
> Was ist eine Glühbirne?

In der ersten Version *beobachtet* der Leser den Amish. In der zweiten Version *wird* der Leser zum Amish. Das Element der Distanz nimmt der ersten Version die Schärfe. Sie ist ein Witzchen. Aber es führt zu einem Witz. Das ist sein Job. (Nebenbei bemerkt, fand ich immer, dass die Amish ein toller Gegenstand für Fernseh-Comedy sind. Eins steht fest: Sie starten keine Leserbriefkampagnen.)

Hier ist ein Witz:

> Das Engagement eines Mannes für die Befreiung der Frau verpufft beim Anblick eines nassen T-Shirts.

Entstanden ist er aus folgendem Witzchen:

> Das Engagement eines Mannes für die Befreiung der Frau hält so lange vor, bis der nächste Bikini vorbeikommt.

Warum ist die erste Version stärker als die zweite? Weil die Wahrheit und der Schmerz des Witzes (»Männer sind der letzte Dreck«) darin eleganter verpackt sind, mit schärferen Konturen und einem etwas sinnlicheren Kick. Manchmal kann man ein Witzchen schon in einen Witz verwandeln, indem man nur ein paar Substantive austauscht.

Wenn ein Witz nicht zündet, müssen Sie ihn also nicht unbedingt gleich wegwerfen, Sie können ihn vielleicht zurechtfeilen. Das Problem ist, woher wollen Sie wissen, ob ein Witz zündet oder nicht, wenn Sie ihn nicht hinschreiben oder auf die Bühne bringen? Damit sind wir wieder bei der Angst und dem scharfen inneren Zensor. Indem wir das Witzchen akzeptieren und uns bewusst machen, dass selbst unkomische Dinge komisch werden können, sobald sie genauerer Untersuchung zugänglich sind, setzen wir unserem kreativen Prozess ein neues, leicht zu erreichendes Ziel. Wir wollen Witze, aber wenn wir uns zunächst auch mit Witzchen begnügen, sind wir natürlich eher bereit, es auf einen Versuch ankommen zu lassen. Witzchen geben Ihnen die Freiheit, unkomische Comedy zu schreiben. Wahrhaftig eine sehr nützliche Freiheit. Warum probieren Sie sie nicht gleich mal aus? Schreiben Sie fünf miserable Witzchen hin und versuchen Sie, richtig gute Witze draus zu machen.

Wir sprechen später noch darüber, wie man seine Sachen redigiert und ein zuverlässiges Gefühl dafür entwickelt, was komisch ist und was nicht. Vorläufig brauchen Sie sich nur darauf zu verlassen, dass das Witzchen Ihr Freund ist.

Der Türklingel-Effekt

Ist Ihnen schon mal aufgefallen, dass Dad, Mom, Chip oder Sally in bestimmten Situationskomödien immer »Uns geht's gerade bestens; es ist alles in Ordnung, *solange es nicht an der Tür klingelt*« oder etwas Ähnliches sagen? Woraufhin mit der Gnadenlosigkeit eines Kredithais, der seine Beute umkreist, todsicher die Türklingel ertönt. Das ist der Türklingel-Effekt.

Klingt bescheuert, wie ich das hier darstelle, oder? Und Sie müssten ja wohl bescheuert sein, wenn Sie diesen Effekt benutzen würden, oder? Nicht unbedingt. Wenn man das Witzchen ein bisschen aus den eingefahrenen Bahnen bringt, es ein wenig frisiert, kann der Türklingel-Effekt wirklich sehr komisch sein.

Eine Figur hat eine bestimmte Erwartung – es wird nicht an der Tür klingeln –, und dann wird diese Erwartung enttäuscht: Es klingelt an der Tür. Das Lustige an dem Witz rührt von der Art und Weise her, wie er die Figur mit ihrer Erwartung überrumpelt, als sie gerade nicht aufpasst.

In *Monty Python's – Das Leben des Brian* versteckt sich Brian auf der Flucht vor den römischen Wachen im geheimen

Hauptquartier der Volksfront von Judäa. Plötzlich klopft es an der Tür, und ein Dutzend römische Wachen stürmen herein, durchsuchen das Haus, ohne Brian zu finden, und ziehen wieder ab. Brian kommt sehr erleichtert aus seinem Versteck hervor, weil er weiß, dass die Römer nach dieser Durchsuchung *unter gar keinen Umständen* zurückkommen und das Haus erneut durchsuchen werden. Was sie natürlich doch tun. Die Komik dieses Moments beruht nicht auf der Wiederholung des Gags, sondern auf der abrupten Enttäuschung von Brians Erwartungen – und denen des Publikums. Die Türklingel-Nummer ist in vielen Sitcoms nur deshalb derart lahm, weil das Publikum den Gag so gut kennt, dass er seine Erwartungen nicht mehr enttäuscht.

Um mit einer Türklingel-Nummer einen komischen Effekt zu erzielen, brauchen Sie also nur Folgendes zu tun: Sorgen Sie dafür, dass Ihre Figur etwas Bestimmtes erwartet, wiegen Sie Ihr Publikum in dem Glauben, dass die Erwartung erfüllt werden wird, und enttäuschen Sie die Erwartung dann so brutal und erbarmungslos wie möglich.

Beispiele:

Erwartung	**Enttäuschung**
Geld aus dem Automaten ziehen	Der Apparat nimmt Ihre Karte – und Ihr Bargeld und Ihre Brieftasche gleich mit
von der Arbeit nach Hause fahren	Sie werden wegen Geschwindigkeitsübertretung angehalten – von Glorxen

tolle Aussteuer	Plastikbesteck
Gutenachtkuss	Gutenachttritt in den Bauch

Jetzt sind Sie an der Reihe:

...

Als Standup-Comedian können Sie mit dem Türklingel-Effekt immer einen bombensicheren Gag landen. Sie brauchen sich nur auf die Bühne zu stellen und »zuzugeben« (lügen, um einen komischen Effekt zu erzielen), dass Sie eine Heidenangst vor Zwischenrufen haben (Übertreibung). Dann bitten Sie das Publikum, bitte, bitte, bloß nicht dazwischenzurufen. Damit erzeugen Sie die Türklingel-Erwartung, dass man Ihrer Bitte entsprechen wird. Prompt wird irgendjemand im Publikum in purem pawlowschem Reflex gehorsam die Pointe liefern, indem er dazwischenruft. Kann gar nicht schief gehen.

Die Glückwunschkartenindustrie benutzt den Türklingel-Effekt auch sehr gern.

> Du glaubst bestimmt, diese Geburtstagskarte enthält einen Geldschein.

> Du glaubst bestimmt auch an den Weihnachtsmann.

Versuchen Sie jetzt übungshalber, mit Hilfe des Türklingel-Effekts in Ihrem Genre ein paar Witze zu basteln. Denken Sie daran, dass er am besten funktioniert, wenn sowohl die Erwartung Ihrer Figur als auch die Ihres Publikums enttäuscht wird:

...

Meiden Sie Klischees wie die Pest

Scherzbolde wie wir sind nicht auf Rosen gebettet; uns gibt's der Herr nicht im Schlaf, unser Dasein ist kein Zuckerschlecken. Es ist ein steiniger Weg, ein hartes Brot, das wir uns im Schweiße unseres Angesichts verdienen. Aber wenn es hart auf hart geht, legen wir uns ordentlich ins Zeug und holen das Letzte aus uns heraus, denn wir wissen, das Rad der Zeit hält niemand auf, und wer rastet, der rostet. Wir würden unsere eigene Großmutter verkaufen, um Erfolg zu haben, denn wir wissen, dass nichts erfolgreicher ist als der Erfolg, dass Morgenstund' Gold im Mund hat und ein ersparter Pfennig zweimal verdient ist.

Und die Moral von der Geschicht'? Meiden Sie Klischees wie die Pest. Jedes Mal wenn Sie einen Witz, eine geläufige Redewendung oder eine komische Idee anbringen, die nicht von Ihnen selbst stammt, laufen Sie Gefahr, Ihre Leser, Zuhörer oder Zuschauer auf höchst unglückselige Weise zu vergraulen; sie werden Ihnen die Gefolgschaft aufkündigen, weil Sie aus Faulheit von anderen geklaut oder aus Dummheit nicht gemerkt haben, dass Sie mit Klischees arbeiten. Wie auch immer, Sie haben das Nachsehen.

Es kann leicht passieren, dass man in einen klischeehaften

Schreibstil verfällt. Manche Sachen werden uns so vertraut, dass wir uns einbilden, sie seien unseren eigenen grauen Zellen entsprungen. Mein bestes Argument gegen die Verwendung von Klischees ist folgendes: Ein Klischee ist wie ein Anzug von der Stange. Sicher, ein maßgeschneiderter Anzug ist teurer, aber welcher steht Ihnen besser?

Wenn Sie also ein guter Autor, Standup-Comedian oder Comic-Strip-Zeichner sein wollen, gewöhnen Sie sich an, Ihre Arbeit streng zu überprüfen, damit sich keine geliehenen Gedanken einschleichen. Manchmal ist schwer zu erkennen, wo das eigenständige Denken aufhört und das Wildern anfängt. Wenn Sie Witze über Flugzeuge, Sex oder Schwiegermütter erzählen, bewegen Sie sich per definitionem auf hoch klischeebelastetem Boden. Das heißt nur, dass Ihre Witze weitaus persönlicher sein und auf viel genauerer Beobachtung basieren müssen. Ich weiß, das ist schwer, aber ich habe Ihnen schließlich nie einen Rosengarten versprochen.

Nun ja, was Sie nicht umbringt, macht Sie nur stärker, und jeder Punkt, von dem aus man aufbricht, ist gut. Mit Klischees verhält es sich ähnlich: Sie erzeugen eine Erwartung, die man mit einem Witz oder zumindest einem Witzchen enttäuschen kann. Wenn Sie mit einem Sprichwort anfangen wie »Wer im Glashaus sitzt...«, hat Ihr Publikum oder Ihr Leser die felsenfeste Erwartung, dass es weitergeht mit »... sollte nicht mit Steinen werfen«. Wenn Sie diesen Satz stattdessen so beenden: »muss ständig Fenster putzen« oder »sollte alle Steine in der Umgebung einsammeln« oder »sollte im Keller pinkeln«, schlagen Sie zwei Fliegen mit einer Klatsche. Sie meiden ein Klischee und enttäuschen eine Erwartung.

Heirat in Hast, Reue in Reno.
Die Entscheidung der Ehefrau ist endgültig.

> An einem klaren Tag kann man den Smog sehen.
> Heute ist der schwerste Tag vom Rest deines Lebens.
> Beiß nicht in die Hand, die dein Ego füttert.
> Ich küsse nie beim ersten Drink.
> Ein Narr und sein Geld machen bald mächtig einen drauf.
> Beinahe bringt zwar keine Mücke um, rettet einem aber vielleicht das Leben.

Und das ist nur die Zipfelmütze des Eiszwergs! Man kann klischeehafte Situationen auf dieselbe Weise ummodeln wie klischeehafte Phrasen. Wenn Sie eine Autoverfolgungsjagd schreiben, lassen Sie sie nicht auf der Straße stattfinden. Solche Verfolgungsjagden finden immer auf der Straße statt. Versetzen Sie sie an einen Ort, wo sie nicht hingehört, zum Beispiel auf ein Containerschiff, in den Zoo oder ins Kaufhaus. Sie profitieren von der Vermeidung des Klischees, der Enttäuschung der Erwartung und dem kontextuellen Zusammenprall.

Bei Figuren ist es genauso. Die klischeehafteste Figur wird witzig, wenn Sie ihr eine Einstellung andichten, die der Natur ihres Klischees völlig unangemessen ist. Wenn Ihre Figur ein Bier saufender, dicke Zigarren rauchender Erzreaktionär ist, dem schon beim Anblick von Leuten wie Ihnen die Galle hochkäme, der jedoch, wie der Zufall es will, preisgekrönte Pfingstrosen züchtet und beim Poetry Slam in der örtlichen Szenekneipe aus den Werken von Hedwig Courths-Mahler liest (noch dazu im Dirndl), haben Sie ein Klischee benutzt und es zugleich auf den Kopf gestellt.

Schreiben Sie zur Übung ein paar klischeehafte Redewendungen und Sprichwörter hin und modeln Sie sie irgendwie um. Dann tun Sie das Gleiche mit ein paar klischeehaften

Situationen. Ich glaube, Sie werden feststellen, dass sich schon beim Akt der Dekonstruktion der Klischees einige ziemlich spannende Möglichkeiten zur Komik auftun.

Langer Rede kurzer Sinn, der springende Punkt oder des Pudels Kern ist Folgendes: Klischees sind sowohl Fallgruben, denen man ausweichen muss, als auch Chancen, die man nutzen sollte. Den Seinen gibt's der Herr im Schlaf, weil sie sich da nicht wehren können.

Der Running Gag

Ein Running Gag läuft nicht auf der Stelle. Wenn Sie einen Witz ein zweites Mal benutzen, müssen Sie ihn verbiegen, abwandeln oder in eine neue Richtung lenken, um das Herz Ihres Leser oder die Loyalität Ihres Publikums zu gewinnen. Warum ist das so?

Witze basieren bekanntlich auf dem Überraschungseffekt, der unvorhergesehenen Wendung, der abrupt enttäuschten Erwartung. Wenn man einen Witz einmal macht, ist er lustig. Wenn man ihn noch mal macht, ist er Schnee von gestern. Wenn Sie einen Witz bei der Wiederholung also nicht verändern, bereiten Sie Ihrem Publikum keine neue Überraschung, über die es sich freuen kann. Wie Königin Victoria so unverbürgt sagte: »We are not amused.«

Wie wandelt man einen Witz so ab, dass er neu wirkt? Da gibt es mehrere Möglichkeiten. Man kann zum Beispiel ein Detail des Witzes ändern. In *Murphy Brown* ist der Running Gag mit dem Sekretär immer derselbe – Murphy findet einfach keinen Sekretär, mit dem es klappt –, aber er ist auch immer neu. In der einen Woche ist der Sekretär eine wüste Plaudertasche, in der nächsten ein Analphabet, Teufelsanbeter, heimlicher Schriftsteller, entlaufener Sträfling oder ehemaliger

Präsident einer Bananenrepublik. Die Struktur des Witzes ändert sich nie, aber der Inhalt immer.

In *Krieg der Sterne* gibt es einen Running Gag über Han Solos Raumschiff, den Millennium Falcon, und dessen Macke, nicht auf Befehl auf Hyperantrieb zu gehen. Beim ersten Mal ist noch keine echte Bedrohung damit verbunden, aber jedes Mal wenn der Antrieb wieder versagt, eskaliert die Gefahr. Hier wird der Running Gag durch die geänderten Umstände verändert. Der Witz ist derselbe, aber seine Bedeutung ist gewachsen.

Man kann einen Running Gag auch dadurch verändern, dass man denselben Spruch oder dieselbe Einstellung einer anderen Figur zuweist. In *Catch 22* gibt es beispielsweise folgenden stehenden Spruch: »Das ist schon so ein Haken, dieser X-Haken.« Früher oder später sagt jede Figur im Buch diesen Satz, und es ist jedes Mal ein anderer Gag, denn der Satz bekommt immer eine andere Bedeutung. Für manche ist es ein Ärgernis, für andere etwas Schönes. Auch die Veränderung der Quelle kann also einen Running Gag am Leben erhalten.

Manchmal wird ein alter Witz schon dadurch neu, dass Zeit vergeht. Woody Allen beginnt den *Stadtneurotiker* mit einem Witz über einen Mann, der sich für ein Huhn hält. Er beendet den Film mit demselben Witz, aber dieser hat nun erheblich mehr Gewicht, weil wir den Helden auf seiner Reise begleitet haben und den Witz auf einer anderen, viel tieferen Ebene verstehen.

Was geschieht, wenn die Zeit nicht in Stunden, sondern in Wochen gemessen wird? Dann sind wir beim Fernsehen, einem Medium, das darauf aufgebaut ist, eine Erwartung zu erzeugen und diese Erwartung dann immer und immer wieder zu befriedigen, Woche um Woche, gnadenlos, über die Absetzung einer Serie oder ihre Zweitverwertung hinaus bis hinein in die Hall of Fame der Running Gags.

Wenn die Leute jede Woche *Saturday Night Live* einstellen, erwarten sie jemanden wie Dana Carveys Church Lady, die ihr Gesicht verzieht und sagt: »Ist das nicht eigenartig?« Alle wissen, dass diese Figur vorkommen wird. Sie können es gar nicht erwarten, sie wieder zu sehen. Wie sich herausstellt, sucht ein bestimmter fester Prozentsatz eines bestimmten Publikumstyps nicht das Neue, sondern das Vertraute. Sie wollen dieselbe »Dröhnung«, wollen, dass ihre Lachreflexe auf dieselbe Weise ausgelöst werden wie letzte Woche und die Woche davor und die Woche davor.

Manchmal laufen Running Gags also doch auf der Stelle. Und die besten laufen bis ins kollektive Gedächtnis der Popkultur. Dann sind sie keine Sprüche mehr, sondern Ikonen. Denken Sie an T-Shirts mit Jimmy »J. J.« Walkers legendärem »Dyn-O-Mite!« aus der Serie *Good Times* drauf oder an das »A-y-y-y-y«, mit dem »The Fonz« in *Happy Days* den Daumen reckte, oder an Bart Simpsons Spruch »Don't have a cow, man«. Diese Sorte Komik gilt irgendwie als eine Art kleinster gemeinsamer Nenner. Aber man sieht fast nie T-Shirts mit dem T.S.-Eliot-Zitat »Ich werde alt, ich werde alt, Hosen mit Umschlag trag ich bald«. Echt schade.

Suchen Sie also die Gelegenheit, Ihren witzigen Spruch anzubringen und bei Ihrem Publikum oder Ihrem Leser die Erwartung zu erzeugen, dass er wieder vorkommen wird. Am allerbesten ist es natürlich, diese Erwartung aufzubauen und sie dann zu enttäuschen, indem Sie Ihren Spruch auf neue, andere Art präsentieren, wie in den oben beschriebenen Beispielen. In *Cheers* ist es ein Running Gag, dass jeder »Norm!« ruft, wenn Norm Peterson die Bar betritt. Dann wirft ihm jemand ein Stichwort zu, und Norm reißt einen Witz. Wir wissen, dass *irgendetwas* kommen wird, aber wir wissen nie, was. Dadurch wird die Erwartung des Publikums erfüllt und gleichzeitig übertroffen.

Ich habe so eine Lieblingstheorie, die lautet, dass alle menschliche Erfahrung in der einen oder anderen Form auf die Erzeugung und Befriedigung wiederholbarer Erwartungen zurückgeführt werden kann. Wir suchen immer wieder dieselben Sinneseindrücke, sei es nun Gelächter, Risiko, Forschung, sexuelles Vergnügen, angenehme Stimulation der Geschmacksknospen oder was auch immer. Mehr über dieses Thema erfahren Sie in meinem Essay »Die vereinheitlichte Theorie der Jagd nach der Dröhnung«, einer Monographie der *Zeitschrift für Esoterika und andere Abwegigkeiten*.

Nicht.

Rückbezug

Mit diesem »Nicht« habe ich einen Running Gag fortgesetzt, den Mike Myers und Dana Carvey in *Wayne's World* etabliert hatten. Der aufmerksame Leser wird mir nun zweifellos die Gefolgschaft aufkündigen, weil ich mit Klischees arbeite. Ich bitte um Vergebung – ich habe das getan, um ein weiteres Komik-Instrument vorzustellen, den *Rückbezug*.

Dieser – ein enger Verwandter des Running Gags – funktioniert durch direkten Verweis auf einen früheren Witz oder eine frühere Idee. In *Tootsie* will Julie von Dorothy wissen, warum sie so viel Schminke benutzt, und Dorothy sagt etwas von einem »Bartproblem«. Später küsst Julie Dorothy und sagt: »Ich spür den kleinen Schnurrbart.« Das ist Rückbezug.

Mit dem Rückbezug kann man eine Szene, eine Story, eine Glosse, ein Drehbuch oder sogar einen komischen Roman ganz hervorragend beenden oder abrunden. Am Schluss von

Das Schweigen der Lämmer erklärt Hannibal Lecter Clarisse, er habe »ein Festessen mit einem alten Freund«. Durch den Rückbezug auf seine kannibalischen Angewohnheiten rundet Lecter den Film ab, indem er der Story einen wunderbar erfüllenden (um nicht zu sagen magenfüllenden) Abschluss gibt.

Angenommen, Sie schrieben eine Glosse darüber, wie sehr Sie es hassen, die Hecke zu stutzen. Sie könnten erzählen, wie Sie sich widerwillig für die Arbeit fertig machten, aber kaum hatten Sie angefangen, da hatten Sie sich mit der Heckenschere auch schon in den Finger geschnitten. Also gingen Sie ins Haus, um ein Pflaster auf die Wunde zu kleben, rutschten auf dem nassen Fußboden aus und verstauchten sich den Knöchel. Sie fuhren ins Krankenhaus, um sich röntgen zu lassen, hatten unterwegs einen Unfall, bei dem Ihr Wagen zu Schrott gefahren wurde, brachen sich dabei den Arm und waren geschlagene zehn Wochen aus dem Verkehr gezogen. Wenn Sie die ganze Geschichte mit den Worten abschlössen: »Zumindest brauchte ich die Hecke nicht zu stutzen«, würden Sie mit dem Werkzeug des Rückbezugs arbeiten.

Warum nehmen wir eigentlich nur an, Sie schrieben eine Glosse? Warum tun Sie's nicht tatsächlich? Ergänzen Sie den folgenden Satz: »Ich hasse es ...« und schreiben Sie einen kurzen Prosatext, den Sie mit einem Rückbezug auf etwas im ersten Absatz beschließen. Dadurch haben Sie zumindest eine klare Vorstellung vom Ende Ihrer Glosse, und das ist von nicht zu unterschätzendem Wert:

...

9
STREICHE

Eins darf natürlich in keinem Buch zum Thema Humor fehlen: eine ausführliche Erörterung, wie man anderen einen Streich spielt.

10
KOMÖDIE UND GEFAHR

Es gibt einen klaren kausalen Zusammenhang zwischen Komödie und Gefahr: Je größer die Gefahr, desto besser die Komödie. Je tiefer Ihre komischen Figuren in der Bredouille stecken, je mehr für sie auf dem Spiel steht, desto eher wird es Ihnen gelingen, echte und dauerhafte komische Momente zu erschaffen. Wenn Sie mir nicht glauben, denken Sie an Ihre letzte Achterbahnfahrt. Was haben Sie am Ende der Fahrt getan? Sie haben bestimmt gelacht. Oder vielleicht gekotzt.

Der Grund dafür liegt in einem Konzept, das ich bereits vorgestellt habe: *Spannung und Auflösung.* So wie ein kleines bisschen Spannung ein kleines Lachen hervorbringen kann, so kann ein ganzer Haufen Spannung ein gewaltiges Gelächter auslösen. Das gilt, ob wir nun von Bart Simpson sprechen, der in Todesangst vor seinem Vater wegläuft, von Dorothy Michaels, die den Vergewaltigungsversuch von Jonathan Van Horn abwehrt, von Yossarian, der sich im Zweiten Weltkrieg dem Tod gegenübersieht, oder von Holden Caulfield, der im *Fänger im Roggen* eine existenzielle Seelenschmelze erlebte. Wenn Sie Ihr Publikum wirklich zum Lachen bringen wollen, bringen Sie Ihren Helden ins Schwitzen. Und zwar gründlich.

In *Lethal Weapon 3 – Die Profis sind zurück* sitzt Danny Glover in einem außer Kontrolle geratenen Truck; am Steuer ist eine korpulente Frau, die total auf ihn abfährt. Die Komik wird durch die völlig unangemessene Reaktion der Fahrerin erzeugt, durch ihre übertriebene Leidenschaftlichkeit, die in komischem Gegensatz zu seiner Angst steht. Was die Situation wahrhaft komisch macht, ist jedoch, dass es tatsächlich um Leben und Tod geht. Die Zuschauer fiebern mit, weil sie sich fragen, ob Danny überleben wird. Diese Spannung liegt unter der Szene und lädt sie auf, so dass jede Anzüglichkeit der Fahrerin noch viel lustiger wirkt. Danny Glover schwitzt Blut und Wasser, aber für uns ist es eine Vergnügungsfahrt.

Das *Ghostbusters*-Team betreibt anfangs eine harmlose kleine Agentur zur Untersuchung paranormaler Phänomene. Am Ende des Films verwüstet ein riesiger Marshmallow-Mann Manhattan, und die Sicherheit der gesamten Stadt ist bedroht. Das nennt man *den Einsatz erhöhen*. Tun Sie das, wann immer Sie können.

Wenn Ihre Figur eine Trophäe gewinnt, legen Sie noch einen Geldpreis drauf. Wenn sie jemanden mit einer entstellenden Krankheit kennt, sollte es ihr bester Freund oder noch besser ihre Mutter sein. Wenn sie Steuern hinterzieht, dann sorgen Sie dafür, dass sie es in großem Stil tut, erwischt wird und Gefahr läuft, bei der Steuerprüfung *alles* zu verlieren.

In Situationskomödien sieht man das ständig. Lassen Sie uns mal eben eine neue erfinden, dann zeige ich Ihnen, was ich meine. In der imaginären Sitcom *Leute wie wir* sind die komischen Gegenpole ein straßenschlaues Stadtkind und dessen angeheirateter Verwandter, ein waschechtes Landei. In dieser Episode versucht Landei, eine Erkältung mit einer selbst gebrauten Medizin zu kurieren, die ihn »fernsehsüchtig« macht. Das ist nicht gut, aber es könnte noch viel schlimmer sein. Angenommen, Stadtkind hat einen neuen Job in Aussicht und lädt seinen neuen Boss in spe zum Abendessen zu sich ein. Jetzt hat Landeis Benehmen erhebliche und ganz unmittelbare Auswirkungen auf das Schicksal von Stadtkind. Das erhöht den Einsatz in der Geschichte.

Es gibt prinzipiell zwei Möglichkeiten, den Einsatz für den Helden zu erhöhen. Man kann entweder den Preis des Misserfolgs oder den Lohn des Erfolgs erhöhen. In *Die Glücksritter* verliert Dan Aykroyds Winthorp sämtliche Privilegien. Nicht weniger als seine gesamte Lebensweise steht auf dem Spiel – er hat viel zu verlieren. Zugleich wandelt sich Eddie Murphys Billy vom Außenseiter zum Insider, vom Trickbetrüger zum kompetenten Fachmann. Für ihn steht nicht weniger als ein großartiges neues Leben auf dem Spiel – er hat viel zu gewinnen. Der Einsatz hat sich in beiden Richtungen erhöht, und immer wenn das geschieht, wird die Geschichte reicher an komödiantischen Elementen. Sehen wir uns an, wie das gemacht wird.

Der Preis des Misserfolgs

Ein Mann spielt in einem Casino in Las Vegas Roulette. Er hat zwei Dollar auf Doppelzero gesetzt, einen Riesen in der Brieftasche, eine ihn liebende Frau an seiner Seite und ein vollständig abbezahltes Haus daheim. Es interessiert uns nicht die Bohne, was bei seinem mickrigen Zwei-Dollar-Einsatz herauskommt, weil der Misserfolg keinen Preis fordert. Ganz gleich, was passiert, unser Held kann nicht mehr als zwei Dollar verlieren, und zwei Dollar sind für ihn gar nichts. In der Szene ist keine Spannung. Keine Spannung heißt keine Auflösung. Keine Auflösung heißt nichts zu lachen.

Nehmen wir nun an, der Mann setzt nicht zwei Dollar, sondern zweitausend. Schon hat er tausendmal so viel zu verlieren. Aber halt, setzen wir noch eins drauf. Nehmen wir an, es sind seine allerletzten zweitausend Dollar. Nehmen wir weiter an, er schuldet den Marinara-Leuten an die sechzig Riesen, und die kriegt er nur zusammen, wenn er mit seinem gewagten Einsatz bei einer Chance von 35:1 gewinnt. Was die Sache noch schlimmer macht (machen Sie die Sache unbedingt immer noch schlimmer), draußen wartet ein brutaler Schläger auf ihn, der »Fingers« heißt, weil er einem die gern zuerst bricht. Und als ob das noch nicht genug wäre, hat der arme Kerl seiner Tochter auch noch versprochen, sie zum Ballettunterricht zu schicken; nein, ihr eine Knieoperation zu ermöglichen; nein, eine Lungentransplantation, und wie in aller Welt soll er die jetzt bezahlen?

Für ihn steht also bei diesem Einsatz *alles* auf dem Spiel. In der Szene ist so viel Spannung, dass das Publikum praktisch darum bettelt, lachen zu dürfen, nur um die Spannung zu verringern. So soll es sein. Bringen Sie Ihre komischen Figuren nach Möglichkeit in Situationen, in denen sie alles verlieren, wenn sie verlieren.

Das funktioniert nicht nur in komischen Geschichten. Erinnern Sie sich an das Beispiel mit dem Standup-Comedian im achten Kapitel, der vorgibt, Angst vor Zwischenrufen zu haben? Was, wenn er seinem Publikum klar macht, dass der Preis seines Misserfolgs wirklich sehr hoch ist? »Wenn Sie dazwischenrufen, kriege ich einen Nervenzusammenbruch und verbringe die nächsten fünf Tage im Wandschrank, die nächsten fünf Jahre beim Therapeuten und die nächsten zehn Leben mit dem Versuch, die seelischen Schäden zu beheben, die Sie hier heute Abend anrichten.« Damit hat er den Einsatz erhöht. Er hat Spannung aufgebaut. Wenn der unvermeidliche Zwischenruf kommt, wird die explosive Auflösung in Form von Gelächter viel größer sein.

In *Good Morning, Vietnam* verhält sich die Komik von Adrian Cronauers Radiosendungen direkt proportional sowohl zum immer stärker werdenden Druck seitens der Army als auch zu den immer stärker werdenden Gefühlen, die er seinem vietnamesischen Freund und der Frau entgegenbringt, die er liebt. In *Cat Ballou – Hängen sollst du in Wyoming* übernimmt Jane Fonda nicht nur die Verantwortung für sich selbst, sondern auch für ihre neu gewonnenen Freunde. Dadurch steigt der Preis des Misserfolgs.

Etwas Schlimmes noch schlimmer zu machen bedeutet also, im Kopf nach weiteren schrecklichen Folgen für den Misserfolg Ihrer Figur zu suchen. Wie man sich denken kann, funktioniert das prima, indem man eine Liste erstellt.

Angenommen, Ihr Held will Geld aus dem Automaten holen. Um den Preis des Misserfolgs zu erhöhen, sollten Sie die negativen Folgen verstärken, falls es ihm nicht gelingt, welches zu bekommen.

> Er kann sich das neue »Max« nicht kaufen.
> Er kann seine Freundin nicht zum Essen einladen.
> Er kann keinen Eindruck bei seinem Boss schinden.
> Er wird eine (längst überfällige) Unterhaltszahlung nicht begleichen.
> Er wird von Straßenräubern überfallen.
> Ein Killer legt ihn um.
> Die Welt, so wie wir sie kennen, wird untergehen.

Vielleicht sehen Sie nicht sofort die Verbindung zwischen dem Geld und dem Weltuntergang. Ich könnte diese Verbindung herstellen (irgendwas mit Terroristen, Plutonium, einer Schatzkarte in einem Antiquariat), aber das ist gar nicht nötig. Logik und Komödie sind nicht immer enge Freunde, oft nicht einmal flüchtige Bekannte.

Denken Sie immer daran, dass der Einsatz im Grunde auf emotionaler Ebene erhöht wird. Je näher Sie an die tief sitzenden Ängste einer Figur herankommen, desto größer wird deren wahres Risiko sein. Im oben genannten Beispiel habe ich einen Räuber und die Exfrau als potenzielle Gefahren für unseren Helden aufgeführt. Obwohl der Räuber die größere physische Bedrohung darstellt, hat die Exfrau wahrscheinlich die größere emotionale Durchschlagkraft. Tipp: In der (für Sie) besten aller möglichen Welten wären die Exfrau und der Räuber ein und dieselbe Person.

Versuchen Sie's mal. Stellen Sie sich eine Situation vor, in der eine junge Frau in einer Boutique ein Kleid anprobiert. Lassen Sie die Logik beiseite und zielen Sie auf die innersten Gefühle der jungen Frau. Welche zehn schrecklichen Dinge werden passieren, wenn das Kleid nicht passt?

1.)
2.)
...

Nehmen wir eine andere Situation. Sie schreiben einen Sketch über eine von Lampenfieber geplagte Schauspielerin. Sie haben sie auf die Bühne gestellt; wie können Sie ihre üble Lage noch verschlimmern? Was wären die denkbar schlimmsten Folgen, wenn sie dem Lampenfieber nachgäbe?

Zuerst einmal sollten wir ihr Lampenfieber derart übertreiben, dass es nicht nur Nervosität ist, sondern ausgewachsene kataleptische Angst. Als Nächstes setzen wir wichtige Leute ins Publikum: Agenten, Produzenten, Freunde und Verwandte. Je mehr Leute sie beeindrucken will, desto schlimmer wird ihr katastrophaler Zusammenbruch sein. Geben Sie ihr Verbündete, Leute, die ein begründetes Interesse an ihrem Erfolg haben. Wenn es andere Schauspieler gibt, vielleicht auch einen Autor oder einen Regisseur, die darauf zählen, dass sie eine bravouröse Vorstellung abliefert, hat sie viel mehr zu verlieren, wenn sie sie enttäuscht. Immer noch nicht zufrieden? Setzen Sie noch jemanden drauf, der ihre Tochter hinter der Bühne als Geisel hält und töten wird, wenn ihr Auftritt ihn nicht bewegt. *Jetzt* sprechen wir von Risiko!

Neuer Versuch: Ein Fotograf will ein Foto von einem zurückgezogen lebenden Star schießen. Wie können Sie den Einsatz so erhöhen, dass der Preis des Misserfolgs ins Horrende steigt?

Es liegt nicht immer klar auf der Hand, wie die drohende Gefahr schlimmer Folgen als Triebkraft einer komischen Szene fungiert. Manchmal ist diese Bedrohung nur indirekt. Gilligan schwebt zum Beispiel in der direkten Gefahr, nicht mehr von der Insel wegzukommen, aber auch in der indirekten Gefahr, das Missfallen des Skippers zu erregen. Da ihm letztere gefühlsmäßig wesentlich mehr zu schaffen macht, erzeugt sie das Klima der Gefährdung, das die Komödie vorantreibt.

Wenn wir jedoch von Gefährdung sprechen, meinen wir damit nicht immer etwas ausgesprochen Schlechtes. Je mehr Hoffnung Ihre Figur in etwas setzt – zusätzlich zu der Angst, die sie empfindet –, desto gefährdeter fühlt sie sich. Verstärken Sie das Bedürfnis oder die Hoffnung Ihrer Figur auf ein positives Resultat, so erhöhen Sie damit den Lohn des Erfolgs.

Der Lohn des Erfolgs

In der berühmten Baseball-Ballade *Casey at the Bat* schreitet der große Casey mit der Erwartung zur Plate, den Homerun zu erzielen, mit dem er seinen Namen für immer ins Pantheon der Helden einschreiben wird. Er hat keine Angst davor zu versagen, aber sein Bedürfnis, Erfolg zu haben, ist fast unerträglich stark. Nicht nur seine Hoffnungen, sondern auch die seiner Mannschaftskameraden, der Fans, der Anhänger der

Mudville Nine, ja wahrhaftig, die Hoffnungen aller vernünftigen Menschen allüberall ruhen auf seinen breiten Schultern. Der endgültige Triumph für ihn und für jedermann steht kurz bevor; er muss nur mit der Keule ausholen und zuschlagen.

In *Und täglich grüßt das Murmeltier* wird das Leben für Bill Murray nicht deshalb zur Hölle, weil er Angst davor hat, immer wieder denselben Tag zu durchleben, sondern weil er so sehr hofft, Andie MacDowells Liebe zu gewinnen. Und für uns wird die Situation umso komischer, je höllischer sie für ihn ist. Erinnern Sie sich, dass ein komischer Moment für die Person, die ihn selbst durchlebt, nicht unbedingt komisch ist? Oftmals hat die betreffende Person so viele Hoffnungen und Bedürfnisse in diesen Moment investiert, dass ihr die Komik einfach entgeht. In so einer Situation zu sein ist traurig und mitleiderregend, und genau deshalb wollen Sie Ihre Figuren ja in diese Situationen bringen.

Kommen wir noch mal auf die Szene am Geldautomaten zurück. Wir haben erörtert, wie wir den Preis des Misserfolgs erhöhen können. Wie könnten wir auch den Lohn des Erfolgs erhöhen? Welche positiven Folgen könnte es haben, wenn es unserem Helden gelingt, Geld aus diesem Automaten zu holen?

> Er wird sich ein Lotterielos kaufen, mit dem er gewinnt.
> Er wird mit seinem Sohn zum Baseball gehen.
> Er wird die Hypothek auf sein Haus abzahlen.
> Er wird ins Museum gehen, dort eine Künstlerin kennen lernen, sich mit ihr auf einer tiefen emotionalen und geistigen Ebene verstehen, sich in sie verlieben und sie heiraten, und wenn sie nicht gestorben sind, leben sie noch heute.

Und alles nur, weil er Geld aus dem Automaten bekommen hat. Voll geil, ey! Jetzt gehen Sie noch mal zu Ihrem Fotografen zurück. Wie können Sie den Lohn des Erfolgs so erhöhen, dass er sein Leben lang in reichem Maße davon profitieren wird, wenn es ihm gelingt, dieses Foto zu schießen?

Es ist schwer, den Humor einer Szene zu finden, indem man bloß fragt: Was ist der Humor dieser Szene? Aber es ist leicht, die Frage zu stellen: Was steht auf dem Spiel? Und wenn man weiß, was auf dem Spiel steht, weiß man auch, was lustig ist. Die Leute lachen, weil ihnen etwas nahe geht, weil sie die Not und die Sehnsucht Ihrer Figur spüren. Wenn in einer Szene nichts auf dem Spiel steht, wenn bloß ein bisschen an einem Geldautomaten rumgedrömelt wird, um Bargeld fürs Abendessen und ein paar Drinks zu holen, dann ist die Szene nicht wichtig genug, um lustig zu sein.

Hoffnung auf Erfolg und Angst vor dem Misserfolg gehen in vielen Szenen Hand in Hand. Man könnte zum Beispiel sagen, dass eine Figur, die Angst davor hat, auf einen Mafioso zu treffen, auch hofft, diesem Schicksal zu entrinnen. Das stimmt. Hoffnung und Angst sind nun mal zwei Seiten einer Medaille. Am besten ist es, wenn ein und dieselbe Figur in ein und demselben Moment zugleich überwältigende, unerträgliche, quälende Hoffnung und betäubende, seelentötende, unterhosenverschmutzende Angst verspürt.

In *Catch 22* klammert sich der arme Yossarian an die Hoffnung, dass er irgendwann genug Einsätze geflogen hat, um nach Hause geschickt zu werden. Zugleich hat er Angst, dass man die Zahl der Einsätze wieder heraufsetzt und dass er sterben wird, bevor er sein Ziel erreicht. Hoffnung und Angst existieren in unseren Figuren Seite an Seite, so wie in uns. Wie sagt man so schön: Die Kunst irritiert das Leben.

Logik der Geschichte versus Dynamik der Geschichte

Wenn Sie versuchen, die schlimme Lage Ihrer Figuren noch zu verschlimmern, wird sich häufig die nagende Angst einstellen, Sie seien nicht logisch. Schließlich räumen Sie jedes Mal, wenn Sie sagen: Als ob das noch nicht genug wäre, zumindest die Möglichkeit ein, dass es genug *ist*. Früher oder später strapazieren Sie damit die Glaubwürdigkeit.

Oder nicht? Will der Leser oder das Publikum wirklich eine logische und rationale Geschichte? Denken Sie daran, dass in jeder komischen Prämisse eine bereits vorhandene Kluft zwischen der realen und der komischen Wirklichkeit zum Ausdruck kommt. In gewissem Sinn ist die Logik schon auf der Strecke geblieben und die Glaubwürdigkeit geschreddert, bevor die Geschichte überhaupt beginnt. Wenn Ihre Prämisse lautet, dass eine Meerjungfrau nach Manhatten kommen kann (*Splash*), hat Ihr Publikum seinen Realitätssinn bereits in Urlaub geschickt. Es will keine Logik, es will lachen.

Wenn Sie also vor der Wahl zwischen der *Logik* und der *Dynamik* einer Geschichte stehen, nehmen Sie immer die kühnste, geräuschvollste, dynamischste Variante, selbst wenn die Glaubwürdigkeit darunter leidet. Übertreiben Sie Hoffnung und Angst, Gefahr und Risiko, so wie Sie komische Haltungen und Attribute übertreiben. Sie mögen glauben, Sie seien zu weit gegangen, aber ich setze den Kaufpreis dieses Buches darauf, dass Sie sich irren. Zu viel ist nie genug; man kann eine schlimme Situation stets noch schlimmer machen.

Die Leser oder Zuschauer haben zwei Möglichkeiten, auf einen gegebenen komischen Moment zu reagieren. Entweder sagen sie: Das kannst du deiner Großmutter erzählen, oder sie sagen: Ich *glaub's* einfach nicht. Ersteres ist mit Geringschätzung verbunden, Letzteres mit Verblüffung. Klar ist, Sie wollen Verblüffung und nicht Geringschätzung hervorrufen. Nun, mit Logik verblüffen Sie niemanden; mit einer haarsträubenden Geschichte schon.

Es gibt einen klassischen Moment in *Jäger des verlorenen Schatzes*, als Indiana Jones von einem Semiten mit einem Säbel zum Kampf gestellt wird. Dessen unglaubliche Fechtkunst lässt vermuten, dass unser Held zum Tode verurteilt ist, aber Indy zieht gelassen seine Knarre und pustet den Kerl weg. Dieser Moment entbehrt jeder Story-Logik – wo kommt die Knarre überhaupt her? –, aber es ist eine kühne und dynamische Entscheidung. Das Publikum lacht, schnappt nach Luft und sagt, jawohl: Ich *glaub's* einfach nicht. Eine ähnliche Szene gibt es in Ralph Bakshis *Die Welt in zehn Millionen Jahren*, in der zwei Zauberer aufeinander prallen, einer mit schwarzer Magie, der andere mit der tröstlichen Magie eines 45er Colts.

Wir treffen logische Entscheidungen, weil wir annehmen, dass das Publikum sie wünscht, aber das ist ein Irrtum. In den besten Geschichten gibt es so kühn ersonnene Story-Elemente und Plotwendungen, dass das Publikum logische Fehler ignoriert oder verzeiht. Komödien sind keine Fachbücher. Wenn man etwas wirklich Lustiges baut, schert sich niemand darum, ob ein paar Stücke übrig bleiben.

Fassen wir also zusammen: Ersetzen Sie die ungezielte, unproduktive Frage: Wie kann ich diese Szene komisch machen? durch die simplere, kleinere, mehr auf Details abzielende Frage: Wie kann ich den Einsatz erhöhen? Als Nächstes teilen Sie diese Frage in: Wie kann ich den Preis des Misserfolgs erhöhen? und Wie kann ich den Lohn des Erfolgs erhöhen? Lösen Sie diese Fragen noch weiter auf: Welche verschiedenen Ergebnisse könnte mein Held fürchten? Welche verschiedenen Ergebnisse könnte er sich wünschen? Und ganz zum Schluss stellen Sie schließlich die Frage: Ist es logisch? – und schieben sie beiseite.

Wieder einmal haben wir etwas Geheimnisvolles fassbar gemacht, indem wir einfach die richtigen Fragen gestellt und beantwortet haben. Also ehrlich, wenn Sie jetzt noch nicht witzig sind...

Dann brauchen Sie vielleicht noch ein paar Instrumente.

11
HANDWERK HUMOR: NOCH MEHR INSTRUMENTE

Mein Wissensschatz entstammt größtenteils *Jeopardy!* mit Alex Trebek. Das Problem ist: Fast alles, was ich weiß, hat die Form einer Frage. Wer waren Isis und Osiris? Was war *Schuld und Sühne*? Wo ist die Rugby Hall of Fame? Wann war 1789? Neulich hat mir *Jeopardy!* die Namen der fünf »einfachen Maschinen« beigebracht: Hebel, Rolle, schiefe Fläche, Wellrad und Schraube. Nach diesen einfachen Maschinen kamen raffiniertere und kompliziertere: Kettensägen, Staubsauger, tonaktivierte Lichtschalter usw. So ist es immer: Sobald wir Menschen die Grundlagen draufhaben, fangen wir unvermeidlich an, eine Schau abzuziehen. Nun bin ich zwar nicht sicher, ob die Welt wirklich einen schnurlosen Schraubendreher braucht (Schraubendreher waren ja auch vorher schon schnurlos), aber ich glaube doch, dass ein Satz ausgeklügelter Werkzeuge für jeden von Nutzen ist, der das Handwerk Humor ausübt. Natürlich gibt es eine ganz, ganz feine Linie zwischen »ausgeklügelt« und »unverständlich«. Hier sind also der Hobel und die Ahle, die Inbusschlüssel Ihres Humor-Werkzeugkastens, wenn man so will.

Mikrokonflikt und Makrokonflikt

Der große Konflikt in einer Story ist häufig kristallklar. Indiana Jones muss aus dem Tempel des Todes fliehen, der Prinz und der Bettelknabe tauschen die Plätze, Archie und Meathead geraten sich in die Haare. Was wir in unseren Geschichten oftmals übersehen, sind die unzähligen Gelegenheiten für kleine Konflikte. Wenn Sie diese winzigen Scharmützel, diese Mikrokonflikte in Ihre Sachen einbauen, hebt das Ihre Kunst, komische Geschichten zu erzählen, auf ein höheres Niveau.

Angenommen, zwei Brüder streiten sich um die Aufteilung des väterlichen Erbes. Der große Konflikt, der Makrokonflikt, ist der Kampf um den letzten Willen und darüber hinaus ein Willenskampf, bei dem das Schicksal der Brüder auf dem Spiel steht. Mikrokonflikte in diesem Setting wären zum Beispiel kleine Streitereien darüber, wer die Corvette kriegt, wer die Messinguhr nehmen muss oder mit wessen Stift sie das Testament unterzeichnen. Beachten Sie, dass die kleinen Konflikte den großen Konflikt spiegeln. Das zentrale Thema schlägt in jedem dieser Momente durch.

Ein Standup-Comedian erzählt, wie er als Fußgänger wegen Unachtsamkeit im Straßenverkehr festgenommen wurde. Der große Konflikt ist der zwischen dem Menschen und dem Gesetz. Kleine Konflikte wären zum Beispiel, wie der Comedian sich über die Frisur des Polizisten lustig macht, wie er mit einem Betrunkenen in der Arrestzelle aneinander gerät oder die Tinte für die Fingerabdrücke überall auf dem Armani-Anzug verteilt. Das große Thema – Mensch gegen Gesetz – hallt in all den kleinen Konflikten wider.

Eine Nonne führt ein Bordell. Ihr großer Konflikt ist: Wie rette ich diese gefallenen Frauen? Zu ihren kleinen Konflikten könnte zum Beispiel ihr Unbehagen angesichts zwangloser Nacktheit, unanständiger Ausdrücke oder schmutziger Witze gehören. Wenn es um Konflikte geht, besteht das Puzzle in einem sehr realen Sinn aus lauter einzelnen Stücken.

Es gibt einen poetischen Terminus dafür: Synekdoche, der Teil steht für das Ganze. (»Was ist Synekdoche, Alex?« – »Das ist richtig, bitte wählen Sie noch einmal.« – »Okay, Alex, ich nehme ›keinen Durst haben‹, tausend, bitte.«) Ein Poet in synekdochischer Verzückung könnte einen Vogelschwarm als »Schwingen in der Luft« bezeichnen. Nun finden Sie vielleicht, einen solchen Poeten sollte man gleich neben einem Pantomimen an die Wand stellen und erschießen, und ich würde Ihnen vielleicht sogar zustimmen, aber trotzdem: Holen Sie so viel wie möglich aus Ihren komischen Geschichten heraus, melken Sie sie, so dass kleine, sofort ausgetragene Konflikte den Mikrokosmos bilden, der den Makrokosmos reflektiert.

Den Poeten können Sie später immer noch erschießen.

Machen Sie folgende Übung: Eine Frau baggert einen Mann in einer Bar an. Der Makrokonflikt ist: Die Frau möchte bei ihm landen, während er die »New York Times« lesen möchte. Listen Sie ein paar Mikrokonflikte auf, die den großen Konflikt in dieser Szene unterstreichen. Denken Sie an Erdnüsse. Denken Sie an Aufreißersprüche.

Alberts großer Konflikt in *Ein Traum wird wahr* ist sein Willenskampf mit Kathryn. Zu ihren Mikrokonflikten gehören Streitereien darüber, wer der bessere Pilot ist, Dispute über die Tragflächenkonstruktion, offene Auseinandersetzungen über Tischmanieren, spöttische Bemerkungen über die jeweiligen Lieblingsdichter, gegenseitige Zweifel am Mut des anderen, Armdrücken und mehr. In dem großen Projekt, an dem Sie gerade arbeiten, ist der Makrokonflikt _____

und die Mikrokonflikte sind _____

Wenn Ihre Figur gerade einen schlechten Tag hat, an dem viele wichtige Dinge schief gehen, dann lassen Sie keine Gelegenheit aus, ihr auch in unwichtigen Dingen einen schlechten Tag zu bereiten. Wenn ein Mann an ein und demselben Tag seinen

Job, seine Frau, seinen besten Freund, sein Auto, sein Haus und seine preisgekrönte Sammlung von Limonadengläsern aus den vierziger Jahren verliert, dann ist es nur sinnvoll, ihn auch in Hundescheiße treten zu lassen.

Ohrkitzler

Ohrkitzler sind Wörter oder Formulierungen, die gut klingen oder sich auf dem Papier gut machen. Dazu gehören Alliterationen (»Wie nennt man Wörter, die mit demselben Buchstaben anfangen, Alex?«), Binnenreime und Wortspiele.

Alliterationen. Warum klingt »Semit mit einem Säbel« besser als »Mann mit einem Schwert«? Keine Ahnung. Warum findet das Auge Gefallen an knalligen Farben? Manche Leute behaupten, es sei ein Bestandteil unserer Überlebensausrüstung, dass Farben den Blick anziehen – sie lenken unsere Aufmerksamkeit auf essbare Früchte oder so. Ich kann mir zwar nicht vorstellen, dass die Fähigkeit zur Alliteration von unseren Vorfahren mittels Darwinscher Selektion an uns weitergereicht wurde, aber es stimmt schon, dass die Alliteration etwas tut, was uns gefällt, und wenn Sie in Ihren Pointen Alliterationen verwenden, machen Sie sie dadurch, na, sagen wir, vielleicht fünf bis zehn Prozent witziger.

Wenn es keine weiteren Unterschiede gibt, ist ein Satz mit Alliterationen besser als einer ohne. Aber beachten Sie, dass zu viel Alliteration schnell an Reiz verliert. Noch schlimmer, sie lenkt die Aufmerksamkeit auf sich selbst, so dass Ihr clever gedrechselter Satz vielleicht sogar von der emotionalen Wirkung Ihres Witzes ablenkt. Sie sollten dieses Stilmittel unbedingt in Ihren Werkzeugkasten packen, es aber mit Bedacht benutzen.

Okay, dann (und hier spricht Ihr Komik-Trainer) runter auf den Boden und zwanzig Stück – Alliterationen natürlich.

Das ist zumindest Fitnesstraining für Ihre Rechtschreibmuskeln.

Binnenreime. Am Anfang dieses Kapitels habe ich erzählt, dass nach den einfachen Maschinen »raffiniertere und kompliziertere« kamen. Das ist ein Binnenreim. So wie eine Wortverbindung mit einer Alliteration ein wenig besser klingt, so geht auch eine von einem Binnenreim beflügelte Formulierung ein wenig besser ins Ohr. Der Unterschied ist wirklich minimal, aber ein sorgfältiger, gewissenhafter humoristischer Autor nutzt jede Chance, seine Texte zu verbessern, und sei sie auch noch so marginal.

Nehmen Sie sich zur Übung noch mal etwas vor, was Sie in letzter Zeit geschrieben haben, und versuchen Sie, es mit Binnenreimen zu verzieren.

Wortspiele. Ich bin kein Fan von Wortspielen. Ich halte sie nicht für Witze, nicht mal für Witzchen; meistens nehmen sie nur echten Witzen den Platz weg. Viele Autoren, Standup-Comedians und Cartoonisten verwechseln Wortspiele mit Witzen, und ich glaube, sie erweisen sich damit einen schlechten Dienst. Die beste Reaktion, auf die man mit einem Wortspiel hoffen kann, ist ein Stöhnen; die allerbeste Reaktion, auf die man hoffen kann, ist ein lautes Stöhnen. Anders formuliert, wenn Wortspiele kriminalisiert werden, haben nur noch die Kriminellen Wortspiele.

Bei einem Wortspiel wird ein Wort oder eine Redewendung auf eine Weise verbogen oder verdreht, dass eine neue Bedeutung zum Vorschein kommt, ohne dass die ursprüngliche Bedeutung dabei vollständig verloren geht. Ein Wortspiel gibt einem Leser oder Zuhörer ein kleines Rätsel zu lösen. Wenn man die Redewendung nicht stark genug verdreht, löst sich das Rätsel von selbst. Wenn man sie zu sehr verbiegt, lässt es sich gar nicht mehr lösen.

Ob ein Wortspiel funktioniert oder nicht, hängt hauptsächlich davon ab, ob das Publikum genug Informationen mitbringt, um das Rätsel lösen zu können. Wenn Sie den alten Slogan der National Rifle Association – »Wenn Waffen kriminalisiert werden, haben nur noch die Kriminellen Waffen« – nicht kennen, dann haben Sie das obige Wortspiel wahrscheinlich nicht verstanden. Was ich nicht weiter schlimm fände. Mir wäre es sowieso lieber, wenn sich Ihre Begeisterung für Wortspiele in Grenzen hielte.

Und warum? Weil ein Wortspiel keinen emotionalen Gehalt hat. In einer verballhornten Redewendung liegen weder Wahrheit noch Schmerz. Es ist verbale Gymnastik, mehr nicht. Es zeigt vielleicht, was für ein schlaues Bürschchen Sie sind, aber es kann niemanden im Innersten berühren. Es ist, als könnte man mit der Zunge einen Knoten in den Stiel einer Maraschino-Kirsche machen. Mag sein, dass man damit in Bars freie Drinks kriegt, aber es hilft einem nicht, die wahre Liebe zu finden.

All diese Elemente – Alliterationen, Binnenreime, Wortspiele, dazu noch »lustige Worte«, harte Konsonanten, scherzhafte Namen und andere linguistische Hampelmänner – sind mit Vorsicht zu genießen. Obwohl es einen marginalen Witz marginal besser machen kann, wenn man eine Redensart verballhornt oder ein nicht lustiges Wort durch ein lustiges ersetzt, kann keins dieser kleinen Instrumente einen schlechten Witz gut oder eine unkomische Line (eine Dialogzeile, häufig im Sinne von »guter Spruch«, Anm. des Ü.) komisch machen. Sie sind bestenfalls hübsche Pailletten und schlechtestenfalls schäbiger, marktschreierischer Tand.

Ich benutze diese Instrumente beim Schreiben immer erst sehr spät und dann auch nur, wenn ich sicher bin, dass der Einsatz eines Ohrkitzlers dem eigentlichen Sinn meines Satzes, meiner Szene oder meiner Story in keiner Weise abträglich sein wird. Diese ganze Spielart des Humors lenkt so viel Aufmerksamkeit auf sich selbst, dass sie am Ende ansonsten witzigen Stoff ruinieren kann. Trotzdem bringt sie vielleicht zusätzliche fünf Prozent, und fünf Prozent sind besser als nichts.

Details

Der Unterschied zwischen einem guten und einem grandiosen komischen Moment liegt oftmals im Detailreichtum des Bildes begründet. Warum spricht man nur von einem Hund, wenn man den Köter doch als unter Dyspepsie leidenden Rottweiler kennzeichnen kann, auf dessen Hinterbacken die Worte »geboren, um Leuten zwischen den Beinen zu schnüffeln« eingebrannt sind? Warum lässt man eine Figur durch ein Zimmer »gehen«, wenn man sie stolzieren, tanzen oder wie schmelzender Schnee gleiten lassen kann?

Details helfen Ihrer Sache auf zweierlei Art: Erstens machen sie Ihre Geschichte, Ihren Sketch, Ihre Nummer oder Ihre Glosse viel lebendiger. Dadurch wird der Leser oder Zuhörer tiefer hineingezogen; seine emotionale Beteiligung verstärkt sich, und Sie erzeugen mehr Spannung, die Sie durch Humor auflösen können. Zweitens schärft die aktive Suche nach Details Ihr Gefühl für Ihre Arbeit und vermittelt Ihnen ein klareres Bild von ihr. Obendrein sind Details ein sich selbst verbesserndes Instrument. Je mehr Sie bestrebt sind, richtig knackige und fetzige Details zu finden, desto besser werden Ihre Details werden. Die Suche nach Details stärkt sowohl das Produkt als auch den Produzenten.

Hier ist ein Absatz mit ganz normalen Substantiven, Verben und Adjektiven:

Ein Mann fährt eine Straße entlang. An einer Ampel hält er an, um sich eine Zigarette anzuzünden, so dass er, als die Ampel auf Grün umspringt, knapp einem Zusammenstoß mit einem anderen Wagen entgeht, der noch bei Rot in die Kreuzung eingefahren ist. Der Mann sieht seine Zigarette an und sagt: »Was für ein Glück, dass ich so lange stehen geblieben bin, um mir eine Zigarette anzuzünden.«

Jetzt passen Sie auf, was passiert, wenn wir Details einbauen:

Ein Bursche mit ulkiger Frisur, Typ Schmalzlocke, rast in seinem blaugrünen 1969er Dodge Daytona den Spiro Agnew Boulevard entlang und kommt in letzter Sekunde mit quietschenden Reifen an der Ampel mit der längsten Phase der Welt zum Stehen. Er zückt eine Schachtel John-Player-Mentholzigaretten, steckt sich eine Kippe zwischen die blassen Lippen, reißt ein Streichholz am Hosenstall seiner verblichenen Levi's an und hüllt sich in eine Wolke aus blauem Rauch und Schwefel. Der Hustenanfall dauert ein halbes Leben lang – fast so lang, wie die Ampel braucht, um nach ein oder zwei Zwischeneiszeiten endlich auf Grün umzuspringen. Weil er immer noch keucht wie verrückt, legt Schmalzlocke einen Spätstart hin. Er brettert los – und steht dann auf der Bremse, einen Sekundenbruchteil bevor er von einem Geisteskranken in einem Suzuki Samurai auf die Hörner genommen wird, der ganz offenkundig den Unterschied zwischen Rot und Grün nicht kennt. »Verdammt«, sagt Schmalzlocke mit bewunderndem Blick auf seine Zigarette. »Wer sagt denn, dass die Dinger die Gesundheit gefährden?« Er hustet ein bisschen Schleim hoch und braust wie ein Wilder weiter.

Die zwei Instrumente, die ich hier benutzt habe, waren Übertreibung und Mut zum Risiko. Ich bin viel weniger an der Logik des Geschehens interessiert als daran, es witzig zu machen. Und immer, aber auch immer frage ich mich: Habe ich den Stoff so weit getrieben, wie ich kann? Sollten die Zigaretten normale John Players oder Mentholzigaretten sein? Sollten die Autos ein Daytona und ein Samurai sein oder ein Hyundai und ein Geländewagen? Diese Arbeit kann angenehm und entspannend sein. Da ich nur simple Ersetzungen vornehme, ein Detail für ein anderes, kann der Text nur besser werden. Gewinn ohne jedes Risiko ... das Paradies eines schöpferischen Menschen, wenn man mich fragt.

Welches Detail »das beste« ist? Das kann man nicht sagen. Am Ende spielt man einfach Gott und nimmt das Detail, das einem gefällt. Das Gute ist, dass es zwar keine absolut richtigen, aber auch keine falschen Antworten gibt.

Hier ist noch so ein betörend schlichter Absatz. Bitte überarbeiten Sie ihn im Hinblick auf Details. Das Interessante ist, dass keine zwei Personen überarbeitete Fassungen vorlegen werden, die auch nur annähernd gleich sind.

> Die Sommerzeit beginnt. Eine Frau wacht morgens auf, geht durchs Haus und stellt alle Uhren um. Sie stellt die Küchenuhr, die Uhr im Wohnzimmer und die Uhr im Schlafzimmer um. Das Telefon klingelt. Es ist ihre Mutter. Sie fragt sie, ob sie daran gedacht hat, die Uhren umzustellen.
>
> ...

Wie bei manchen unserer anderen Instrumente besteht auch bei *Details* die Gefahr, dass man des Guten zu viel tut.

Man kann sich dermaßen in Details verlieren, dass man die Geschichte, die Zeichnung oder die anvisierte Pointe aus den

Augen verliert. Besonders bei Drehbüchern für Film und Fernsehen gibt es eine sehr feine Linie zwischen amüsanten und ablenkenden Einzelheiten. Wenn Sie beispielsweise in Ihren szenischen Anweisungen zu viele ausgefeilte Details anhäufen, holen Sie den Leser nur vom Text weg und lenken seine Aufmerksamkeit auf Ihre Cleverness statt auf die Story. Es ist nicht leicht, die Details genau richtig zu dosieren, aber es ist immer leichter, zu weit zu gehen und dann den Rückzug anzutreten, als durchschnittliches Material an neue Grenzen zu treiben. Erteilen Sie sich also die Lizenz zum Zuweitgehen. Nicht Abwechslung, sondern Detailreichtum ist die Würze des Lebens.

Der Augenbrauen-Effekt

Red Skelton hatte eine Nummer, in der er sich als Clown schminkte. Dabei zog er seine Augenbrauen mit einem Augenbrauenstift nach. Aus Versehen wurde die rechte Braue eine Spur dicker als die linke, und er korrigierte das, indem er die linke Augenbraue noch einmal nachzeichnete. Dadurch wurde diese nun ein kleines bisschen dicker als die rechte. Deshalb zog er noch mal die rechte nach, dann wieder die linke, dann die rechte und so weiter, bis sich seine Augenbrauen die Stirn hinauf, den Nacken hinunter und bis über die Landesgrenze erstreckten. Aus Gründen, die Ihnen, kluger Leser, zweifellos klar sind, bezeichnen wir derartige Gags als »Augenbrauen-Effekt«.

Wie können Sie den Augenbrauen-Effekt in Ihrer eigenen Arbeit anwenden? Einfach, indem Sie eine Situation schaffen, in der die Lösung eines Problems ein etwas größeres Problem erzeugt, bei dessen Lösung ein noch größeres Problem entsteht, bei dessen Lösung ... usw. usf., bis hinter den Horizont.

Angenommen, Sie haben einen trotteligen Mörder, der seine Fingerabdrücke am Tatort beseitigen will. Also wischt er alle glatten Flächen mit einem Taschentuch ab. Dann stellt er fest, das sein Monogramm in das Taschentuch eingestickt ist, und beschließt, das Taschentuch zu verbrennen. Er zündet es an, aber das Feuer gerät außer Kontrolle, erfasst die Vorhänge und löst einen Rauchmelder aus, dessen durchdringendes Geheul die Nachbarn weckt, die die Feuerwehr rufen. Nun hat er es mit einer ausgewachsenen Feuersbrunst zu tun, und die Staatsgewalt ist bereits unterwegs. In den Flammen gefangen, bahnt er sich mit dem Feuerlöscher einen Weg ins Freie. Draußen wirft er den Feuerlöscher ins Haus zurück, aber dann fällt ihm ein, dass nun seine Fingerabdrücke darauf sind. In dem verzweifelten Versuch, das Beweismittel zu vernichten, stürzt er sich wieder ins Feuer und findet darin einen heißen Tod, was wieder einmal beweist, dass Verbrechen – vor allem dusseliges Verbrechen – sich nicht lohnt.

Dieses Instrument ist eine spezielle Anwendungsform von »etwas Schlimmes noch schlimmer machen«: Hier dreht die komische Figur selbst an der Katastrophenschraube. Zwei weitere interessante Aspekte sind dabei die Beziehung zwischen Komödie und Gefahr in diesem kleinen Moment sowie die Tatsache, dass die Sequenz für uns komisch ist, aber todernst für die Person, die sich aus ihrer prekären Lage zu befreien versucht.

Um diese Sequenz in Gang zu setzen, brauchen Sie nur eine komische Figur, die dank ihrer Fehler in eine Augenbrauen-Situation hineinstolpern kann. Das heißt, sie muss dumm, ängstlich, stur oder verzweifelt genug sein, um in so eine spezielle Bredouille zu geraten. Mit einem trotteligen Mörder funktioniert das, ebenso mit einem schmierigen Koch im Schnellimbiss, einem unfähigen Anstreicher oder einem perfektionistischen Chemiker. Fügen Sie nur Details hinzu, dann kann gar nichts mehr schief gehen.

Stellen Sie sich vor, Ihr Held sei Hausmeister in einem Atomkraftwerk. Aus Versehen hat er seine mitgebrachten Brote im Besenschrank eingeschlossen. Versuchen Sie, ihn mit dem Augenbrauen-Effekt von diesem Besenschrank bis zur Kernschmelze zu treiben:

...

Man kann den Augenbrauen-Effekt zum Motor einer kompletten komischen Geschichte machen. Denken Sie an eine Zeitreise-Geschichte, in welcher der Held sich mit einem Hammer auf den Daumen schlägt, in die Vergangenheit zurückkehrt, um den Schlag ungeschehen zu machen, dabei irgendeine Kleinigkeit im geschichtlichen Ablauf verändert, diese Veränderung zu korrigieren versucht, aber nur eine noch größere Veränderung auslöst, diese wiederum korrigieren will und so weiter, bis das Überleben der gesamten Menschheit auf dem Spiel steht. So eine kleine Augenbraue kann ganz schön was anrichten.

Virtueller Humor

Die besten Lines in einem komischen Text leisten drei wundervolle Dinge: Sie erzählen die Geschichte, die Wahrheit und einen Witz, alles zur selben Zeit. Ich nenne solche Lines »dreidimensionale (3-D) Witze«. Sie sind nicht leicht zu schreiben, aber sie sind ihr Gewicht in Zwanzig-Pfund-Obligationen wert.

Es gibt zwei Wege zu 3-D-Witzen. Der eine ist, einfach intuitiv zu schreiben und zu hoffen, dass man dabei irgendwann auf Found Art stößt. Das funktioniert besser, als man meinen könnte; sobald man nämlich tief in seiner Geschichte steckt und ein umfassendes, lückenloses Verständnis für seine komischen Figuren entwickelt hat, tun und sagen diese häufig Dinge, die sowohl in Bezug auf ihren Charakter und ihren Humor als auch auf ihre Geschichte authentisch sind. Gut konstruierte komische Figuren sind dank ihrer komischen Perspektive von Natur aus witzig, und eine gut konstruierte Geschichte wird von der Handlung auf natürliche Weise vorangetrieben. Wenn Sie dem Thema Ihrer Arbeit Aufmerksamkeit geschenkt haben, dann wird die Wahrheit ganz von selbst zum Vorschein kommen.

Der andere Weg zu einem 3-D-Witz ist, sich immer nur mit einer Dimension zur Zeit zu befassen. Wenn Sie eine Line geschrieben haben, die nur die Handlung vorantreibt, dann schreiben Sie sie um, so dass sie die Geschichte *und* einen Witz erzählt. Dann schreiben Sie sie erneut um, so dass sie auch noch die Wahrheit erzählt. Auf diese Weise lösen Sie Ihr kreatives Problem in einzelne, kleinere Probleme auf, und das erleichtert Ihre kreative Aufgabe erheblich. Dazu müssen Sie natürlich bereit sein, Ihre Texte immer wieder zu überarbeiten, und Sie brauchen eine Strategie, die Ihnen zu verstehen hilft, wie Ihre Geschichte, Ihre Szene und Ihre Line im Innersten funktionieren. Auf die Bereitschaft zum Überarbeiten kommen wir später noch. Was die Strategie betrifft, so ist eine, die ich nützlich finde, *virtueller Humor*.

Wenn ich 3-D-Witze für eine Szene suche, reduziere ich die Szene aufs Wesentliche. Ich will den Humor, die Geschichte und die Wahrheit sehen, und zwar auf einer abstrakten Ebene.

Angenommen, ich schreibe eine Szene, in der eine Diva versucht, ihren attraktiven Inspizienten zu verführen. Mit Hilfe des virtuellen Humors abstrahiere ich die Story der Szene: Eine Frau setzt ihre Macht zum Zwecke der Verführung ein. Ich abstrahiere die Wahrheit der Szene: Frauen können unter den richtigen Umständen genauso ausbeuterisch sein wie Männer. Und ich abstrahiere den Humor: Ihre Bemühungen werden scheitern, weil er einfach zu beschränkt ist, um zu kapieren, was sie will. Mit diesem abstrakten Verständnis kann ich mir jeden Moment in der Szene ansehen und mir überlegen, wie ich es schaffe, dass er in allen drei Dimensionen funktioniert. Sagen wir, sie zieht die Bluse aus und flüstert: »Ich nehme an, du weißt, was das bedeutet.« – »Klar«, antwortet er. »Kostümwechsel.«

Abstrakt gesehen, handelte meine Beschreibung des Burschen an der Ampel von einem Mann, der anhält, um sich eine Zigarette anzuzünden. Die Wahrheit war, dass er ein Schwachkopf ist und nicht rauchen sollte. Der Witz war, dass die tödliche Aktivität ihm das Leben gerettet hat. Mit dieser Abstraktion der Szene – ein Verhalten, das an einen Habitus und eine Ironie gekoppelt ist – könnten wir die Szene auf ein Dutzend verschiedene Arten umbauen. Probieren Sie's aus.

Das Problem mit unseren Szenen ist häufig, dass wir nicht genau wissen, was in ihnen geschieht. Virtueller Humor kann vieles aufdecken, was verborgen war. Wenn Sie mit einer Szene, einem Witz oder einem Comic nicht weiterkommen oder einfach mehr herausholen wollen, arbeiten Sie durch Abstraktion den Kern heraus und machen Sie sich dann mit Blick auf den komischen Effekt an den Umbau.

Angenommen, ich möchte einen Witz über meinen Katzenhass machen. Statt mich mit der Suche nach einem witzigen Spruch abzuquälen, frage ich mich als Erstes, was die »Story«

des Katzenhassens ist. Ich möchte, dass Katzen sich von mir fernhalten. Was ist die Wahrheit? Katzen können nervtötend sein. Was ist der Witz? Mein Hass auf Katzen in einer unangemessenen Ausdrucksform. Die Suche nach dem 3-D-Witz wird also zur Suche nach der Schnittstelle dieser Sets. Ich will, dass mir die Katzen vom Leibe bleiben, und ich finde sie so nervtötend, dass ich dieses Ziel auf völlig unangemessene Weise verfolge. Ergebnis: Die einzige gute Katze ist ein Türstopper.

Schauen Sie sich noch mal eine Ihrer letzten humoristischen Hervorbringungen an. Wählen Sie einen Absatz, eine Szene, einen Sketch oder eine Zeichnung aus und schreiben Sie in schlichten Worten hin, was Sie damit sagen wollen, welche Geschichte Sie erzählen möchten und auf welchen Witz Sie abzielen. Im schlimmsten Fall wird dabei herauskommen, welche Elemente fehlen. Im besten Fall finden Sie dadurch vielleicht eine elegantere Lösung für Ihr Problem mit der Komik.

Kann man auf diese Weise wirklich zu guten Witzen kommen? Das werden Sie wohl selbst beurteilen müssen. Ich weiß nur, wenn ich von einer Szene frustriert bin, von der ich *weiß*, dass sie lustiger, tief schürfender oder nützlicher für meine Geschichte sein könnte, stelle ich mir zuerst die Frage, worum es bei dieser Szene, dieser Geschichte und diesem Witz eigentlich geht. Ich finde, das ist eine viel nützlichere Frage als »Warum funktioniert das verdammte Teil bloß nicht?«, »Was ist bloß aus meinem Humor geworden?« oder »Wie schlitze ich mir am besten die Handgelenke auf?«.

Das Publikum an sich binden

Ob es sich nun um eine Leserin handelt, die es sich mit Ihrem humoristischen Roman auf dem Sofa gemütlich gemacht hat, um ein Dutzend Leute, die in einem Buchladen in Ihrem Comic-Heft blättern, um 2000 Leute, die Ihre Bühnenshow ansehen, um 10 Millionen eifrige Fernsehzuschauer, die Ihre erfolgreiche Sitcom eingeschaltet haben, oder um die ganze Welt, die sich Ihren Spielfilm ansieht, Ihr Publikum ist Ihr Freund. Wenn Sie sich seine Treue verdienen, wird es Ihnen eine Vielzahl von Sünden vergeben. Wenn Sie sein Vertrauen missbrauchen, wird es sich wie ein von Dyspepsie geplagter Rottweiler, auf dessen Hinterbacken die Worte »geboren, um zwischen den Beinen zu schnüffeln« eingebrannt sind, auf Sie stürzen. Es gibt einige Wege, seine Loyalität zu gewinnen, und einige Wege, sie zu verlieren. Sehen wir sie uns der Reihe nach an.

Das Publikum legt zunächst einmal Wert auf *Konsistenz*. Es will sicher sein, dass die Regeln Ihrer komischen Welt gleich bleiben und sich nicht auf willkürliche, künstliche Weise sprunghaft verändern. Komödien müssen verständlich sein. Das Publikum muss Ihren Witz kapieren. Wenn Sie es mit Inkonsistenz verwirren, fühlt es sich betrogen. Und lässt Sie sitzen.

Wenn Sie zum Beispiel eine Geschichte geschrieben haben, die in einem fremden Land spielt, wo die Menschen keinerlei Kenntnisse über die amerikanische Kultur besitzen, können Sie nicht plötzlich einen Witz über McDonald's einstreuen. Wenn diese Fremden überhaupt etwas über McDonald's wissen, dann müssen sie es schon von Anfang an gewusst haben.

Wenn Ihre Komödie eine Farce ist, muss sie von vorn bis hinten eine Farce sein. Sie können sie nicht als realistische romantische Komödie anfangen lassen und den Leuten dann Torten ins Gesicht werfen. Dabei bliebe Ihr Publikum mit Getriebeschaden auf der Strecke. Vielleicht würden Sie's schaffen, den Kontakt wieder herzustellen, vielleicht aber auch nicht. Wenn Sie das Publikum gar nicht erst verlieren, brauchen Sie auch keine Anstrengungen zu unternehmen, es zurückzugewinnen.

Fakt ist, das Publikum – von der einzelnen Leserin bis hin zum gesamten globalen Dorf – reagiert unglaublich sensibel auf derartige Veränderungen. Da der Mensch sich im Innersten nach Ordnung sehnt, verschwendet das Publikum keine Zeit damit, sich seine eigene Version Ihrer Welt zurechtzubasteln. Es erfasst die Regeln intuitiv und fühlt sich unterbewusst vergewaltigt, wenn diese Regeln gebrochen werden.

Des Weiteren ist es von entscheidender Bedeutung, dass Sie Ihrem Publikum genug Informationen geben. Wie bereits gesagt, einen Witz zu erzählen heißt, eine kleine Rätselaufgabe zu stellen. Wenn Ihre Leser oder Zuschauer nicht über alle erforderlichen Hinweise zu deren Lösung verfügen, werden sie sich dumm und unzulänglich vorkommen, und das zahlen sie Ihnen dann heim.

Hier ist ein Beispiel:

> Ich bin Jude, aber aufgewachsen bin ich in Kalifornien. Sie wissen doch, wie der Terminus technicus für einen kalifornischen Juden lautet, nicht wahr? Presbyterianer.

Was ist der virtuelle Humor dieses Witzes? Juden von der Westküste sind erheblich weniger religiös als andere Juden anderswo. Die Übertreibung macht sie so viel weniger jüdisch, dass sie praktisch schon Christen sind. Mit dem Instrument *Detail* ersetzen wir Christen durch Presbyterianer, weil dieses Wort schärfer konturiert ist. Aber das nützt alles nichts, wenn Sie als mein Publikum nicht wissen, dass man kalifornische Juden für weniger religiös hält als andere Juden. Wenn Sie nicht genug Informationen haben, ist der Witz für die Katz.

Natürlich kann man dem Publikum genug Informationen geben, um das Rätsel zu lösen. In dem genannten Beispiel könnte ich den Witz etwa folgendermaßen formulieren: »Ich sage ja nicht, dass kalifornische Juden nicht religiös sind, aber der Terminus technicus für sie lautet ›Presbyterianer‹.« Dann enthält das Rätsel selbst die erforderlichen Hinweise für die Lösung.

Beachten Sie auch, dass ich mich mit Bedacht selbst als Jude identifiziere, bevor ich den Witz loslasse. Ich will ja nicht, dass die Leute mich für antisemitisch halten. Indem ich Ihnen sage, dass ich Jude bin, behalte ich mir das Recht vor, mich über meinesgleichen lustig zu machen, und Sie finden mich weiterhin ganz in Ordnung.

Das nennt man *eine feindselige Beziehung vermeiden*. Sie müssen nämlich nicht nur wissen, was Ihr Publikum versteht, sondern auch, was es tolerieren wird. In diesen politisch korrekten Zeiten gelten gewisse Arten rassistischen und sexistischen Humors (dankenswerterweise) als degoutant. Mag sein, dass es in den nächsten zehn Jahren zum Inbegriff der Geschmacklosigkeit werden wird, von Verbrennungsmotoren oder dem ehemaligen Jugoslawien zu sprechen. Der kluge Humorist hält sich über diese Veränderungen auf dem Laufenden. Sie brauchen sich bei Ihrem Publikum nicht anzubiedern, aber Sie wollen es ja auch nicht vor den Kopf stoßen.

Außer natürlich, wenn Ihre Show darauf basiert, das Publikum vor den Kopf zu stoßen. Der Erfolg einer ganzen Menge Standup-Comedians beruht ausschließlich auf deren feindseliger Beziehung zu ihrem Publikum. Wie kann das funktionieren?

Jede Form von Comedy weckt eine Erwartung beim Publikum. Ein »Schock«-Komiker wie Howard Stern weckt die Erwartung, dass er sich schlecht benehmen wird. Wenn er dieser Erwartung dann entspricht, vergrault er sein Publikum nicht, sondern gibt ihm genau das, was es will. Indem er die Erwartung des Publikums erfüllt, zieht er es vollständig auf seine Seite. Von einem beleidigenden Comedian erwartet man, dass er unflätig ist. Indem er die Erwartung, dass er sein Publikum vor den Kopf stößt, erst weckt und dann erfüllt, gewinnt er in Wahrheit dessen Zustimmung.

Wie sich zeigt, kann ein kreativer Humorist, der das Publikum an sich binden will, kaum etwas Besseres tun, als dessen Erwartungen zu erfüllen. Dagegen ist es der Todeskuss, wenn er die Erwartungen des Publikums enttäuscht. Wie gesagt, die Änderung der Regeln verwirrt das Publikum und gibt ihm das Gefühl, betrogen zu werden. Gegen seine Erwartungen zu verstoßen ist eine prima Art, die Regeln zu ändern, und das Publikum reagiert darauf mit Empörung. Vor allem das Fernsehpublikum.

Wenn die Zuschauer beispielsweise eine Folge von *Eine schrecklich nette Familie* einschalten, haben sie eine bestimmte Hoffnung und eine bestimmte Erwartung. Sie hoffen, dass Al Bundy gewinnt, aber sie erwarten, dass er verliert. Die Sendung darf ihre Hoffnung enttäuschen, aber nicht ihre Erwartung.

Warum darf man zwar eine Hoffnung, aber keine Erwartung enttäuschen? Weil *Hoffnung* unser Bild davon ist, wie die Dinge sein sollten, *Erwartung* hingegen unser Bild, wie sie wirklich sind. Indem man gegen die Erwartung der Zuschauer verstößt, sagt man ihnen, dass sie sich irgendwie irren. Und wer irrt sich schon gern.

Das heißt nicht, dass sie sich nicht gern überraschen lassen. Wenn man die Erwartungen des Publikums gleichzeitig erfüllen und enttäuschen kann, hat man es wirklich da, wo man es haben will. In *Eine schrecklich nette Familie* ist es am allerbesten, wenn Al verliert ... aber auf völlig unvorhergesehene Weise. Der beleidigende Comedian soll einen immer auf neue und andere Weise nerven. Howard Stern muss den Schock jeden Tag neu erfinden, wenn er will, dass seine Fans wiederkommen und mehr wollen.

Natürlich gibt es Leute, die Howard Stern hassen, ihn nicht komisch finden und wünschen, er würde unter einen Lastwagen geraten. Nicht jeder mag sein Material, und nicht jeder wird Ihres mögen, auch wenn Sie es noch so sorgfältig formen und zurechtschneidern. Wenn Sie versuchen, alles für jedermann zu sein, sind Sie am Ende nur nichts für niemanden. Der Kernsatz lautet: Kenne dein Publikum.

Es gibt eine tolle Szene in *This is Spinal Tap*, da tritt die irrtümlich engagierte Band bei einer Tanzveranstaltung der Air Force auf. Als Heavy-Metal-Band kann sie es ihrem Publikum nicht recht machen, so sehr sie sich auch bemüht. Wenn Sie Ihr Publikum kennen, wenn Sie wissen, was es weiß, was es tolerieren und was es lustig finden wird, können Sie herausfinden, wie Sie es unterhalten oder sogar ob Sie es überhaupt unterhalten können. Wenn nicht, lassen Sie sich deshalb keine grauen Haare wachsen. Dann ist Ihr Publikum eben einfach blöd. Sagen Sie ihm das mit einem schönen Gruß von mir.

12
SITUATIONSKOMÖDIE

Manche Leute glauben, Situationskomödien seien leicht zu schreiben. Sie schauen sich grottenschlechte Sitcoms im Fernsehen an und sagen: Hey, das könnte ich aber besser. Und wissen Sie was? Diese Leute haben wahrscheinlich Recht. Wahrscheinlich könnten sie bessere Sitcoms schreiben. Das Problem ist nämlich, dass es beim Fernsehen nur so von Autoren wimmelt, die schlechte Sitcoms schreiben. Wenn Sie in diesen Gefilzen Erfolg haben wollen, dann besteht der Trick darin, bessere Sitcoms als die *besten*, nicht die *schlechtesten* zu schreiben. Wenn das Ihr Ziel ist, dann hilft Ihnen das vorliegende Kapitel hoffentlich dabei, den Weg dorthin zu finden.

Das Spec-Script

Die typische Eintrittskarte ins Land der Sitcom-Hoffnungen und -Träume ist das *Speculative Script* oder kurz *Spec-Script*, das »auf gut Glück« verfasste Drehbuch. Das ist eine Probefolge einer existierenden Fernsehserie, die man schreibt, um zu zeigen, dass man den Ton der Figuren, die Handlungsstruktur und die Witze und Rhythmen einer gegebenen Serie beherrscht. Bei der Entscheidung, für welche Serie man ein solches Spec schreiben soll, sind ein paar Dinge zu beachten.

Suchen Sie sich eine »intelligente« Serie aus. Es hat keinen Sinn, eine Probefolge für eine alberne, schlechte oder abgekupferte Situationskomödie zu schreiben, weil niemand, der Sie vielleicht engagieren könnte, auch nur das geringste Interesse hat, Specs für diese Art von Serien zu lesen. Suchen Sie sich lieber eine der angesagten, heißen, »sexy« Serien aus, die gerade populär sind. 1994, während ich dies schreibe, werden die meisten Specs für *Frasier; Hör mal, wer da hämmert!* und *Seinfeld* verfasst. Wenn Sie dieses Buch lesen, sind all diese Serien jedoch vom bereits existierenden Universum der Möchtegern-Sitcom-Schreiber bestimmt schon »zu Tode gespeckt« worden. Sie sollten es stattdessen darauf anlegen, dem Feld voraus zu sein; suchen Sie sich eine Serie aus und schreiben Sie ein Spec dafür, bevor sie ein Hit wird und anschließend in der Sitcom-Spec-Mühle zermahlen wird. Schauen Sie sich die neuen Sitcoms an. Versuchen Sie, der Erste in Ihrem Umfeld zu sein, der ein Spec-Script für eine intelligente neue Serie verfasst. Schlimmstenfalls schreiben Sie ein Spec für eine Serie, die kein Erfolg wird; dann haben Sie nur die Zeit verloren, die Sie für die Arbeit benötigt haben, dafür aber die Erfahrung gewonnen, ebendiese Arbeit gemacht zu haben. Kein schlechtes Geschäft, würde ich sagen.

Fragen Sie sich bei der Suche nach dem Ziel für Ihr Spec, ob Sie die Serie mögen, für die Sie schreiben wollen. Wird es Ihnen genug Spaß machen, sie sich anzusehen, sie zu studieren und für sie zu schreiben, um die wochen- und monatelange Arbeit auf Ihr Spec-Script zu verwenden, die erforderlich ist, damit es gut wird? Machen Sie sich nichts vor: Es hat keinen Zweck, ein Spec-Script für eine Serie zu schreiben, die Ihnen nicht gefällt, auch wenn sie noch so beliebt oder intelligent ist – aus dem einfachen Grund, weil Ihr Skript dann nicht sehr gut werden wird. Mag sein, dass Sie mit einer sehr pragmatischen, handwerklichen Einstellung an die Abfassung dieses Specs herangehen, aber die elementare Begeisterung wird fehlen, und das merkt man solchen Skripts immer an.

Spielen Sie Ihre Stärken aus. Haben Sie ein Händchen für

Gags? Dann sollten Sie eine Serie nehmen, deren Motor Gags sind. Haben Sie »Herz«? Dann sollten Sie eine Testfolge für eine Serie schreiben, die viele tief empfundene Momente hat. Können Sie Kinder gut darstellen? Schreiben Sie ein Spec für eine Kinderserie. Der Zweck eines Spec-Scripts besteht darin, den Leser mit Ihrem Können vom Hocker zu hauen. Nutzen Sie jede Chance, um sich diesbezüglich von der Masse abzuheben. Vielleicht ist es an dieser Stelle ganz sinnvoll, wenn Sie Ihre Stärken (und Schwächen) als Autor aufschreiben. Das hilft Ihnen nicht nur, die richtige Serie auszuwählen, es zeigt Ihnen auch in groben Umrissen, wo Sie noch an sich arbeiten müssen.

Zu guter Letzt: Finden Sie Ihre Seele in der Serie wieder? Das ist wirklich die Schlüsselfrage. Meiner Erfahrung nach taugt ein Sitcom-Skript rein gar nichts, wenn der Autor nicht wirklich mit ganzem Herzen dabei ist, wenn er keine echten Gefühle in die Arbeit investiert. Bietet die Serie, die Sie sich ausgesucht haben, Ihnen diese Möglichkeit? Wie wollen Sie Ihr wahres Ich in die Arbeit einbringen, wenn Sie sich den Figuren oder dem Szenario der Serie nicht verbunden fühlen? Wie der Mangel an Begeisterung wird auch das Fehlen von aufrichtigem Engagement selbst das beste Spec torpedieren.

Die Regeln lernen

Damit Ihr Spec-Script im besten Licht erstrahlt, müssen Sie die Regeln der Serie lernen, für die Sie schreiben, und diese Regeln dann in Ihrem Skript einhalten. Im letzten Kapitel habe ich beispielsweise eine Regel für *Eine schrecklich nette Familie* erwähnt: Al Bundy verliert immer. Um eine gute Spec-Episode für diese Serie zu schreiben, müssen Sie diese Regel kennen und beherzigen.

Bei *Murphy Brown* gibt es oft einen Gag oder sogar einen Running Gag über einen Sekretär, aber der Sekretär steht nie im Zentrum der Handlung. Wenn Sie eine solche Regel nicht befolgen, verrät das Ihre Unkenntnis der inneren Funktionsweise der Serie. Eine Regel von *Verrückt nach dir* lautet, dass die Handlung immer auf dem Konflikt zwischen Paul und Jamie basiert. In Bob Newharts Shows gab es fast immer einen Telefonmonolog, damit Bobs Stärke bei diesem Gag – sein Markenzeichen – auch richtig zur Geltung kam. Eine Regel von *Gilligans Insel* war, dass niemand jemals von der Insel herunterkam. Können Sie sich vorstellen, eine Spec-Folge von *Gilligans Insel* zu schreiben, in der die ganze Bagage entkommt?

Um mehr über die Regeln einer Serie zu erfahren, sollten Sie überlegen, was für einen Typus von komischer Story sie erzählt. *Taxi* zum Beispiel – Sie erinnern sich – ist eine Center-and-Eccentrics-Konfiguration, also sollten Sie dafür eine Story wählen, in der Judd Hirsch im Zentrum eines exzentrischen Konflikts steht. Andererseits wird *Taxi* nicht mehr ausgestrahlt, also sollten Sie sich wohl besser gleich von vornherein eine andere Serie für Ihr Spec aussuchen.

Man lernt die Regeln einer Serie, indem man Sample-Scripts dieser Serie liest und sich aufgezeichnete Folgen ansieht. Lesen Sie diese Skripts immer wieder und sehen Sie sich diese Folgen immer wieder an, bis Sie nicht nur die Form und Struktur der Serie verstanden haben, sondern auch ihre versteckte Logik, ihre bevorzugten Geschichten und ihren Humor kennen.

Die Regeln einer Serie betreffen alle Aspekte dieser Serie. Welche Figur bekommt die Haupthandlung? Wer bekommt die Nebenhandlungen? Gibt es eine normale Figur? Erzählen die Charaktere Witze und machen Sprüche, oder rühren die Lacher ausschließlich von ihren komischen Perspektiven her?

Was für eine Sprache benutzen diese Leute? Welche Themen sind tabu? Beziehen sie sich auf die Außenwelt oder leben sie in einer hermetisch abgeschlossenen Sitcom-Blase? Albern bestimmte Figuren herum? Um ein Spec-Script richtig hinzukriegen, brauchen Sie diese Informationen und noch mehr. Mit »Achtung, fertig, Torte schmeißen!« ist es nicht getan.

Die Handlungsstruktur von Sitcoms

Situationskomödien sind entweder als Zweiakter oder als Dreiakter konzipiert. *Verrückt nach dir* und *Eine schrecklich nette Familie* sind Zweiakter; *Murphy Brown* und *Die Simpsons* haben drei Akte. Jeder Akt endet mit einem Act Break, einem großen dramatischen Moment, der (so hofft man) ein derart starkes Gefühl der Erwartung und der Furcht erzeugt, dass es das Interesse der Zuschauer über die Werbepause hinweg wach hält und sie dazu bringt, weiter zuzuschauen.

Sorgen Sie bei einem Zweiakter dafür, dass Ihr Act Break ein Moment maximaler Furcht ist. Beim Act Break sollte es für Ihre Figuren so schlimm stehen wie irgend möglich. Wenn sich Ihre Geschichte um ein streitendes Ehepaar dreht, wird der Mann beim Act Break aufs Sofa, in die Garage oder ins Haus seines besten Freundes verbannt. Wenn die Figuren Ihrer Geschichte im Keller gefangen sind, dann erfolgt der Act Break, wenn sie ein dickes Rohr kaputtmachen und das Wasser zu steigen beginnt. Wenn es in Ihrer Geschichte um eine Figur geht, die sich mit Hustensaft zudröhnt, während ihr neuer Boss gerade zu ihr unterwegs ist, dann findet der Act Break in dem Moment statt, als der Boss an der Tür klingelt und die Wirkung des Hustensafts einsetzt.

Vor nicht allzu langer Zeit hatte irgendein Genie die clevere Idee, eine Episode in drei Teile aufzuspalten und damit Platz für einen zusätzlichen Werbeblock zu schaffen. Dank dieser Logik werden wir bald Vierakter- und Fünfakter-Sitcoms und irgendwann sogar Zwölfakter-Sitcoms haben – alle zwei Minuten eine Werbepause. Sei dem, wie dem sei, bei der dreiaktigen wie bei der zweiaktigen Struktur muss der Moment vor jedem Werbeblock wirklich dramatisch und eindringlich sein, um den Zuschauer über die Pause hinwegzutragen.

Ich nenne meine beiden Act Breaks in Dreiaktern *Ärger kommt* und *Ärger ist da*. Am Ende des ersten Aktes weiß die Figur, dass Unannehmlichkeiten auf sie zukommen. Beim zweiten Act Break sind die Folgen dieser Unannehmlichkeiten eingetroffen. Dieser zweite Break entspricht in etwa dem Moment maximaler Furcht in der traditionellen zweiaktigen Struktur.

In einer Folge von *Murphy Brown* könnte der Ärger in Gestalt einer Vorladung kommen: Murphy soll vor Gericht eine vertrauliche Quelle preisgeben. Der Ärger ist da, als sie ins Gefängnis gesteckt wird, weil sie die Quelle nicht preisgegeben hat. In einer Folge der *Simpsons* kommt der Ärger, als Bart erfährt, dass er bis zum nächsten Morgen eine Abschlussarbeit schreiben muss, und der Ärger ist da, als er bei Tagesanbruch aufwacht, weil er bei der Arbeit eingeschlafen ist.

Jedenfalls müssen Sie mit Ihrem Act Break oder Ihren Act Breaks eine Erwartung erzeugen, ein starkes, beherrschendes »O nein!«-Gefühl bei Ihrem Leser oder Zuschauer. Hier können Sie so richtig zeigen, wie gut Sie darin sind, etwas Schlimmes noch schlimmer zu machen. Und wir sind wieder einmal mit dem verblüffenden Gedanken konfrontiert, dass es bei Komödien weniger ums Lachen geht als darum, einer Figur absichtlich und auf perverse Weise ihre Gemütsruhe und ihren Frieden zu rauben. Hegen und pflegen Sie diese Perversität und nutzen Sie sie beim Schreiben; wenn Sie's im wirklichen Leben tun, landen Sie wahrscheinlich im Knast.

Ganz gleich, was in Ihrer Geschichte geschieht, denken Sie daran, dass Situationskomödien im Kern zirkulär sind; alles endet mehr oder weniger wieder da, wo es angefangen hat. Wenn eine Figur die Nase voll hat von ihrer Familie und auszieht, ist der Act Break unzweifelhaft der Moment, wenn sie das Haus verlässt. Genauso unzweifelhaft wird die Handlung damit enden, dass die Figur wieder einzieht. Dass dies so ist, hat etwas mit der episodischen Natur des kommerziellen Fernsehens zu tun. Im Großen und Ganzen kehrt das Publikum jede Woche zu einer Sitcom zurück, um seine Lieblingsfiguren ziemlich genau das Gleiche tun zu sehen wie letzte Woche und die Woche davor.

Das soll nicht heißen, dass es in der Handlung einer Sitcom keine Veränderungen gibt. In Wahrheit gibt es in der Handlung jeder Sitcom eine subtile und interessante Veränderung, und das Verständnis dieser Veränderung ist der Schlüssel zum Verständnis der Handlungsstruktur von Sitcoms.

Der Stabilitätsbogen

Die Handlung von Sitcoms beginnt an einem Punkt *alter Stabilität*, tritt dann in eine Phase wachsender *Instabilität* ein und gelangt schließlich zu einer *neuen Stabilität*. So könnte die alte Stabilität in einer Folge zum Beispiel darin bestehen, dass Papa seiner Tochter nicht erlaubt, sich mit einem Jungen zu treffen. In der Phase wachsender Instabilität bekommen Papa und Tochter einen Konflikt wegen dieser Angelegenheit. Papa verbietet, Tochter tut's doch, Papa kriegt's raus, Tochter lügt auch noch usw. Am Ende wird eine neue Stabilität erreicht: Papa und Tochter einigen sich darauf, dass es in Ordnung ist, sich innerhalb vernünftiger und einvernehmlich gesteckter Grenzen mit Jungs zu verabreden. (Wenn das wie konventionelle Sitcom-Moral klingt, so trifft das zu, aber andererseits ist eine Sitcom nur ein Spiegel, den man der Welt vorhält; sie erzählt den Leuten, was sie hören wollen. Wenn nicht, wird sie meist abgesetzt.)

Um ein anderes Beispiel zu nehmen: Die alte Stabilität könnte darin bestehen, dass eine Figur nicht wahrhaben will, dass sie alt wird. Die Instabilität könnte in Gestalt eines Unfalls, einer Krankheit oder des Todes eines Verwandten oder einer Freundin eintreten. Die neue Stabilität wäre die Erkenntnis der Figur, dass sie in der Tat alt wird, dass dies jedoch in Ordnung ist. Der Bogen des Weges von der alten zur neuen Stabilität ist häufig eine Reise von der Leugnung zur Akzeptanz.

Beachten Sie, dass die Handlung bei diesem Story-Typus auf natürliche Weise von einem Ausgangspunkt zu einem point of maximum remove und wieder zurück zu einem Punkt fließt, der sehr nah am ursprünglichen Ausgangspunkt liegt. Beachten Sie auch, dass es eine Form der Abstraktion ist, eine Story auf dieser Ebene zu betrachten. Sobald Sie eine interessante alte Stabilität, Instabilität und neue Stabilität definiert haben, werden Sie buchstäblich Dutzende von Geschichten finden, die auf die gleiche Weise gebaut sind. Tun Sie sich einen Gefallen und beschäftigen Sie sich ausführlich mit all diesen Alternativen. Gehen Sie nicht davon aus, dass die erste Lösung die beste ist; lassen Sie immer Raum für neue Ideen.

Nehmen Sie sich jetzt ein paar Minuten Zeit und versuchen Sie, entlang des Schienenstrangs von alter Stabilität über Instabilität zu neuer Stabilität ein paar Geschichten zu konstruieren. Ich fange an.

ALTE STABILITÄT: Ein Ehepaar liebt sich.
INSTABILITÄT: Sie fühlen sich gegenseitig

ungeliebt und haben beide den Eindruck, dass der andere ihre Anwesenheit für selbstverständlich hält und sie nicht richtig würdigt.
NEUE STABILITÄT: Sie fachen ihre Romanze wieder an und lieben sich von neuem.

ALTE STABILITÄT: Ein Junge im Teenageralter wohnt bei seinen Eltern.
INSTABILITÄT: Er fühlt sich von den Vorschriften seiner Eltern eingeengt und zieht mit seinen Freunden in eine Junggesellenbude, wo er feststellt, dass Unabhängigkeit auch nicht so toll ist, wie immer behauptet wird.
NEUE STABILITÄT: Er kommt mit einer neuen Wertschätzung für seine Familie nach Hause.

ALTE STABILITÄT: Ein Mädchen will nicht wahrhaben, dass seine Eltern tot sind.
INSTABILITÄT: Ein Haustier stirbt, und bei dessen Beerdigung bricht das Mädchen zusammen und lässt den Kummer endlich an sich heran.
NEUE STABILITÄT: Das Mädchen akzeptiert den Tod seiner Eltern.

ALTE STABILITÄT: Ein Mann hat einen Job.
INSTABILITÄT: Der Mann wird entlassen.
NEUE STABILITÄT: Der Mann kriegt einen neuen Job.

Das letzte Beispiel mag absurd simpel erscheinen, aber es ist trotzdem aufschlussreich. Wenn Sie Ihre Geschichte nicht auf etwas so Einfaches reduzieren können, dann haben Sie sie noch nicht richtig im Griff. Wie bei der Comic Throughline dient ein solches Schnellverfahren einerseits als Ausgangspunkt für die eingehendere Untersuchung der Story, andererseits als Mittel zur Überprüfung, ob Ihre Geschichte einen echten Veränderungsbogen hat. Probieren Sie's mal:

ALTE STABILITÄT:

INSTABILITÄT:

NEUE STABILITÄT:

ALTE STABILITÄT:

INSTABILITÄT:

NEUE STABILITÄT:

ALTE STABILITÄT:

INSTABILITÄT:

NEUE STABILITÄT:

...

Letzten Endes ist Struktur ohne Substanz wie ein Schoko-Ei ohne Nougatkern. Damit die inneren Veränderungen Ihrer Figuren beim Publikum auf Interesse stoßen, müssen Sie eine lohnende Geschichte – oder zwei – erzählen und sie mit einem fesselnden oder zumindest attraktiven Thema verbinden.

A-Story, B-Story und Thema

Viele, wenn auch nicht alle Situationskomödien lassen sich in *A-Story* und *B-Story* unterteilen. Die A-Story ist die Haupthandlung, das große Problem, das mit starken Emotionen befrachtete Thema, mit dem sich eine gegebene halbe Stunde Fernsehrealität zu beschäftigen beschließt. Die A-Story bekommt in den allermeisten Fällen der Star der Serie, die Hauptfigur. Außerdem befasst sich die A-Story mit dem Thema der Folge. Ob dieses Thema nun »Sag die Wahrheit«, »Halte deiner Schule die Treue« oder »Mach keine Dummheiten« lautet, es wird in der A-Story auf die umfassendste, tief schürfendste und dramatischste Weise behandelt.

Die B-Story ist weitaus weniger umfangreich und viel leichtgewichtiger als die A-Story. Für gewöhnlich handelt sie von Nebenfiguren, hat viel geringeren emotionalen Gehalt und bekommt weniger Bildschirmzeit als die A-Story. In einer gut konstruierten Sitcom gibt es einen thematischen Zusammenhang zwischen der A- und der B-Story, wobei die B-Story den Bedeutungsgehalt der A-Story kommentiert und verstärkt.

Ich betrachte die A-Story gern als Melodie und die B-Story als zweite Stimme. Wenn in der A-Story beispielsweise ein gewisser Mr Wacky seinen Boss um eine Gehaltserhöhung angeht, dann könnten Wackys Kinder in der B-Story versuchen, ihrem Vater mehr Taschengeld aus den Rippen zu leiern. Wenn Wacky in der A-Story von seiner Heroinsucht loszukommen versucht, könnte seine Freundin in der B-Story gegen ihre Kaffeesucht kämpfen.

Müssen A-Story und B-Story auf diese Weise miteinander verbunden sein? Nein, natürlich nicht: In der A-Story geht Wacky in den Knast, in der B-Story hat sein Neffe Akne. Es wäre auch möglich, dass die A-Story und die B-Story sich nur schneiden, wenn die eine das Problem der anderen löst. Wenn Mr Wacky beispielsweise vor der Frage steht, ob er bei seiner Steuererklärung schummeln soll, könnte er die Antwort darin finden, dass er seine Tochter zwingt, ihre Algebra-Hausarbeiten selber zu machen, statt von einer Freundin abzuschreiben. Sind Geschichten stärker, wenn sie thematisch verbunden sind? Ich glaube schon. Es ist schwerer, solche Storys richtig hinzukriegen, aber die Mühe lohnt sich.

Noch ein Schnellverfahren für Sitcom-Storys

Da nicht jeder Autor mit jeder Strategie gleich gut zurechtkommt, möchte ich Ihnen einen weiteren schnellen und schmutzigen Weg vorstellen, wie Sie Ihre Sitcom-Story in den Griff bekommen. Dieser Schnellweg führt über folgende Begriffe: *Einführung, Komplikation, Folge und Relevanz.*

Die Einführung einer Sitcom-Story ist etwas, was den Ärger auslöst oder die Geschichte in Gang setzt. Ein Gast von außerhalb kommt an. Eine alte Freundin taucht auf. Ein erstes Rendezvous zeichnet sich ab. Der Führerschein läuft ab. Die Ferien fangen an.

Die Komplikation ist das, was die schlimme Situation verschlimmert. Wenn in der Einführung eine Figur Hustensaft trinkt, dann ist die Komplikation, dass eine andere Figur den Boss zum Abendessen mit nach Hause bringt. Wenn die Einführung darin besteht, dass eine Figur für einen Direktorenposten an der Schule kandidiert, besteht die Komplikation darin, dass eine weitere Figur ihre Kandidatur anmeldet. Wenn jemand in der Einführung eine Lüge in einen Aufsatz einbaut, ist die Komplikation, dass dieser Aufsatz mit einem wichtigen Preis gekrönt wird. Wenn Mr Wacky in der Einführung zum

Arzt geht, besteht die Komplikation darin, dass er erfährt, er habe nur noch drei Wochen zu leben.

Die Folge ist das Resultat des von Einführung und Komplikation erzeugten Konflikts. Wenn zwei Personen sich um ein Amt bewerben, ist die Folge das Wahlergebnis. In der Hustensaft-Story fliegt der Hustensaft dem Boss als Folge sozusagen um die Ohren. Die Folge von Mr Wackys Konfrontation mit dem Tod besteht darin, dass er sich mit seiner Sterblichkeit abfindet, um dann zu entdecken (schließlich wollen wir ja, dass die Serie noch fünf Jahre weiterläuft), dass er doch nicht sterben muss.

Die Relevanz ist einfach eine Aussage über das Thema der Geschichte – welchselbige man übrigens am besten als Imperativ, als Anweisung, als Handlungsaufforderung formuliert. Halte zu deinen Freunden. Tu das Richtige. Hab keine Angst vor der Zukunft. Bleib stehen und rieche an den Rosen. Finde dich mit deiner Sterblichkeit ab. Überschütte die Menschen, die du liebst, mit Liebe; so was in der Art.

Eine Folge von *Gilligans Insel* könnte folgendermaßen angelegt sein. Einführung: Ein außerirdisches Raumschiff landet auf der Insel. Komplikation: Gilligan freundet sich mit den Aliens an, die sich einverstanden erklären, ihn nach Hause zu bringen. Folge: Gilligan macht sich Sorgen, dass die Aliens ausgenutzt werden könnten, und lässt sie ohne ihn abfliegen. Relevanz: Tu das Richtige, selbst wenn es dich was kostet.

Oder nehmen wir an, es gäbe eine Sitcom mit dem Titel *Zimmer mit Frühstück*, in der ein Paar ständig im Streit darüber liegt, wie es seine kleine Pension führen soll. Ohne auch nur das Geringste über die Figuren und ihr Leben zu wissen, könnten Sie trotzdem eine hübsche kleine Geschichte aus vier Sätzen für sie konstruieren.

Einführung: Buddy vermietet ein paar Zimmer an seine

alten Saufkumpane von der Uni, die mal wieder richtig pokern wollen. Komplikation: Beth vermietet einer Gruppe distinguierter Vogelbeobachter Zimmer fürs selbe Wochenende. Folge: Die Dinge geraten außer Kontrolle, und Beth und Buddy müssen zusammenarbeiten, um mit ihrer Gästeschar zurechtzukommen. Relevanz: Kommuniziere!

Sie finden diese Art, Geschichten zu erzählen, vielleicht seicht – pure Oberfläche und keine Substanz. Natürlich erfährt man in vier Sätzen nicht alles Wissenswerte über eine Geschichte. Aber alles Wissenswerte ist implizit in diesen vier Sätzen enthalten – wenn es die richtigen sind.

Nehmen Sie zur Übung eine real existierende oder selbst erdachte Situationskomödie und versuchen Sie, ein paar Schnellverfahren-Geschichten für diese Serie zu erfinden.

Meine Serie heißt *Mr Wacky*, und es geht darin um den ehemaligen Moderator einer Kindersendung, der jetzt ein Altersheim für abgehalfterte Schauspieler führt.

> Zwecks Begleichung von Steuerschulden richtet Wacky ein illegales Spielcasino ein. Die Polizei macht eine Razzia, und Wacky wandert in den Knast. Wackys leidenschaftliche Verteidigungsrede vor Gericht führt dazu, dass sowohl seine spielenden Schützlinge als auch das Finanzamt klein beigeben. Thema: Wehre dich gegen Ämter und Behörden.

> Wacky erhält von seinem Arzt den Rat, eine Diät zu machen. Er versucht es, aber ohne Erfolg, und bekommt schließlich einen Herzinfarkt. Während er mit dem Tode ringt, wird ihm klar, dass seine Lebensweise falsch war. Thema: Nimm dein Leben wichtig.

> Wacky tritt in einer Game Show auf und räumt dort groß ab. Dann findet er heraus, dass das Spiel manipuliert worden ist. Er lässt die Sache auffliegen und opfert dabei seinen neugewonnenen Ruhm und sein Vermögen. Thema: Bleib dir treu.

Dieses Instrument der Steno-Story-Konstruktion (das bei allen Arten von Geschichten funktioniert, nicht nur bei Sitcoms) ist besonders nützlich, wenn Sie auf der Suche nach Ideen für Geschichten sind. Wenn Sie eine lange Liste von Storys anlegen, die nur bis zur Ebene von Einführung, Komplikation, Folge und Relevanz entwickelt sind, merken Sie ziemlich schnell, welche gut sind, ohne eine Menge zusätzlicher Arbeit investieren zu müssen.

Überdies kann man mit diesem Schnellverfahren auch nach der *impliziten Feuerwerksszene* suchen, wie ich sie nenne. Eine gut konstruierte Sitcom-Story enthält oftmals eine nur angedeutete große, klimaktische Szene, in der das Feuerwerk hochgeht, alle Torten geworfen oder alle verborgenen Geheimnisse aufgedeckt werden. Genauso wie man eine Linie von der alten zur neuen Stabilität ziehen können sollte, kann man in einer gut gebauten Geschichte eine klare Linie von der Einführung zur impliziten Feuerwerksszene ziehen.

Wenn eine Figur in der Einführung Ihrer Geschichte selbst gebrauten Hustensaft trinkt, ist die implizite Feuerwerksszene diejenige, in der die Figur sich zum denkbar schlechtesten Zeitpunkt der denkbar ungeeignetsten Person gegenüber total danebenbenimmt. Wenn Ihre Geschichte mit einer Lüge beginnt, irgendeiner Lüge, ist die implizite Feuerwerksszene diejenige, in der schließlich die Wahrheit herauskommt. Auch hierbei gilt wieder, dass man die Details der impliziten Feuerwerksszene nicht in einem einzigen Satz erfahren kann, aber indem man ihr einen Namen gibt, weiß man, wo man nach Antworten suchen muss.

Oft beruht die implizite Feuerwerksszene auf einer Entscheidung, die sich als Schlüsselelement der ganzen Geschichte erweist. Angenommen, in einer Sitcom ginge es um einen ehemaligen Football-Profi. In einer Folge könnte er die

Chance kriegen, wieder als Spieler aktiv zu werden. Ohne mehr über diese Folge zu wissen, können Sie ziemlich sicher sein, dass die implizite Feuerwerksszene diejenige sein wird, in welcher der Footballspieler die endgültige Entscheidung darüber trifft, was er bezüglich seiner immer wiederkehrenden Träume von einem Dasein als Profi tun soll. Alte Stabilität: Figur spürt, dass ihre Karriere vorbei ist. Instabilität: Figur bekommt eine letzte Chance. Neue Stabilität: Figur akzeptiert, dass die Vergangenheit wirklich Vergangenheit ist.

Experimentieren Sie jetzt eine Weile mit diesen Instrumenten zum Geschichtenerzählen und finden Sie heraus, mit welchen Sie am besten zurechtkommen.

Outlines

Bevor Sie sich ans Drehbuch für eine Sitcom setzen, sollten Sie eine ausführliche, umfassende *Outline* schreiben. Darin erzählen Sie Ihre Geschichte im Präsens und bringen dabei so viele Details, so viel echtes Gefühl und so viele lustige Vorfälle wie möglich zu Papier. Im Normalfall ist dieser Prosatext rund zehn Seiten lang, aber da gibt es keine festen Regeln. Sie sollten die Geschichte einfach so vollständig wie möglich erzählen, denn Ihre Outline ist die Blaupause, nach der Sie später das Drehbuch verfassen.

Eine Warnung: Wenn Sie noch nie eine Situationskomödie geschrieben haben, werden Sie diesem Teil des Prozesses höchstwahrscheinlich kaum Bedeutung beimessen. Vielleicht sagen Sie: Outline? So 'nen Quatsch brauchen wir nicht, und stürzen sich schnurstracks in die Arbeit am Drehbuch, weil Sie fest davon überzeugt sind, dass es Ihnen schon gelingen wird, die Story »unterwegs« auszuarbeiten. Liebe Leute, glaubt es einem, der es selbst durchgemacht hat, in *der* Richtung liegt der Wahnsinn. Wenn man der Outline nicht die Zeit widmet, die ihr gebührt, wird einem die Rechnung hinterher beim Drehbuch mit Zins und Zinseszins präsentiert. Warum? Story-Probleme. Indem man eine Outline schreibt und sie immer wieder überarbeitet, entdeckt man seine Story-Probleme und löst sie, sobald sie auftauchen. Es ist um ein Vielfaches leichter, Probleme in der Outline zu lösen als im Drehbuch, einfach deshalb, weil man weniger Worte und weitaus weniger Seiten umschreiben muss. Tun Sie sich selbst einen Gefallen: Stecken Sie so viel Zeit und Energie wie möglich in die Outline; vergewissern Sie sich, dass die Story funktioniert, bevor Sie sich ans Drehbuch setzen.

Ein typischer Absatz in einer Outline könnte etwa folgendermaßen aussehen:

ERSTER AKT/ERSTE SZENE – WOHNZIMMER DER WACKYS – TAG

Mr WACKY zappt durch die Kanäle und staunt darüber, dass alle siebenundfünfzig Sender es geschafft haben, ihre Werbepausen zu synchronisieren. Sein Sohn DWIGHT kommt von der Schule nach Hause; er tut so, als ob nichts weiter wäre, verbirgt aber offenbar etwas. Wacky lässt nicht locker, bis Dwight schließlich damit herausrückt, dass ein Mädchen ihn gefragt hat, ob er mit ihr ausgehen will. Wacky fragt sich, was daran so schlimm ist. Gibt es etwas in Bezug auf Dwights sexuelle Orientierung, was Wacky wissen sollte? Nein, nein, Dwight ist ein ganz normaler Hetero; es ist nur so, dass dieses Mädchen im Ruf steht, ein ziemlich wildes Sexualleben zu führen, und Dwight hat gehört, sie sei nur an seinem Körper interessiert. Er fühlt sich ausgenutzt. Wacky pflichtet ihm ernsthaft bei, dass niemand es verdient, als Sexualobjekt behandelt zu werden, aber kaum ist Dwight draußen, reckt er triumphierend die Faust: »Jawoll! Mein Sohn ist ein echter Hengst!«

Sobald Sie den ersten Entwurf Ihrer Outline fertig haben, sollten Sie ihn gründlich auf zwei Dinge überprüfen: *Probleme* und *Gelegenheiten*. Probleme sind Fehler in der Logik oder im Sinngehalt Ihrer Geschichte. Gelegenheiten sind all die unzähligen Möglichkeiten, die Geschichte stärker und interessanter zu machen und den Szenen mehr Witz, Leben und Tiefgang zu verleihen, bevor Sie sich überhaupt ans Drehbuch setzen.

Beim Umgang mit Story-Problemen sollten Sie auf zwei Arten von Logik achten: auf *Plot-Logik* und *Story-Logik*. Plot-Logik ist äußere Logik, die Abfolge der Ereignisse, die Sie, der Autor, Ihrer Geschichte auferlegen. Story-Logik ist die innere Logik Ihrer Figuren, deren Gründe dafür, sich so zu verhalten, wie sie es tun. Jede Fortentwicklung der Handlung muss sowohl der Plot-Logik als auch der Story-Logik folgen. Mit anderen Worten, die Handlungen Ihrer Figuren müssen die Geschichte vorwärts bewegen, aber sie müssen auch für die Figuren selbst sinnvoll sein. Sonst haben Sie am Schluss nur Plot-Roboter, Figuren, die keinem anderen Zweck dienen, als die Geschichte voranzutreiben.

Angenommen, Sie schreiben eine Spec-Folge von *Mr Wacky* (tun Sie? Ich fühle mich geschmeichelt), in der Mr Wacky eine Vasektomie in Erwägung ziehen soll. Er kann nicht einfach eines Morgens aufwachen und sagen: »Herrje, ich glaube, ich würd mir gern mal am Sack rumschnippeln lassen.« Stattdessen muss etwas in der Geschichte ihn zu dieser Entscheidung treiben. Wenn seine Freundin Angst vor einer Schwangerschaft hat, könnte Wacky beschließen, dass es an der Zeit ist, dem guten alten Spermiogramm Adieu zu sagen. Diese Sequenz befriedigt sowohl die Plot-Logik als auch die Story-Logik; Sie, der Autor, wollen Wacky ins Krankenhaus bringen, und jetzt will auch Wacky selbst dorthin.

Wenn Plot-Logik und Story-Logik nicht übereinstimmen, werden Ihre Leser oder Zuschauer unzufrieden sein. Achten Sie also beim Überarbeiten Ihrer Outline darauf, dass die Handlungsweise Ihrer Figuren immer darin begründet liegt, wer diese Figuren sind, was sie wollen und wie wir ihr Verhalten verstehen.

Gelegenheiten sind diejenigen Stellen in Ihrer Outline, an denen Sie Ihre Komik-Instrumente einsetzen können. In meinem Beispiel habe ich Mr Wacky vor einen Fernseher gesetzt und ihn auf seine zynische Weise auf »diese ganzen Werbespots« im Fernsehen reagieren lassen. Bei der Überarbeitung der Outline sehe ich in dieser Szene vielleicht eine Gelegenheit, Wackys Reaktion zu übertreiben, kontextuellen Zusammenprall auf Wackys komische Perspektive anzuwenden oder sogar mit Hilfe der Abstraktion einen weitaus besseren Fernsehfeind zu finden. Home Shopping? Tele-Evangelisten? Wie kann ich seine schlimme Lage noch verschlimmern?

Erst durch die Überarbeitung Ihrer Outline wird Ihre Geschichte richtig gut und witzig, und zwar aus folgendem Grund: Jedes Mal wenn Sie Ihre Outline umschreiben, dringen Sie tiefer in die Geschichte ein, entwickeln ein besseres Verständnis für sie und können ihr komisches Potenzial effektiver nutzen.

So könnte ich zum Beispiel erst in der dritten oder vierten Fassung meiner Geschichte erkennen, dass es noch viel spaßiger wäre, wenn zwei Mädchen hinter Dwight her wären, wenn Wacky sich in die Mutter des Mädchens verlieben würde oder wenn Wacky und sein Sohn gemeinsam zu einem Doppelrendezvous gingen. Allein schon durch den Vorgang der Überarbeitung wird die Geschichte unweigerlich bereichert, und die Figuren werden konsistenter, realistischer und interessanter.

Um so viel wie möglich aus Ihrer Outline zu machen, müssen Sie das verdammte Ding schreiben und es dann wieder und wieder umschreiben, bis die Probleme alle verschwinden und die Gelegenheiten alle zum Vorschein kommen. Nehmen Sie sich jetzt die Zeit – nicht Minuten, sondern Stunden, Tage oder Wochen –, die Outline für Ihr nächstes Sitcom-Skript zu schreiben und zu überarbeiten. Je mehr Zeit Sie auf die Outline verwenden, desto besser wird Ihr Drehbuch schließlich werden.

Von der Story zum Drehbuch

Wenn Sie damit fertig sind und Ihre Story in groben Zügen niedergeschrieben haben, sollte es ziemlich leicht sein, im Anschluss daran das Drehbuch zu verfassen. Nun ja, »leicht« ist vielleicht ein zu starkes Wort. Vielleicht wäre »nicht unmöglich« die treffendere Formulierung. Aber bedenken Sie: Ein Drehbuch nach einer gründlichen und detaillierten Outline zu schreiben ist nur die Übersetzung der Story von einer Form in die andere. Ein Drehbuch ohne ausführliche Outline zu schreiben, ist so, als würde man mit einer Shrimpsgabel Gold waschen.

Bietet eine gut ausgearbeitete Outline die Gewähr dafür, dass im Drehbuch keine Story-Probleme mehr auftauchen? Ich wünschte, es wäre so. Leider erleben wir auf dem Weg von der Story zum Drehbuch oft den *Grand-Canyon-Effekt*, wie ich ihn nenne. So gut der Canyon auch vom Rand aus aussehen mag, richtig kennen lernen werden Sie ihn erst, wenn Sie den Eselspfad hinuntergehen. So gründlich Sie Ihre Story auch ausgearbeitet haben, all ihre Probleme werden Sie erst entdecken, wenn Sie sich ins Skript stürzen.

Ihr Sitcom-Drehbuch sollte mehr oder weniger genauso lang sein wie die Bücher der Serie, für die Sie schreiben. Ich habe mal einen Story Editor gefragt, wie lang mein Drehbuch sein solle, und er sagte: »So lang Sie wollen, sofern es nicht weniger als vierzig und nicht mehr als zweiundvierzig Seiten sind.« Heutzutage ziehe ich eine organischere Herangehensweise vor. Schreiben Sie Ihre Geschichte so ausführlich und vollständig auf, wie Sie können. Werfen Sie alles raus, was für die Story ohne Belang ist. Häufig haben Sie dann ein Drehbuch von annähernd richtiger Länge.

Wenn alle Stricke reißen, erstellen Sie ein exaktes Abbild der Skripts der Serie, für die Sie schreiben. Machen Sie es einfach genauso wie die anderen, was das Format und die Länge betrifft, dann können Sie nicht allzu weit daneben liegen. Professionelle Präsentation ist wichtig. Ihr Spec-Script ist Ihre Visitenkarte; es soll Ihr Vorzeigestück sein. Das heißt, dass die Namen Ihrer Figuren richtig geschrieben sind, dass Ihr Layout konsistent und sauber ist und dass Tippfehler ausgemerzt sind. Zuallermindest wollen Sie ja niemandem eine billige Ausrede für die Ablehnung liefern. Dafür werden die schon von allein jede Menge Gründe finden.

Wissen Sie, es gibt in Hollywood (und auch woanders, möchte man meinen) ein Phänomen namens »das schwarze Loch der Spec-Scripts«. Wenn Sie Ihr minutiös ausgetüfteltes Spec-Script an einen Agenten oder den Produzenten einer Fernsehserie schicken, landet es auf einem Stapel von Dutzenden, vielleicht Hunderten weiterer, genauso minutiös ausgetüftelter Spec-Scripts, bis es schließlich so viele sind, dass man vermutlich dorische Säulen daraus errichten könnte. Irgendwann nimmt dann irgendwer Ihr Skript von diesem immer weiter wachsenden Turm. Wenn das Erste, worauf sein Blick fällt, ein Tippfehler ist, der falsch geschriebene Name des Stars oder Fotokopien von Büroklammern, wirft er Ihr Skript wieder auf den Haufen und nimmt stattdessen ein anderes zur Hand.

Es ist grausam, aber wahr: Ihr Skript kann unberührt liegen bleiben, bis die Serie abgesetzt wird, der Produzent wechselt oder der Agent die Nase voll hat vom Business und in Rente geht. Verschaffen Sie Ihrem Skript also jeden erdenklichen Vorteil im Kampf um die Chance, gelesen zu werden. Sorgen Sie als Erstes dafür, dass es gut aussieht. Dafür zu sorgen, dass es sich auch gut liest, ist viel schwerer.

In den heutigen Zeiten, wo jeder Hans und Franz eine Spec-Sitcom geschrieben hat, könnte es sogar sein, dass Ihr Werk nicht einmal komplett gelesen wird. Vielleicht schlägt man es aufs Geratewohl irgendwo auf und beurteilt das Ganze danach, was dort gerade steht. Denken Sie daran, was ich über Mikrokosmos und Makrokosmos gesagt habe. Schon deshalb muss Ihr Skript *auf jeder Seite* funktionieren.

Lernen Sie, Ihr Skript rigoros zu testen, vergewissern Sie sich, dass jede Seite singt und Ihre wahre Stärke als Autor demonstriert. Heißt das, Sie werden Arbeit bei einer Fernseh-Sitcom bekommen? Vielleicht. Vielleicht auch nicht. Die Chancen stehen leider schlecht, und es hat nicht den Anschein, als würde sich das in nächster Zeit bessern. Trotzdem, irgendjemand muss die verdammten Serien ja schreiben, die schlechten ebenso wie die guten, und wenn Sie das Talent und den Drive haben, sind Sie es vielleicht. Machen Sie sich bloß nicht vor, bei Situationskomödien ginge es nur um Witze. Wie Sie sehen, geht es dabei um weitaus mehr.

13
SKETCH-COMEDY

Manchmal will man keine komplette komische Geschichte, sondern nur einen komischen Moment schaffen und auskosten. In diesem Fall braucht man nicht die große Struktur von Romanen oder Drehbüchern, aber eine Struktur benötigt man dennoch, wenn auch nur, um die nervtötende Frage zu beantworten: »Was mache ich als Nächstes?«

Mittlerweile wissen Sie sicher, dass ich Sie nicht ohne Landkarte oder zumindest eine Reihe kodierter Befehle zu Ihrem Streifzug in diese Regionen des Komik-Planeten aufbrechen lassen werde. Die folgende Neun-Punkte-Methode ist nicht die einzige Herangehensweise an die Sketch-Comedy, aber ich finde sie nützlich. Vielleicht geht es Ihnen ja genauso.

1. Eine starke komische Figur finden

Damit sind wir schon wieder bei den Grundlagen: Worum geht es in Ihrer Geschichte? Kreieren Sie mit Hilfe Ihrer Kenntnisse über komische Perspektive, Übertreibung sowie Fehler und Menschlichkeit eine komische Figur, die im Mittelpunkt Ihres Sketches steht. Kommen Sie nicht auf die Idee, dass es in Sketchen um »normale« Menschen ginge, es ist hier nicht anders als in jeder anderen Form der Komödie. Denken Sie für einen Moment an Ihre Lieblings-Sketch-Comedy, und Sie werden sehen, dass sie auf Charakteren aufgebaut ist. Lily Tomlins kleine Edith Ann in *Laugh-In*, John Belushis Samurai in *Saturday Night Live* usw.

Doch es reicht nicht, bloß eine komische Figur zu erfinden und hinzustellen. Das erzeugt das statische Bild einer gut gerüsteten, aber ziellosen Figur. Sie müssen Ihre Figur in Bewegung setzen. Komödie ist Konflikt. Sketch-Comedy ist Komödie. Das heißt, Sie müssen...

2. Eine oppositionelle Kraft finden

Hier haben Sie ein paar Wahlmöglichkeiten. Sie können entweder den komischen Gegenpol Ihrer Figur suchen oder eine normale Figur, die als »Folie« Ihrer komischen Figur fungiert. Wenn die komische Figur Magnum ist, wird er Higgins brauchen, damit der ihm das Leben so schwer wie irgend möglich macht. Aber wenn Ihre komischen Figuren die Coneheads sind, brauchen Sie sie bloß mit normalen Erdlingen zusammenzubringen, dann ist die oppositionelle komische Kraft stark genug.

Jedenfalls sollten Sie dafür sorgen, dass all Ihre Figuren den starken Wunsch haben, entweder zu gewinnen oder davonzukommen. Ohne eine dieser Motivationen haben sie nichts, wofür sie kämpfen können, und dann sitzen sie einfach nur herum und machen nette Konversation, so dass Ihr Sketch schon zu Ende ist, bevor er angefangen hat. Im besten Szenario haben Sie zwei oder mehr Figuren, die zuerst gewinnen und dann davonkommen wollen. Als Nächstes brauchen Sie etwas, was sie daran hindert, sich zu trennen, bevor der Kampf begonnen hat und ausgefochten ist.

3. Eine Zwangsgemeinschaft etablieren

Hier geht es darum, einen *Set-Kleber* zu finden, einen starken, zwingenden Grund, weshalb Ihre Figuren für die Dauer der

Szene am Set bleiben müssen. Diese Zwangsgemeinschaft kann etwas Positives wie eine fiktive Fernseh-Talkshow sein oder etwas so Negatives wie eine Gefängniszelle oder ein Zimmer in der Hölle. Monty Python etablierten eine Zwangsgemeinschaft, indem sie einfach eine völlig ahnungslose Person in einen Laden schickten, der von einem Irren geführt wurde.

Bob Elliot und Ray Goulding griffen in *Bob & Ray's Public Radio Show* immer wieder auf ein Rundfunkinterview-Format zurück. Sie können so gut wie jede Situation nehmen, solange man leichter hinein- als herauskommt.

4. Den Konflikt eskalieren lassen

Sketch-Konflikte fangen scheinbar unbedeutend an. Jemand will wissen, wie spät es ist, jemand anderes will es ihm nicht sagen. Jemand will Möbel kaufen, jemand anderes will sie nicht verkaufen. Jemand will die Küstenstraße nach Santa Barbara nehmen, jemand anderes will durch die Berge fahren. Ganz gleich, wie der Konflikt anfängt, sorgen Sie dafür, dass der Streit fast sofort schlimmer (also natürlich besser) wird: laut und wütend. Persönlich. Und gewalttätig, wenn irgend möglich.

Am leichtesten lässt man einen Konflikt eskalieren, indem man auf die innersten Gefühle einer Figur abzielt. Wenn ein Ehepaar über den richtigen Weg zu einer Party streitet, geht es los mit »Wir haben uns verfahren« und eskaliert dann rasch über »Du fragst nie, wo es langgeht«, »Hack nicht dauernd auf mir rum« und »Warum bist du so blöd?« bis hin zu »Ich hätte dich überhaupt nicht heiraten sollen« und »Ich will die Scheidung«, und dann springt einer der beiden aus dem Wagen – vorzugsweise bei hoher Geschwindigkeit.

5. Den Einsatz erhöhen

Zu diesem Zeitpunkt des Sketches sollten Sie ein neues Element der Gefahr oder der Belohnung für Ihre Figuren einführen. Sorgen Sie dafür, dass es in der Szene auf einmal um etwas Neues, anderes und wesentlich Wichtigeres geht.

Wenn Ihr Sketch mit dem Versuch eines Priesters beginnt, die Seele einer gefallenen Frau zu retten, wird der Einsatz erhöht, wenn diese den Spieß umdreht und sein Zölibat in Gefahr bringt. Wenn sich am Anfang des Sketches jemand als Schuhputzer andient, wird der Einsatz erhöht, wenn sich plötzlich eine Art Klassenkampf daraus entwickelt. Fragen Sie sich immer: Was ist das Schlimmstmögliche, was dieser Person als Nächstes zustoßen könnte?, und sorgen Sie dann dafür, dass es auch wirklich eintrifft.

6. Die Grenzen verschieben

Machen Sie das Schlimme noch schlimmer. Wenn Sie eine gefallene Frau haben, die einem Priester unsittliche Avancen macht, führen Sie weitere Priester und weitere gefallene Frauen ein. Lassen Sie sie ein paar Kleider ablegen. Bringen Sie Ihre Figuren zum Schwitzen. Bringen Sie sie in die Klemme. Es geht darum, das wilde, wahnsinnige, verzweifelte Gefühl zu erzeugen, dass alles aus den Fugen gerät. Haben Sie die Cops schon ins Spiel gebracht? Hat sich jemand was gebrochen? Sind alle Torten geworfen?

In der besten Sketch-Comedy werden die Grenzen bis zum totalen Irrsinn verschoben, bis zur kompletten seelischen Zerstörung einer oder mehrerer beteiligter Figuren. Die Übertreibung ist hier Ihr bester Freund, und die Logik sollten Sie so weit wie möglich außer Acht lassen. Wenn Sie wagemutig sind und für haarsträubende Entwicklungen sorgen, bekommt Ihre Szene Flügel und hebt ab. Wenn Sie aber am Typischen kleben bleiben, wird Ihre Szene an Langeweile verrecken.

7. Einen emotionalen Höhepunkt suchen

Wenn nun alles nach Plan geht, wenn Ihr Sketch sich mehr und mehr auf die innersten Gefühle der Figuren zubewegt, wenn der Einsatz erhöht wird, dann sollte sich in dem von Ihnen angerichteten Werk der Zerstörung wie von selbst ein klarer emotionaler Höhepunkt abzeichnen. Darum ist es so wichtig, mit starken komischen Gegenpolen und echten Konflikten in einer geschlossenen Situation anzufangen. Diese Druckkochtopf-Elemente sorgen dafür, dass die Sache explodiert. Sketch-Comedy funktioniert am besten, wenn es richtig knallt. Damit das geschieht, müssen Sie Ärger erzeugen, den Ärger steigern und komprimieren und ordentlich auf die Tube drücken.

8. Einen Gewinner ermitteln

Wer gewinnt? Wer verliert? Damit Ihr Sketch den Leser oder Zuschauer wirklich befriedigt, müssen Sie das Gefühl erzeugen, dass er vollständig oder abgeschlossen ist. Es ist egal, wer am Schluss die (metaphorische) Kanone zieht und seinen Feind wegpustet, aber Ihre Arbeit ist erst getan, wenn diese Kanone abgefeuert worden ist und die Leiche auf dem Boden aufschlägt.

Im Zentrum eines typischen Comedy-Sketches könnte der unsympathische Moderator einer Talkshow stehen, der seinen Gast angreift und demütigt. Am Ende könnte der Showmaster ihn zu einem zitternden Häufchen Elend reduziert haben, oder

der Gast könnte den Showmaster in einen tödlichen Würgegriff nehmen. Möglich wäre auch, dass die beiden die besten Freunde werden. Sie haben die Wahl zwischen vier Schlüssen: Jemand gewinnt, jemand verliert, alle gewinnen, alle verlieren. Es ist egal, wie die Story endet, solange sie *überhaupt* endet. Man weiß, dass ein Sketch in Schwierigkeiten ist, wenn man ihn nur noch langsam ausblenden und das »Applaus«-Zeichen aufleuchten lassen kann.

9. Den Bezugsrahmen ändern

Hier geben Sie Ihrem Sketch zum Abschluss noch einmal eine Wende oder einen neuen Dreh. Ganz gleich, welche Realität Sie geschaffen haben, suchen Sie einen Weg, aus dieser Realität herauszutreten und sie als Phantasieprodukt zu entlarven. Wenn Sie ein Ehepaar haben, das sich auf dem ganzen Weg zu einer Party streitet, treten Sie an dieser Stelle aus dem Zank heraus und enthüllen Sie, dass er nicht auf der Straße, sondern in einem Autogeschäft stattgefunden hat, wo das Paar gerade einen neuen Wagen darauf testet, ob er die von beiden so geliebten Kabbeleien aushält. Die abrupte Änderung des Bezugsrahmens löst die gesamte Spannung auf, die sich in dem Sketch angestaut hat. Sie ist die Koda, die abschließende Verzierung, und die darf man nicht ignorieren. Zumindest ist es eine nützliche Methode, einen Sketch abzuschließen, bei dem sich kein natürliches Ende anbietet.

Wenn man Sketch-Comedy schreibt, ist man der starken Versuchung ausgesetzt, sich einfach kopfüber reinzustürzen, mit Dialogen anzufangen und zu sehen, wohin einen das Ganze führt. Das kann man so machen, aber ich glaube, es geht einem leichter von der Hand und ist produktiver, wenn man eine *Beat Outline* erarbeitet, bevor man sich ans Skript setzt.

Ein »Beat« ist eine Aktion oder ein Konflikt, zum Beispiel: Bob und Ethyl streiten sich über ein Buch. Eine Beat Outline schildert im Präsens alle Handlungen und Konflikte einer Szene oder eines Skripts. Die Beat Outline für den oben erwähnten Sketch könnte etwa so aussehen:

I. Ein Paar sitzt in einem Wagen. Er ist eine graue Maus, sie eine Vogelscheuche. Sie streiten sich darüber, wie sie zu einer Party kommen.

II. Sie fängt an sich zu beschweren, dass er nie anhält, um nach der Richtung zu fragen. Er kontert, dass sie ständig auf ihm herumhackt. Wenn sie ihn einfach in Ruhe ließe, könnte er sich konzentrieren, und sie wären schon da.

III. Sie verrät, dass sie gar nicht auf die Party wollte, weil da doch nur seine langweiligen Freunde sind. Er sagt, immer noch besser als ihre langweilige Familie.

IV. Jetzt geraten sie ernstlich in Streit und werden dabei persönlich: ihre schlechten Angewohnheiten, sein zurückweichender Haaransatz, ihr Gewicht, die Männer, die sie statt seiner hätte heiraten können usw.

V. Einer von ihnen hat genug und verlangt die Scheidung. Der andere stimmt zu. Sie verfallen in steinernes Schweigen, finden sich damit ab, dass es mit ihrer Ehe vorbei ist.

VI. Jemand klopft ans Fenster des Wagens. Es ist ein Autoverkäufer, der sie fragt, wie ihnen der Wagen gefällt. Sie sagen, sie finden ihn prima. Als sie aussteigen und sich ans Unterzeichnen des Kaufvertrags machen, blenden wir aus.

Sie sehen hoffentlich, dass es erheblich einfacher und viel sicherer ist, den Sketch auf der Basis einer solchen Struktur zu schreiben, als nach der »Jagen und Hoffen«-Methode zu verfahren. Und wie immer lassen sich die defekten Teile der Struktur in der Outline leichter reparieren als im Skript.

Es gibt eine Variante der Sketch-Comedy-Struktur, in der die oppositionelle komische Kraft nicht direkt, sondern nur implizit vorhanden ist. Normalerweise ist das in einem parodistischen Sketch der Fall; dort ist die oppositionelle Kraft die parodierte Person, Sache oder Institution. Als Chevy Chase in *Saturday Night Live* Gerald Ford imitierte, war Ford die implizite oppositionelle Kraft. Ähnlich hatten Dana Carvey und Mike Myers einen impliziten Konflikt mit enthemmten TV-Shows, über die sie sich in *Wayne's World* lustig machten.

Die Gefahr dabei ist, dass auch einer tollen komischen Idee schnell die Luft ausgeht, wenn sie nicht von einer starken Geschichte und echten Konflikten vorangetrieben wird. Es reicht nicht, dass die Church Lady das Frömmlertum parodiert – sie muss ein echtes Ziel haben, einen Feind, niemand Geringeren als ... SATAN!!!, an dem sie ihren Spleen austoben kann.

Die beste Sketch-Comedy erschafft Figuren, die sich im öffentlichen Bewusstsein einnisten und alte Freunde werden. Die Church Lady, Wayne und Garth, Edith Ann, sie alle wurden Ikonen der Popkultur, so dass allein schon der Auftritt der Figur einen Lacher brachte. Solche Figuren können wahre Goldesel für ihre Schöpfer werden. Wenn Sie auch so einen Goldesel haben möchten, fangen Sie mit starken komischen Figuren an. Falls Sie Glück haben, schafft eine den Durchbruch, und dann ergießt sich der gewaltige Tantiemenstrom der T-Shirt-Lizenzen in Ihre Kasse.

Hier ist die Outline für einen Comedy-Sketch.

> Ein selbst ernannter Experte wird im Fernsehen interviewt. Wir wissen, dass er eine komische Figur ist, als klar wird, dass dieser Experte von eigenen Gnaden keinen blassen Schimmer von seinem angeblichen Fachgebiet hat. Der Interviewer ist seine oppositionelle Kraft, jemand, der entschlossen ist, den Schwindel aufzudecken. Die Zwangs-

gemeinschaft wird vom Set-Kleber der Fernsehshow etabliert. Der Konflikt eskaliert, als der Interviewer den Sachverstand des »Experten« anzweifelt. Der Einsatz wird erhöht, als die Unwissenheit des Experten sich als potenziell bedrohlich oder sogar tödlich für diejenigen erweist, die seinem Rat folgen. Die Grenzen werden verschoben, als der Experte die Beweise dafür, dass er ein Betrüger ist, nicht mehr ignorieren kann. Ein emotionaler Höhepunkt wird erreicht, als der Experte bei der Erkenntnis, was für einen Schaden er angerichtet hat, einen Nervenzusammenbruch bekommt. Der Gewinner ist der Interviewer, der den so genannten Experten zurechtgestutzt hat. Der Rahmen wird verändert, als wir entdecken, dass der Interviewer und der Experte Brüder sind und es bei dieser Auseinandersetzung in Wahrheit darum dreht, wer der Lieblingssohn ihrer Mutter war.

Hier ein weiteres Beispiel einer Eskalation in einem Comedy-Sketch, diesmal von Monty Python:

> Ein Mann betritt ein Wartezimmer, und ein Spiegel fällt von der Wand. Er versucht, ihn wieder aufzuhängen, und ein Bücherregal kippt um. Ein Dienstmädchen kommt herein, um aufzuräumen, und der Mann ersticht sie aus Versehen. Jemand will die Sache untersuchen und stürzt dabei zufällig aus dem Fenster. Die Polizei kommt, um unseren Helden zu verhaften, aber die Polizisten bekommen allesamt einen Herzinfarkt und sterben. Als der Mann das Wartezimmer verlässt, zerbrechen hinter ihm alle möglichen Dinge, und die Wände stürzen ein. Schließlich tritt er auf die Straße hinaus, und das ganze Gebäude explodiert.

Der Mann im Wartezimmer ist die komische Figur. Seine komische Perspektive lautet: Dauernd passieren mir irgendwelche Unfälle. Seine oppositionelle Kraft ist die magische Macht, die in dem Zimmer am Werk ist. Die Zwangsgemeinschaft wird dadurch etabliert, dass er auf seinen Termin warten muss. Die Eskalation erfolgt auf direktem Wege vom Spiegel über das Bücherregal zum Dienstmädchen. Der Einsatz wird erhöht, als er wegen Mordes festgenommen wird. Sein emotionaler Höhepunkt besteht in der Erkenntnis, dass er sich im Auge eines Orkans der Zerstörung befindet und es kein Entrinnen gibt. Seine Flucht macht ihn zum Gewinner, und der Rahmen wird geändert – im wahrsten Sinne des Wortes –, als das Haus zu existieren aufhört.

Aus einem anderen Blickwinkel betrachtet, geht es in der Sketch-Comedy um die Erschaffung und anschließende Zerstörung von Realität. Allein schon die Einführung des Lesers oder Zuschauers in eine Szene wirft die Frage auf: Was soll hier komisch sein? oder, anders formuliert: Was stimmt nicht in diesem Bild? Die Frage erzeugt Spannung, und wenn man die Realität der Szene zerstört, löst man diese Spannung in Gelächter auf.

Ein Junge geht zu einer Tankstelle, um einen Basketball aufzupumpen. Während er mit dem Luftschlauch kämpft, erklärt ihm der Tankwart mit ernster Miene, in diesem Schlauch sei nur »Reifenluft«; damit könne man keinen Basketball aufpumpen. Der Tankwart ist die komische Figur, der Junge seine Folie, das Tankstellen-Setting begründet ihre Zwangsgemeinschaft. Die Spannung wird durch die Frage erzeugt: Hat dieser Kerl noch alle Tassen im Schrank? Der Tankwart lässt den Konflikt durch immer überzeugendere Argumente dafür eskalieren, dass man mit Reifenluft keine Basketbälle aufpumpen kann. Der Einsatz wird erhöht, als sich eine Menschenmenge ansammelt und in der Debatte Partei ergreift. Die Grenze wird verschoben – und die Realität zerstört –, als der Tankwart den Ball schließlich so voll pumpt, dass er dem Jungen in den Händen zerplatzt. »Siehst du, Kleiner? Ich hab's dir ja gesagt, mit dieser Luft geht das nicht.« Der Tankwart gewinnt, und der Junge verliert. Schließlich ändern wir den Rahmen, indem wir enthüllen, dass es sich um einen dokumentarischen Lehrfilm zum Thema »Wie man Vollidioten am Arbeitsplatz erkennt« handelt.

Machen Sie folgende Übung: Tun Sie so, als wären Sie Autor einer erfolgreichen Comedy-Show. Kreieren Sie eine Sketch-Figur, die eine Pop-Ikone werden kann. Bringen Sie sie in eine wiederholbare Situation und schaffen Sie eine starke oppositionelle Kraft. Jetzt setzen Sie die beiden in Bewegung. Schreiben Sie einen Sketch um die Zwangsgemeinschaft dieser inkompatiblen Figuren, erhöhen Sie den Einsatz, lassen Sie eine von ihnen auf den Sieg zusteuern und warten Sie dann darauf, dass die T-Shirt-Tantiemen zu rollen beginnen.

Manchmal hat es den Anschein, als könnte man einfach mit einem Kopfsprung in die Sketch-Comedy eintauchen und darin umherschwimmen – irgendwas wird sich dabei schon finden. Stimmt, das geht, aber ohne Planung, Struktur und Zielorientierung ist Ihr Sketch dazu verurteilt, seine Energien zu verausgaben und die großartige komische Idee, die Sie anfangs gehabt haben mögen, zu verschwenden. Das hat man im Fernsehen und auf der Bühne schon x-mal gesehen. Das Herzzerreißende an schlechter Sketch-Comedy: Sorgen Sie dafür, dass Sie davon verschont bleiben.

14
FEINSCHLIFF UND PERFEKTION

Bringen Sie Ihren scharfen inneren Zensor um! Verschieben Sie alles auf später! Befreien Sie sich von der Angst! Fällen Sie keine Urteile! Konzentrieren Sie sich auf den Prozess, nicht auf das Produkt! Und auf Quantität, nicht auf Qualität! Schreiben Sie Worte aufs Papier! Vermeiden Sie Bewertungen! Bewertungen sind schlecht! Tun Sie's einfach!

So, nun habe ich mein Jahreskontingent an Ausrufezeichen aufgebraucht, um Ihnen noch einmal ins Gedächtnis zu rufen, dass der Tod Ihres scharfen inneren Zensors ein sehnlichst erwünschtes Ziel ist. Nachdem ich Ihnen dergestalt geholfen habe, dieser Bestie den Garaus zu machen, möchte ich Ihnen nun helfen, sie wieder zum Leben zu erwecken, denn jetzt hat sie endlich eine nützliche Aufgabe zu erfüllen.

Wir haben vorläufig auf Werturteile verzichtet und Erwartungen reduziert, weil wir unsere Kreativität zum Strömen bringen wollten. Aber wenn das Rohmaterial einmal zu Papier gebracht ist, müssen wir ein geschliffenes, wundervolles Endprodukt daraus machen. Dazu brauchen wir nicht nur einen scharfen, sondern einen erbarmungslosen inneren Zensor mit hartem Blick und Nerven wie Drahtseilen, der sich unermüdlich für Qualität einsetzt. Wenn Sie Ihr Material auf die nächsthöhere Stufe heben wollen, kommen Sie nicht ohne ihn aus.

Damit wird Ihr Ego ziemlich zu kämpfen haben. Gar keine Frage. Wir verlieben uns alle in unsere Produkte, unsere Worte. Dieser Witz oder Sketch, dieses Skript oder diese komische Oper – es ist Ihr Baby, und jeder hält sein Baby für das süßeste der Welt. Und Sie haben Recht: Ihr Baby ist wirklich süß.

Aber nicht so süß, wie es sein könnte.

Hier geht es darum, Ihr Werk pfiffig, flüssig, witzig, elegant und einfach hundertprozentig bewundernswert zu machen, in jeder Hinsicht. Wie erreichen wir dieses Ziel? Indem wir Ihre Worte überarbeiten und verfeinern. Indem wir alle kreativen Entscheidungen, die Sie bisher getroffen haben, in Frage stellen und neu bedenken. Indem wir alles fein abstimmen. Indem wir im Streben nach hervorragender Qualität auf dem Gebiet der Komik noch mal ganz von vorn anfangen, wenn es sein muss.

Machen wir uns nichts vor, das ist viel harte Arbeit. Mal ganz abgesehen von Ego-Fragen, an dieser Stelle ist man häufig stark versucht, gut für gut genug zu erklären und zum nächsten Projekt überzugehen. Im Allgemeinen wollen wir so schnell wie möglich fertig werden.

Aber die harte Wahrheit ist, dass die eigentliche schriftstellerische Arbeit auf dem Gebiet der Komik beim Umschreiben stattfindet. Hier werden die Witze dreidimensional, die Figuren lebensecht, konsistent und emotional tiefgründig, hier schütteln die Geschichten ihre Probleme ab und nehmen ein faszinierendes Eigenleben an. Wenn Sie nicht bereit sind, Ihre Sachen mit vollem Einsatz zu überarbeiten und zu redigieren, können Sie genauso gut Lastwagenfahrer werden.

Beim Überarbeiten werden Sie durch die Hölle gehen. Wenn Sie sich einen Witz ansehen, werden Sie sagen: Verdammt noch mal, er ist gut so, wie er ist. Wenn Ihr Blick auf ein Loch im Plot fällt, werden Sie sagen: Vielleicht merkt's niemand. Und angesichts von Story-Problemen werden Sie sagen: Die kriege ich doch nicht weg, also kann ich sie genauso gut ignorieren, vielleicht verschwinden sie ja von selbst. Jedes Mal wenn Sie den Wunsch haben, Ihre Arbeit zu verbessern, werden Sie den gleich starken, entgegengesetzten Wunsch verspüren, stattdessen Ihr Ego zu schützen. Das erzeugt einen dynamischen inneren Konflikt und kann Sie sehr unglücklich machen. Irgendwann müssen Sie sich entscheiden, wem Sie dienen wollen, Ihrem Ego oder Ihrer Arbeit.

Der Weg des geringsten Widerstandes ist es, dem Ego zu dienen. Sie riskieren weniger und bleiben vergleichsweise ungefährdet. Aber der wahre Weg zum Erfolg beim humoristischen Schreiben liegt darin, der Arbeit zu dienen. Ihr Ego müssen Sie so weit wie möglich hintanstellen. Hier sind ein paar Strategien, die ich nützlich finde, wenn ich meinen scharfen inneren Zensor wie ein Robbenbaby erschlagen habe und später zu dem Schluss komme, dass ich ihn auf irgendeine Weise wieder zu pulsierendem, produktivem Leben erwecken muss.

Schürfen und aufbereiten

Man gräbt keine goldenen Halsbänder aus dem Boden. Zuerst schürft man das Erz und zermahlt eine Tonne Gestein, um eine Unze Gold zu gewinnen. Als Nächstes bereitet man es auf, schmilzt es ein, poliert es und bearbeitet es, bis seine Qualität zum Vorschein kommt. Anhand dieses Modells sieht man sofort, dass die Erwartung, Rohmaterial und Endprodukt seien identisch, unrealistisch ist.

Dennoch halten wir an dem Glauben fest, unsere Rohentwürfe und ersten Versuche unterschieden sich irgendwie von einfachem Golderz. Wir hätten gern, dass unser erster Versuch auch gleich der beste ist. Das spart Zeit und Mühe und belastet auch das Ego nicht weiter. Sobald Sie das humoristische

Schreiben jedoch als Schürf- und Aufbereitungsprozess verstehen, haben Sie einen Weg gefunden, der an dieser Barriere vorbei in die Welt des Überarbeitens hineinführt, wo die wahre Schönheit Ihres Werks zum Leuchten gebracht werden kann.

Schürfen heißt, alles erst einmal zu Papier zu bringen, wo Sie es ansehen, studieren, stückweise hin und her schieben, formen und gestalten können. Aufbereiten heißt, kleine und große Teile umzuschreiben, hier ein Wort, da einen Satz und irgendwo um die Ecke ein Kapitel zu ändern. Wieder einmal lösen wir einen Prozess in einzelne Schritte auf. Konzentrieren Sie sich beim Schürfen aufs Schürfen und anschließend beim Aufbereiten aufs Aufbereiten. Allein schon durch die Trennung dieser Funktionen bekommen beide einen Qualitätsschub.

Unser Gehirn verarbeitet Informationen nun mal auf vielfältige Weise. Im Hinblick auf unsere Kreativität bedeutet das: Die Möglichkeiten, mit Stoff zu arbeiten, den wir nur im Kopf haben, sind begrenzt. Um aus Ihren Versuchen auf dem Feld der Komik das meiste herauszuholen, müssen Sie die Worte oder Zeichnungen zu Papier bringen, wo Sie sie studieren, über sie nachdenken und sie auf die nächsthöhere Stufe heben können.

Denken Sie daran, es ist viel, viel leichter, schlechtes Material in gutes Material oder gutes Material in großartiges Material zu verwandeln, als alles (oder auch nur irgendetwas) gleich beim ersten Versuch richtig hinzukriegen. Lösen Sie den Vorgang in mehrere Arbeitsschritte auf. Erst schürfen, dann aufbereiten.

Überarbeiten Sie jetzt noch mal irgendeine (oder jede) frühere Übung in diesem Buch. Ich garantiere Ihnen, dass Ihre Arbeit dadurch besser wird.

Schnell und viel schreiben

Es ist leichter, schlechtes Material zu streichen, als neues Material einzubauen. Zum Schürfen und Aufbereiten gehört, dass man alles aufschreibt, was einem gerade einfällt, und später sortiert, was relevant ist und was nicht. Ich benutze dieses Instrument gerade in diesem Moment, während ich einen kleinen Diskurs darüber schreibe, wie ich es gerade in diesem Moment anwende. Vielleicht komme ich später zu dem Schluss, dass dieser Passus irrelevant ist. Vielleicht komme ich zu dem Schluss, dass er redundant ist. Vielleicht breche ich ihn mittendrin ab und –

Wenn Sie ein Drehbuch von 120 Seiten schreiben, legen Sie Ihren ersten Entwurf auf 160, 170 Seiten oder mehr an. Wenn Sie fünf Minuten Bühnenmaterial brauchen, schreiben Sie fünfzehn. Wenn Sie eine Zeitungsspalte mit Text füllen müssen, schreiben Sie zwei oder drei. Wenn Sie einen Comic-Strip zeichnen, zeichnen Sie fünf- oder sechsmal so viele Bilder, wie Sie brauchen, dann haben Sie stets ein schönes Polster.

Wann immer es geht, stellen Sie sich die Aufgabe, etwas zu streichen. Warum das eine gute Idee ist? Wenn Sie sich zwingen, sagen wir, 50 Prozent Ihrer vorhandenen Arbeit zu streichen, dann haben die verbliebenen 50 Prozent einen ziemlich harten Test bestanden. Natürliche Auslese führt immer dazu, dass das stärkste Material übrig bleibt. Schreiben Sie viel und streichen Sie gnadenlos, Ihre Arbeit kann dadurch nur gewinnen.

Wenn Sie viel schreiben, wird das Aufbereiten zu einem schmerzlosen Prozess. Warum? Weil Sie wissen, dass Ihr Produkt um ein Drittel zu lang ist und dass Sie erst fertig sind, wenn alles überflüssige Material rausgeflogen ist. Dadurch wird das redigierte Werk zum Happy End, zur Verwirklichung eines Ziels, statt zum Wort für Wort schmerzhaften Tod einiger enger und lieber Freunde.

Schreiben Sie viel und kürzen Sie dann mit kräftigen Strichen – Sie werden außerdem feststellen, dass Ihr Werk auf natürliche Weise straffer, eleganter und flüssiger wird. Wenn Sie die Aufgabe bewältigt haben, ein überlanges Epos zu kürzen, muss das, was übrig bleibt, besser sein als das, was Sie vorher hatten. So viel steht fest.

Verfassen Sie nur zum Training eine einseitige Beschreibung einer komischen Figur und kürzen Sie sie dann um die Hälfte. Ihre halbseitige Beschreibung wird keineswegs an Aussagekraft und Nuancenreichtum verlieren, sondern sich in jeder Hinsicht besser lesen als Ihr erster Versuch.

Das Gute ist der Feind des Großartigen

Beim Umschreiben bin ich häufig mit der Herausforderung konfrontiert, Material zu streichen, das ich mag. Da ist vielleicht ein Witz, den ich wirklich liebe, aber er ist ohne Belang für meine Geschichte. Vielleicht wird mir auch klar, dass eine Figur, die ich sehr mag, von Grund auf neu konstruiert werden muss. Vielleicht sehe ich Story-Probleme in einer ansonsten flotten und befriedigenden Szene. Hin und wieder muss ich sogar noch mal ganz von vorn anfangen und meine Story umschreiben, bevor ich mit dem Skript weitermache. All diese Erkenntnisse laufen aufs selbe hinaus: Um von diesem Punkt aus weiterzukommen, werde ich einige Errungenschaften aufgeben müssen. Es gibt zwei starke Hemmnisse, das zu tun. Das erste ist natürlich, dass es mehr Arbeit für mich bedeutet, und ich arbeite generell lieber weniger als mehr. Zweitens fühlt sich mein Ego dadurch auf den Schlips getreten. Warum hab ich's nicht gleich beim ersten Mal richtig gemacht, frage ich mich, und dann fühle ich mich schlecht. Sehen Sie, was für einen Flunsch ich ziehe?

Eine Strategie zur Überwindung dieser Hürde ist das *Bergsteigerproblem.*

Stellen Sie sich vor, Sie stünden auf dem Gipfel eines ziemlich hohen Hügels. Das ist ein guter Platz, aber nicht der beste Platz der Welt. Von Ihrem Standort aus sehen Sie den Gipfel eines Berges. Dort wollen Sie eigentlich sein. Wie gelangen Sie dorthin?

Indem Sie bergab gehen, natürlich.

Dummerweise liegt ein Tal zwischen dem Hügel und dem Berg, und dieses Tal ist voller Nebel. Ich sehe den Pfad, der vom Hügel hinunterführt, kann aber keinen sicheren Weg durch den Nebel und den Berg hinauf erkennen. Mit anderen Worten, ich weiß, was ich zu verlieren habe (den Witz, die Figur, die bisher investierte Zeit), aber ich weiß nicht genau, ob sich das Opfer auszahlen wird.

Das ist das Problem beim Überarbeiten. Sie müssen sich bereit finden, ein Opfer zu bringen, ohne fest mit einer Belohnung rechnen zu können. Doch selbst ohne diese Garantie wissen wir eines genau: Wenn wir nicht vom Hügel hinabsteigen, werden wir den Berg niemals erreichen.

Letztlich stehen wir vor der Wahl zwischen »vielleicht ohne Erfolg« und »ganz bestimmt ohne Erfolg«. Wenn man es so formuliert, kann man sich leicht zum Abstieg vom Hügel durchringen.

Folgendes macht die Sache noch leichter.

Wenn wir einen Witz, eine Szene oder eine Geschichte schreiben, widerstrebt es uns, etwas davon wegzuwerfen, weil wir nie ganz sicher sind, ob wir es durch etwas Besseres ersetzen können. Wir sind von der Angst erfüllt, die letzte Idee, die wir hatten, sei die letzte gute Idee gewesen, die wir je haben werden. Diese Angst veranlasst uns, an einem mittelprächtigen Witz, Cartoon, Skript, Sketch oder Auftritt oder einer mittelprächtigen Glosse festzuhalten. Selbst wenn wir genau wissen, dass unsere Arbeit nicht so gut ist, wie sie sein könnte, fürchten wir, dass wir sie nicht mehr verbessern können. Wenn wir damit Recht hätten, würden wir uns zum Scheitern, zum Ego-Tod und zum kreativen Super-Gau verurteilen, wenn wir etwas davon überarbeiten würden.

Aber ich bin davon überzeugt, dass der *Mythos der letzten tollen Idee* eben nur das ist – ein Mythos. Mal sehen, ob ich das auch Ihnen verkaufen kann.

Angenommen, Sie haben einen Witz geschrieben, und zwar einen ziemlich guten, aber Sie haben das Gefühl, er könnte noch besser sein. Der Mythos der letzten tollen Idee wird Ihnen sagen, Sie sollten die Finger davon lassen. Aber bedenken Sie: Beim Schreiben des Witzes konnten Sie sich noch nicht auf diesen Witz als Ressource stützen. Wenn Sie sich also nun auf die Suche nach etwas Besserem machen, bringen Sie dazu schon mehr Erfahrung mit (besonders die Erfahrung, den halbwegs guten Witz geschrieben zu haben), als Sie zu Anfang hatten. Sie müssen erfolgreicher sein, weil Sie länger mit dem Stoff gelebt haben und geübter und erfahrener sind als zuvor.

Jetzt extrapolieren Sie diese Denkweise auf ein ganzes Drehbuch, einen Roman oder ein Non-Fiction-Werk. Sie heben es auf die nächsthöhere Stufe, indem Sie sich *auf dieser Stufe* darauf stützen. Sie haben mehr Rohmaterial, aus dem Sie schöpfen können, mehr Substanz fürs Schürfen und Aufbereiten; das Werk muss einfach besser werden.

Wenn Sie das in Ihrer kreativen Tätigkeit bisher noch nicht erlebt haben, nehmen Sie sich jetzt die Zeit, es sich zu beweisen. Suchen Sie sich einen Witz, eine komische Idee oder sonst etwas, was Sie während der Lektüre dieses Buches geschaffen haben. Noch besser, nehmen Sie das Werk, das Sie am liebsten mögen. Dann schreiben Sie es um. Ich verbürge mich dafür, dass es sich verbessern wird. Probieren Sie's aus.

Im Bergsteigerproblem und dem Mythos der letzten tollen Idee schwingt folgender Zen-Spruch mit: Das Gute ist der Feind des Großartigen. Solange Sie nicht bereit sind, auf Bequemlichkeit zu verzichten, solange Sie sich mit etwas begnügen, das irgendwie funktioniert, haben Sie keine Chance, hervorragende Qualität zustande zu bringen. Der Mythos der letzten tollen Idee hilft Ihnen, rational zu erklären, warum Sie sich nicht von der Stelle rühren, aber das Bergsteigerproblem zerrt Sie den Hügel hinab und in den Nebel hinein. Mag sein, dass Sie den Berg nicht erreichen, aber zumindest sitzen Sie nicht auf dem Hügel fest.

Interessanterweise zahlt sich diese ganze Veränderung-heißt-wachsen-Strategie auch in anderen Lebensbereichen als dem Schreiben aus. Wir werden bequem. Wir richten uns in unseren Gewohnheiten ein, führen ein zunehmend geregeltes Leben. Vor allem widerstrebt es uns in wachsendem Maße, etwas Besseres zu suchen, weil wir Angst haben, dabei nur etwas Schlechteres zu finden. Ich wollte in diesem Abschnitt zeigen, dass man sich immer verbessern kann und dass die Verbesserung gerade in den anscheinend verbesserungsbedürftigen Erfahrungen begründet ist und von ihnen gefördert wird. Damit sind wir wieder beim Thema »Prozess, nicht Produkt«. Wenn Sie vorwärts gehen, gehen Sie vorwärts, ganz gleich, welche Richtung Sie einschlagen.

Selbstvertrauen

Trotzdem: Unter ansonsten identischen Voraussetzungen gehen wir gern in die richtige Richtung, nicht in die falsche.

Woher weiß man, ob das, was man geschrieben hat, wirklich witzig ist oder ob es einem nur so vorkommt? Letzten Endes müssen Sie auf sich selbst vertrauen, auf Ihre Vision, Ihr Urteilsvermögen. Aber Sie sollten sicherstellen, dass dieses Urteilsvermögen vertrauenswürdig ist. Um Ihr »Ja« zu validieren, müssen Sie Ihr »Nein« authentifizieren.

Wir stellen uns auf Schritt und Tritt die Fragen: Ist dieser Satz gut genug? Bin ich hier mit der Arbeit fertig? Kann ich weitergehen? Wenn Sie reichlich Erfahrung mit der Antwort »Nein, das haut nicht hin« und den anschließenden Überarbeitungen gesammelt haben, dann können Sie es auch glauben, wenn Sie endlich sagen: Ja, *jetzt* funktioniert es.

Beurteilen Sie Ihre Arbeit mit weit offenen Augen. Da Sie nicht angenommen haben, dass Sie gleich beim ersten Versuch alles perfekt hinkriegen, sollte es nicht gar zu schmerzhaft sein, sich einzugestehen, dass es noch nicht perfekt ist. Und wenn es Ihnen gelingt, Ihr Werk als fehlerhaft und unvollkommen zu betrachten und diese harsche Selbstbeurteilung zu überleben, dann werden Sie Ihrem Gefühl auch in dem Moment vertrauen, wenn Sie über jeden Zweifel hinaus spüren, dass Sie Ihr Werk in die dünne Luft der Vorzüglichkeit katapultiert haben.

Verlieben Sie sich nicht in Ihre Witze. Selbst wenn etwas lustig ist, wer sagt, dass es nicht noch lustiger sein kann? Vermeiden Sie es, Ihre Arbeit für beendet zu erklären; je länger Sie diesen Moment hinausschieben, desto geschliffener wird Ihr Werk sein.

Okay, das ist alles wunderbar für eine perfekte Welt, aber in der leben wir nicht. Manchmal können Sie einfach nicht auf sich vertrauen. Gibt es stattdessen andere Vertrauenspersonen?

Ihre Beta-Tester

Wir sind unseren geistigen Produkten zu nahe. Wir verlieben uns in unsere Witze. Wir ignorieren Löcher im Plot. Wir übersehen Schnitzer. Wir lachen über Witzchen. Wir bilden uns ein, unsere Sachen wären nunmehr perfekt, obwohl sie nur konfus sind. Bevor wir ein ahnungsloses Publikum mit unseren Werken traktieren, empfiehlt es sich, sie an ein paar ahnungslosen Freunden oder Partnern auszuprobieren. Das sind unsere *Beta-Tester.*

Der Terminus »Beta-Tester« kommt aus der Software-Entwicklung. Beta-Tester sind Leute außerhalb einer Firma, die neue Software testen und dem Entwickler alle Bugs oder Probleme im Programm melden. Genau das tun Ihre Beta-Tester auch. Diese machen Sie auf die Stärken und Schwächen Ihres Werks aufmerksam, bevor Sie es der ganzen Welt zeigen.

Vermutlich werden Sie keinen Beta-Tester benutzen wollen. Ihr Ego nimmt den Kampf dagegen auf, und die Angst hindert Sie daran, Ihre Arbeit vor irgendwem bloßzulegen, schon gar nicht vor jemandem, den Sie mögen. Ich wiederhole, Sie müssen sich entscheiden, ob Sie Ihrem Ego oder Ihrer Arbeit dienen wollen. In letzterem Fall ist der Beta-Test von entscheidender Bedeutung. Auch wenn Sie noch so gut darin sind, Ihre eigene Arbeit zu redigieren, Ihre Perspektive ist begrenzt. Sie brauchen eine andere Person, die Ihnen sagt, wo Sie von Ihrer Geschichte abgekommen sind, Ihren Witz in den Sand gesetzt oder einfach abstruses Zeug geschrieben haben.

Beta-Tester haben aber nicht nur unerfreuliche Dinge zu vermelden. Es gehört auch zu ihrem Job, Ihnen zu sagen, was an Ihrem Material funktioniert und warum. Ihre wichtigste Aufgabe ist es, Ihnen zu erklären, wie Sie das, was gut ist, noch verbessern können. Ein guter Beta-Tester ist sein Gewicht in Witzen wert.

Reicht ein Beta-Tester? Ja, wenn er oder sie klug, ehrlich, scharfsichtig und fleißig ist. Mehrere sind besser, weil ein einzelner Beta-Tester nicht alles sehen wird, was es in Ihrer Arbeit zu sehen gibt. Irgendwann werden Sie jedoch einen Punkt erreichen, an dem die Ergebnisquote deutlich sinkt; zu viele Köche verderben bekanntlich den Brei, und bei zu vielen Beta-Testern gibt's nur Verwirrung, Widersprüche und Nerverei.

Beta-Tester finden

Wer gibt einen guten Beta-Tester ab? Der Ehemann oder die Ehefrau? Eltern? Freunde und Freundinnen? Bezahlte Profis? Antwort: Alle, aber sie haben alle auch ihre Nachteile. Bezahlte Leser sind vielleicht fachkundig, aber teuer. Ihre Mutter wird mit hoher Wahrscheinlichkeit eher Ihr Ego streicheln als Ihre Arbeit verbessern. Lebensabschnittspartner beiderlei Geschlechts geben ausgezeichnete Beta-Tester ab, weil sie bereits zu Ihrem Leben gehören und Ihre kreativen Ziele (vermutlich) unterstützen. Andererseits kann die Beziehung zwischen Autor und Tester ziemlich tumultuarisch sein; es ist bekannt, dass Freundschaften, ja sogar Liebesbeziehungen schon in diesem Feuer verbrannt sind.

Muss Ihr Beta-Tester ein Fachmann in Ihrem humoristischen Genre sein? Nein, aber hilfreich wäre es schon. Wenn Sie zum Beispiel Standup-Comedy schreiben, sollte Ihr Beta-Tester zumindest ein Standup-Fan sein, damit er kenntnisreiche, nützliche Anmerkungen zu Ihrer Arbeit machen kann. Was haben Sie schon von einem Beta-Tester, der nur sagt: »Ich fand's gut«, »Das hat's für mich nicht gebracht« oder gar »Bist du jetzt völlig durchgeknallt?«. Ihr Beta-Tester sollte imstande sein, ausführliche und konkrete Reaktionen auf Ihre Arbeit zu artikulieren.

Andererseits soll der Beta-Tester Ihre Sachen unvoreingenommen lesen können. Das heißt, er darf kein potenzieller Arbeitgeber, Auftraggeber oder Käufer sein. Beta-Tester bekommen Rohmaterial und Rohfassungen zu sehen. Wenn Sie dieses ungeschliffene Material einer wichtigen Person in Ihrer Sparte zeigen, laufen Sie Gefahr, dass sie eine schlechte Meinung von Ihnen und Ihrer Arbeit bekommt. Solche wertvollen Kontakte sollten Sie sich für später aufheben, wenn Sie Ihr Material messerscharf geschliffen haben und bereit sind, jedermann mit Ihrer Brillanz zu Boden zu strecken.

Die besten Beta-Tester sind Kollegen. Suchen Sie sich Leute, die etwa auf demselben Niveau wie Sie sind und in Ihrem Interessengebiet arbeiten. Seien Sie bereit, den Gefallen zu erwidern und ebenfalls Beta-Tester für sie zu spielen. Erstens stehen sie dann in Ihrer Schuld, und zweitens haben Sie die Chance, nicht nur von Ihren eigenen Fehlern, sondern auch von denen anderer zu lernen. Suchen Sie solche Beta-Tester in Kursen, die Sie belegt haben, in Seminaren, an denen Sie teilnehmen, oder in Kneipen, in denen Sie herumhängen. Versuchen Sie, Leute zu finden, die die gleiche Sensibilität und den gleichen Humor haben wie Sie, aber versteifen Sie sich nicht zu sehr darauf. Die wichtigste Eigenschaft eines Beta-Testers ist seine Hilfsbereitschaft.

Den Beta-Tester trainieren

Das Letzte, was Sie brauchen, ist jemand, der jedes Wort liebt, das Sie schreiben, jeden Witz, den Sie erzählen, oder jeden Comic, den Sie zeichnen. Schließlich wollen Sie mit Hilfe des Beta-Testers Ihre Arbeit verbessern, und wie können Sie etwas verbessern, was jemand bedingungslos liebt? Andererseits wollen Sie von Ihrem Beta-Tester auch nicht hören, er finde Ihre Sachen beschissen, sofern er Ihnen nicht wenigstens erklären kann, warum. Der ideale Beta-Tester macht detaillierte Anmerkungen zu Ihrer Arbeit, erklärt Ihnen genau und mit begründeten Argumenten, was ihm gefallen hat und was nicht. Solche Leute werden gemacht, nicht geboren.

Erklären Sie Ihrem Beta-Tester also, was Sie wollen: weder ein Schulterklopfen noch einen pauschalen Verriss, sondern einen klar erkennbaren Weg zur Verbesserung Ihrer Arbeit. Geben Sie ihm so viele Informationen wie möglich darüber, worauf Sie abzielen, damit er Ihnen sagen kann, ob Sie Ihr Ziel erreicht haben oder nicht.

Trainieren Sie Ihren Beta-Tester darauf, seine Kritik in *große Anmerkungen* und *kleine Anmerkungen* zu unterteilen. Große Anmerkungen sind allgemeine Kommentare zur Struktur und zum Thema Ihrer Arbeit, zu Ihrer Geschichte und den Figuren. Kleine Anmerkungen sind kurze Sätze: Dieser Witz funktioniert, jene szenische Anweisung ist unklar, diesen Absatz finde ich überflüssig, usw.

Trainieren Sie Ihren Beta-Tester auch darauf, ehrlich zu sein. Er wird Ihnen nicht unbedingt immer die Wahrheit sagen wollen, erst recht nicht, wenn er glaubt, er würde Sie damit verletzen. Sagen Sie ihm, Sie bräuchten niemanden, der Sie vergöttert; das erledige schon Ihre Mutter. Das Schlüsselwort heißt *konstruktive Kritik*. Erklären Sie Ihrem Beta-Tester, dass alles, was er sagt, gut ist, solange es Ihnen hilft, Ihre Arbeit zu verbessern. Wenn Sie Ihrem Beta-Tester beweisen können, dass Sie Ihrer Arbeit und nicht Ihrem Ego dienen, wird er wahrscheinlich dasselbe tun.

Machen Sie sich klar, dass die Beziehung zu Ihrem Beta-Tester auf Dauer angelegt ist. So wie man ein Instrument nicht gleich beim ersten Versuch beherrscht, wird Ihr Beta-Tester anfangs auch nicht jene nützliche, detaillierte Kritik an Ihnen üben, die Sie später von ihm erhalten werden. Das ist einer der Gründe, weshalb man lieber einen Freund, den Partner oder einen Kollegen zum Beta-Tester ausbilden sollte, als jemanden für den Job anzuheuern. Lehre jemanden angeln, und ihm wird's nimmer mangeln.

Teilen Sie Ihrem Beta-Tester mit, welche seiner Kommentare Sie sehr nützlich finden und warum. Suchen Sie auf Schritt und Tritt nach Details. Es ist zum Beispiel nützlich zu wissen, welche Lines Ihren Beta-Tester zum Lachen gebracht haben, damit Sie diese Lines studieren und mehr von der gleichen Sorte schreiben können. Es ist auch nützlich, wenn Ihr Beta-Tester Ihnen erzählt, was ihn verwirrt hat, was er nicht witzig fand und wo er einfach das Interesse verloren hat. Je genauer Sie Ihrem Beta-Tester erklären, auf welche Weise er Ihnen helfen kann, desto hilfreicher wird er sein.

Den Beta-Tester benutzen

Den Beta-Tester benutzen heißt eigentlich, sich selbst darauf zu trainieren, seine Anmerkungen zu akzeptieren. Das ist nicht leicht. Wenn Ihr Beta-Tester Ihnen erklärt, er habe einen Witz nicht verstanden, und das ist zufällig Ihr Lieblingswitz, dann werden Sie geneigt sein, darauf mit »Dann musst du ja wohl bescheuert sein« oder ähnlichen Worten zu reagieren.

Wie man sich denken kann, ist das nicht unbedingt das Beste für eine funktionierende Beziehung.

Ich gebe mir Mühe, so wenig wie möglich zu sagen, wenn mein Beta-Tester mir seine Anmerkungen vorträgt. In dieser Situation ist es nicht meine Aufgabe zu diskutieren, mich zu verteidigen oder etwas zu erklären; es ist meine Aufgabe, ihm zuzuhören. Es hat keinen Sinn, jemanden nach seiner Meinung zu fragen, wenn man sie nicht hören will.

Sie müssen nicht mit allem einverstanden sein, was Ihr Beta-Tester sagt. Sie müssen mit *gar nichts* einverstanden sein, was er sagt. So wohl erwogen seine Meinung auch sein mag, es ist trotzdem nur eine Meinung. Sie sind der Schöpfer, und das bedeutet in mindestens einem Sinn, Sie sind Gott. Gott nimmt vielleicht Ratschläge von Cherumbim und Engeln entgegen, aber am Ende gilt, was Er sagt.

Überarbeiten Sie Ihre Sachen also nicht, um Ihrem Beta-Tester eine Freude zu machen. Das ist nicht immer leicht. Da Ihr Beta-Tester Ihr erstes Publikum ist und Sie dem Publikum gefallen wollen, laufen Sie Gefahr, seiner Vision zu folgen statt Ihrer. Widerstehen Sie dieser Versuchung, denn am Ende werden Sie nur versuchen, zwei Herren zu dienen, und das wird Ihrer Arbeit schwersten Schaden zufügen. Nehmen Sie jene Vorschläge an, die Sie nützlich finden, und lassen Sie (nach sorgfältiger Erwägung) jene außer Acht, die Sie nicht verwenden wollen. Machen Sie Ihrem Beta-Tester klar, dass Sie seine Anmerkungen nicht ignoriert haben; vor allem behandeln Sie ihn mit Respekt, denn er hat wirklich eine undankbare Aufgabe.

Fassen Sie es als Herausforderung auf, wenn ein Beta-Tester einen Witz verwirft. Selbst wenn Sie den Witz lieben, tauschen Sie ihn gegen einen anderen aus, nur um sich selbst zu beweisen, dass es geht. Selbst wenn Sie finden, dass der Witz funktioniert – *besonders* wenn Sie finden, er funktioniert –, nutzen Sie die Gelegenheit, um ihn noch besser zu machen.

Nun folgt die vielleicht schwerste Übung in diesem Buch: Geben Sie jemandem etwas, was Sie kürzlich geschrieben haben, und bitten Sie um detaillierte Anmerkungen dazu. Dann schreiben Sie es nach diesen Anmerkungen um. Gehen

Sie zum Zweck dieser Übung davon aus, dass *alles,* was Ihr Beta-Tester Ihnen erzählt, absolut nützlich und korrekt ist.

Wie fertig ist fertig?

Woher wissen Sie, wann Sie mit Ihrem Meisterwerk der Komik den Gipfel des Möglichen erreicht haben? Ich wünschte, ich könnte Ihnen dafür ein Instrument an die Hand geben, aber da muss ich leider passen. Ich kann Ihnen nur aus eigener Erfahrung sagen, dass ich mit meinen Projekten früher oder später immer »an die Wand stoße«. Früher oder später weiß ich, dass ich mein Werk nach bestem Wissen und Gewissen, so gut ich kann, überarbeitet, getestet, überarbeitet, getestet und überarbeitet habe. Ich erreiche einen Punkt, an dem die Erfolgsquote deutlich sinkt. Ganz gleich, wie lange ich dann noch weiter an der Arbeit herumfriemle – ab da ist es genau das: Herumgefriemel.

Ich weiß es auch immer, wenn ich nicht an die Wand gestoßen bin, wenn ich mich nicht mit ganzer Kraft ins Zeug gelegt habe. Ich glaube, wir wissen es alle, wenn wir bei diesem Prozess schummeln, aber Ego und Trägheit hindern uns daran, es uns einzugestehen. Wenn man bis an seine Grenzen geht, verbessert man nicht nur die Arbeit, man erkennt auch besser, wo seine Grenzen liegen. Anders ausgedrückt, wenn man seine Grenzen verschiebt, schränken sie einen weniger ein.

Winston Churchill hat gesagt:

> Ein Buch zu schreiben ist ein Abenteuer. Zunächst einmal ist es ein Spielzeug und ein Zeitvertreib. Dann wird es eine Geliebte, dann ein Meister, dann ein Tyrann. In der letzten Phase ist man kurz davor, sich mit seiner Knechtschaft abzufinden, aber dann tötet man das Ungeheuer und wirft es dem Publikum vor.

Dieses Kapitel, zum Beispiel. Ich glaube, ich habe jetzt lange genug daran herumgewerkelt, nun sollte ich es töten und dem Publikum vorwerfen. Meine Beta-Tester mögen da natürlich anderer Meinung sein ...

15
ALTEISEN UND DOUGHNUTS

Als ich frisch aus dem College kam, gewappnet mit einem praktisch wertlosen Abschluss in Creative Writing, bewarb ich mich um einen Job als Werbetexter. Das Gehalt mager zu nennen wäre eine schamlose Untertreibung, aber ich konnte es kaum erwarten zu zeigen, was in mir steckte, und erklärte mich darum feierlich bereit, wie ich es damals ausdrückte, »für Alteisen und Doughnuts« zu arbeiten. Ich weiß nicht, was sie mehr beeindruckt hat, meine elegante Formulierung oder meine unverhüllte Lust auf vertraglich besiegelte Sklaverei. Jedenfalls bekam ich den Job, verbrachte achtzehn kometenhafte Monate in der Werbebranche, in denen ich drei Kassenautomaten benamste und eine Einstellungskampagne für Stewards und Stewardessen schrieb, stürzte schließlich ab, verglühte auf spektakuläre Weise und stellte mich anschließend mannhaft der Herausforderung der Arbeitslosigkeit.

Aber dieser Ausdruck – »Alteisen und Doughnuts« – ist mir im Gedächtnis geblieben, und er stand bei mir immer für die Überbleibsel, die Winkel und Eckchen, das, was man übersieht. Hier sind also das Alteisen und die Doughnuts des Comedy-Werkzeugkastens, Stoff, den ich sonst nirgends unterbringen konnte und nicht für den zweiten Band aufsparen wollte.

Der Zuckfaktor

Eine Freundin von mir, die Songs schreibt, testete mit diesem Trick immer die Texte ihrer Songs. Sie sang sie sich vor und achtete auf die Worte, bei denen sie innerlich zusammenzuckte. Wenn es ihr so ging, dachte sie, würde es anderen wahrscheinlich genauso gehen. Sie redigierte ihre Texte mit Hilfe des *Zuckfaktors*. Ich tue das Gleiche, und Sie können es auch. Das hat weniger damit zu tun, wie man lernt, witzig zu sein, als vielmehr damit, wie man verhindert, unwitzig zu sein.

Lesen Sie Ihre Erzeugnisse mit Augenmerk auf Qualität und Stil durch und achten Sie dabei auf Ihren Zuckfaktor. Wenn Sie in der Beurteilung Ihrer eigenen Arbeit scharfsichtig und ehrlich sind, merken Sie es, wenn ein Witz platt ist oder ein Satz klappert. Seien Sie streng mit sich. Lassen Sie sich nichts durchgehen. Wenn Sie auch nur andeutungsweise unsicher sind, ob etwas funktioniert, verwenden Sie etwas Zeit und Gehirnschmalz darauf und merzen Sie diese Unsicherheit aus.

Mit Hilfe des Zuckfaktors können Sie aus etwas Schlechtem etwas Gutes machen. Lernen Sie, stolz auf Ihre Fähigkeit zu sein, die Zucker aufzuspüren, zu verscheuchen und in Formulierungen zu verwandeln, die Ihnen gefallen. Sie könnten sogar Buch darüber führen.

Und merken Sie sich vor allem Folgendes: Es ist viel besser, wenn Sie jetzt bei einem Satz zusammenzucken, als wenn es später jemand anderes tut. Haben Sie ein strenges Auge auf Ihre Prosa.

Apropos strenges Auge, darf ich vorstellen:

Die Polizisten vom Betrugsdezernat

Als ich das erste Mal einen Kurs leitete, stand ich auf einmal vor einer großen Gruppe von Studenten, die von mir erwarteten, dass ich witzig, geistreich, unterhaltsam, fachkundig und intelligent war. Da ich fürchtete, nichts von alledem zu sein, baute sich eine gewaltige Spannung in mir auf, wie die elektrostatische Ladung in einem Van-de-Graaff-Generator. Diese Spannung spürte jeder, und sie bewirkte, dass der ganze Kurs sich unwohl fühlte. Das führte natürlich dazu, dass ich mich noch unwohler fühlte, woraufhin sich die anderen noch unwohler fühlten, und so weiter und so fort, bis wir alle wie ein Haufen zappeliger Chicken Littles herumsaßen und darauf warteten, dass uns der Himmel auf den Kopf fiel.

Ich hatte die tiefe, urtümliche Angst, jemand könnte entdecken, dass ich nicht das Recht hatte, den Kurs zu leiten, für den ich engagiert worden war, wie in diesen Träumen, in denen man nackt und unvorbereitet zur Abschlussprüfung in der High-School auftaucht. Ich hatte aber auch so eine Ahnung, dass die Angst mich permanent quälen würde, solange ich sie zu verbergen trachtete, dass sie meine Leistung mindern und den Kurs womöglich ruinieren würde. Deshalb gestand ich meine Angst ein. Ich erklärte meinen Studenten, dass ich zum ersten Mal einen Kurs leitete, dass ich also in unbekannten Gewässern schwamm und jederzeit damit rechnete, dass die Polizisten vom Betrugsdezernat die Tür eintreten und mich ins Gefängnis für falsche Lehrer verfrachten würden.

Nun, wie Sie inzwischen wissen, log ich, um eine komische Wirkung zu erzielen, arbeitete mit Übertreibung und Detail, um den Gag stärker und deutlicher zu machen, und löste auf diese Weise die aufgestaute kollektive Spannung. Ich bekam einen Lacher, aber was wichtiger war, ich stieß auf eine Wahrheit und einen Schmerz, die allen kreativen Menschen gemein sind: Wir haben alle Angst vor dem Betrugsdezernat. Warum? Weil kreative Menschen von Natur aus immer größere und beängstigendere Herausforderungen suchen als solche, die sie bereits gemeistert haben. Das heißt, wir schwimmen *immer* in unbekannten Gewässern. Und das Betrugsdezernat ist nie sehr weit weg.

Auch hier gilt wieder: Wenn wir einer Sache ein Etikett ankleben, hilft uns das, auf konstruktive Weise mit ihr fertig zu werden. So wie wir mit Hilfe des Zuckfaktors schlechte Schreibe bekämpfen, demaskieren wir mit Hilfe des Betrugsdezernats unsere Ängste. Sobald Sie den Leuten sagen, wovor Sie Angst haben, brauchen Sie sich keine Sorgen mehr darüber zu machen, sie könnten es rausfinden. Sie wissen es ja schon. Und da sie höchstwahrscheinlich vor denselben Dingen Angst haben, können sie sich in Sie hineinversetzen und fühlen mit Ihnen. Sie werden ihr Held.

Immer wenn Sie in eine neue Situation geraten, meldet sich die Angst. Das muss so sein, schon allein deshalb, weil es eben eine neue Situation ist. Wenn Sie diese Angst abstreiten oder unterdrücken, wird sie zu versteckter Spannung. Sie steigert Ihre Nervosität und mindert Ihre Leistung. Aber sobald Sie Ihre Angst zugeben, verschwindet die Spannung, die Nervosität lässt nach und Ihre Leistung wird besser.

Angenommen, Sie stehen zum ersten Mal als Standup-Comedian auf der Bühne und das Publikum weiß, dass dies Ihr erster Auftritt ist. Den Zuschauern ist klar, dass Sie fürchterlich durchrasseln könnten und dass sie selbst dann vielleicht zu peinlich berührten Zeugen des von Ihnen angerichteten hässlichen Schlamassels würden. Sie sind angespannt. Lösen Sie diese Spannung, und die Zuschauer werden Ihre Freunde fürs Leben sein. Sagen Sie folgende Worte: »Seien Sie sanft zu mir, das ist das erste Mal für mich.« Das Publikum wird über den kontextuellen Zusammenprall lachen, aber was wichtiger ist, es wird Ihnen dankbar sein, dass Sie die Anwesenheit des Betrugsdezernats zur Kenntnis genommen haben. Sie haben den Zuschauern aus der Klemme geholfen. Jetzt müssen sie nicht mehr urteilen; sie können einfach genießen.

Es ist ein situatives Oxymoron: Um die Polizei abzulenken, müssen Sie sie zu sich nach Hause einladen. Wenn Sie Ihr Geheimnis preisgeben, kann es niemand aufdecken. Das ist äußerst befreiend, sowohl für Sie als auch für Ihr Publikum.

Machen Sie sich zu guter Letzt bewusst, dass Sie Ihr eigenes Betrugsdezernat in sich tragen. Stellen Sie sich diese Polizisten als Schlägertruppe Ihres scharfen inneren Zensors vor, stets bereit, zu bewerten und zu verurteilen, Sie irgendwohin in einen kleinen Raum zu schleifen, in dem schlimme Dinge geschehen. Sie sagen Ihnen mit leiser, verstohlener Stimme, dass Sie kein Recht haben, das zu tun, was Sie am allerliebsten täten. Sie versuchen, Ihnen das Geständnis zu entlocken, dass Sie unwürdig sind. Aber wenn Sie schon wissen, dass Sie unwürdig sind, dann verlieren sie alle Macht über Sie. Führen Sie einen Präventivschlag gegen das Betrugsdezernat, und die Polizei wird Ihr Freund und Helfer.

Charakterschlüssel

Charakterschlüssel sind die Kleinigkeiten im Verhalten einer Figur, die uns zeigen, wie sie sich in den großen Dingen verhalten wird. Betrachten Sie den Charakterschlüssel als Kreuzung von Mikrokonflikt und komischer Perspektive. Charakterschlüssel sind ein nützliches Mittel, um dem Leser oder dem Publikum gleich zu Beginn einer Story oder eines Skripts Figuren vorzustellen. Im besten Fall verdeutlichen sie uns in einem kurzen Moment, was wir von einer gegebenen komischen Figur in so gut wie jeder Situation erwarten können.

Wenn die starke komische Perspektive einer Figur beispielsweise Naivität ist, dann könnten wir sie etwa in dem Moment kennen lernen, wenn sie die Post öffnet, einen Werbebrief der Lotterie liest, sich zu ihrem Mann umdreht und aufgeregt ausruft: »Schau mal, Schatz! Hier steht, ich hab vielleicht schon gewonnen!« Durch diesen Charakterschlüssel, diese kleine, entlarvende Aktion, wissen wir sofort, dass die Figur naiv, weltfremd und grenzdebil ist. Es wird uns folglich nicht überraschen, wenn diese Naivität in all ihren Handlungen zum Ausdruck kommt.

In *Tootsie* lernen wir Sandy zuerst bei Michael Dorseys Geburtstagsparty kennen. Sie schließt ihren Geburtstagstoast mit »... und das ist eine großartig dumme Rede«. In diesem Moment wissen wir, dass Sandy neurotisch und unsicher ist. Wir sind über sie im Bilde. In derselben Szene erklärt Michaels Mitbewohner Jeff mit großem Ernst, er wolle nicht, dass die Leute seine Stücke mögen. Er wolle, dass sie sagen: »Du, ich war in deinem Stück. Was hast du gemeint?« Seine Auteur-Pose ist sofort und ein für allemal kristallklar.

Um das Publikum schon früh in Ihrer Story oder Ihrem Drehbuch an sich zu binden, bauen Sie präzise und starke Charakterschlüssel ein, die es den Lesern oder Zuschauern ermöglichen, ein sofortiges Verständnis für die Haltungen und Eigenschaften Ihrer Figur zu entwickeln. Man könnte sagen, ich habe das schon gleich auf der ersten Seite dieses Buches getan, indem ich mich als jemand eingeführt habe, der »mit Sachen herausplatzt«. Stimmt das nicht? Platze ich nicht immer noch mit Sachen heraus? Tue ich das nicht schon die ganze Zeit?

Ein Charakterschlüssel ist eine kleine, bezeichnende Aktion. Wählen Sie sich zur Übung eine Figur aus, die Sie zuvor erschaffen haben, und schildern Sie mit einem Satz eine Aktion, die uns ihre starke komische Perspektive auf lebendige Weise klar macht. Ach, was soll's, denken Sie sich gleich ein paar aus.

Bezugsrahmen

Die Komödie ist eine volksnahe Kunstform. Um im Komödienfach Erfolg zu haben, müssen Sie volksnah sein. Das heißt, Ihr Humor muss bei einem großen Publikum ankommen, oder zumindest bei dem Publikum, das Sie erreichen wollen. Wenn Sie sich den Bezugsrahmen Ihres Publikums zu Eigen machen, müssen Sie auf zwei Dinge achten: auf das, was Ihr Publikum weiß, und auf das, was es akzeptiert.

Wir haben bereits darüber gesprochen, dass man wissen muss, was das Publikum weiß, ebenso über den Unterschied zwischen dem Klassenclown und dem Außenseiter der Klasse. Aber was Ihr Publikum weiß, ist etwas Dynamisches. Es verändert sich fortwährend. Neue Informationen werden bekannt, alte Informationen überleben sich und verblassen. Das heiße Thema von heute ist morgen der Schnee von gestern.

Falls das Thema Ihres Humors andererseits so heiß und neu ist, dass Ihr Publikum noch nichts davon gehört hat, sind Sie zwar dem Feld weit voraus, aber auch ganz allein auf weiter Flur. Wenn Sie sich zu den neuesten Forschungsergebnissen äußern, die gerade in einer medizinischen Fachzeitschrift veröffentlicht worden sind, werden Sie wahrscheinlich bestenfalls leere Blicke, schlimmstenfalls leere Sitzplätze ernten. Sie müssen eine Balance wahren.

Woher sollen Sie den gegenwärtigen Bezugsrahmen Ihres Publikums kennen? Sie können es nicht, nicht immer und niemals vollständig. Ihnen bleibt nur die Möglichkeit zu raten, Vermutungen anzustellen und vor allem zu testen. Testen Sie Ihr Material an so vielen Menschen wie möglich und finden Sie heraus, was diese komisch finden und was nicht. Seien Sie bereit, Ihr Material strukturell oder inhaltlich zu verändern, um Ihr Ziel zu treffen. Hier ist ein weiteres starkes Argument dafür, sich nicht in seine Witze zu verlieben: Wenn Sie es tun, werden Sie immer noch dieselben Witze erzählen, wenn sie schon längst nicht mehr lustig sind.

Beachten Sie bitte auch, dass ich hier nicht nur von Stand-up-Comedians und Live-Publikum spreche. Falls Sie Komödien schreiben oder Comics zeichnen, müssen Sie noch viel rigoroser sicherstellen, dass Ihr Material nicht veraltet. Wenn Sie auf den billigen aktuellen Bezug aus sind, pflanzen Sie nur den Samen Ihres Untergangs. Bill Clinton und Monica Lewinsky. Sehen Sie, was ich meine?

Was wird das Publikum akzeptieren? Da geht es um Geschmacksfragen und Tabus, um gute Sitten und Political Correctness. Erinnern Sie sich zum Beispiel noch, dass Drogen mal komisch waren? Anfang der achtziger Jahre konnte man keinen Fernseher einschalten, ohne in eine Fernseh-Sitcom zu geraten, in der es um Kokain oder Marihuana ging. Urkomisches Zeug. Anfang der Neunziger waren Drogen passé, und wer bei einem Sitcom-Story-Meeting eines Networks mit Drogenhumor kam, war schon draußen, bevor er auch nur sein Aktenköfferchen zugeklappt hatte.

Dinge verändern sich. Der Geschmack ändert sich. Man muss mit der Zeit gehen.

Heißt das, Sie sollten danach streben, keinen Anstoß zu erregen? Natürlich nicht. Ihr Humor ist Ihr Humor, und was für den einen ein Stein des Anstoßes ist, ist für den anderen ein grandioser Gag. Es ist in Ordnung, wenn Sie bei einem Teil Ihres Publikums Anstoß erregen – sofern Sie bei einem anderen Teil landen. Wenn Sie jedoch bei zu vielen Anstoß erregen und zu wenige Sie amüsant finden, haben Sie kein Publikum. Und Humor braucht ein Publikum.

Es ist auch in Ordnung, wenn manche Leute Ihr Zeug richtiggehend hassen. Das heißt, sie reagieren mit starken Gefühlen darauf, und darum steht zu erwarten, dass andere es mit derselben Intensität lieben. Was Sie meiden sollten, ist der riesige Platz der Belanglosigkeit in der Mitte, wo Ihr Humor ungefährlich und harmlos ist und bei niemandem Anstoß erregt – und folglich auch niemanden fasziniert. Sie wollen schließlich, dass Ihr Humor die Menschen bewegt, und das geschieht nur, wenn Sie mutige Entscheidungen treffen.

Haben Sie also keine Angst davor, Anstoß zu erregen. Sie können daraus sogar einen Vorteil ziehen. Denken Sie an den Standup-Comedian, der einen Zwischenrufer angreift und beleidigt. Sicher, bei dem Zwischenrufer erregt er Anstoß, aber er knüpft damit ein starkes Band zwischen sich und dem übrigen Publikum. Es ist eine »Wir gegen ihn«-Mentalität, die wir als »Saddam-Hussein-Effekt« bezeichnen könnten: Der beste Weg, ein Volk (oder eine andere Menschenmenge) zu einen, besteht darin, ihr einen gemeinsamen Feind zu geben. Dieser Zwischenrufer ist der gemeinsame Feind des Publikums, und der Comedian, der ihn angreift, kann dem Zwischenrufer gegenüber so brutal sein, wie er will – er wird sein Publikum nicht verlieren.

Nehmen wir an, Sie schreiben eine Glosse, in der Sie, sagen wir, Versicherungsvertreter aufs Korn nehmen. Sie können über die Versicherungsvertreter sagen, was sie wollen (»Als ob Lebensversicherungen funktionieren würden...«), weil Ihre Leserschaft nicht aus Versicherungsvertretern besteht, sondern eher aus deren unglücklichen Opfern. Sie und Ihr Publikum, vereint gegen den gemeinsamen Feind. Sie können nach Herzenslust austeilen – die Leser werden alles akzeptieren.

Allerdings sollten Sie es sein lassen, die Glosse in der »Vierteljahresschrift der Versicherungsvertreter« zu veröffentlichen.

Suchen Sie sich zur Übung etwas aus, was Sie so richtig nervt – Steuern, die Familie, schlechte Autofahrer, Anleitungsbücher –, und attackieren Sie es in Form einer Glosse. Seien Sie so brutal und beleidigend wie möglich. Aber passen Sie auf, wem Sie's zeigen. Ich möchte nicht, dass Ihnen was zustößt.

Letzten Endes müssen Sie natürlich sich selbst gefallen. Sorgen Sie also immer dafür, dass Ihr Humor dieses allerwichtigste Ein-Person-Publikum begeistert. Wenn *Sie* Ihre Sachen wirklich witzig finden, stehen die Chancen gut, dass sie einem bestimmten Prozentsatz der restlichen Welt auch gefallen. Und wenn nicht, kann man Sie schlimmstenfalls mit Missachtung strafen. Oder vielleicht aufhängen. Also, was haben Sie schon groß zu verlieren?

Ihr komischer Wortschatz

Nicht jeder Witz, der Ihnen einfällt, können Sie gleich verwenden. Viele gute Witze werden weggeworfen, um die Geschichte zu stärken. Viele komische Ideen klingen zunächst sehr viel versprechend, brechen jedoch unter der Last der Entwicklung zusammen. Und manchmal sind Sie dem Auffassungsvermögen des Publikums einfach zu weit voraus. Im Verlauf Ihrer Karriere wird sich bei Ihnen ein ganzer Haufen solch komischen Treibguts ansammeln. Fangen Sie jetzt an, es aufzubewahren. Betrachten Sie es als die große Silberpapierkugel Ihres Lebens. Alles wird wertvoll, wenn man es nur lange genug behält.

Ich habe eine Datei mit dem Titel »1001 pfiffige Sachen, die ich mir selber ausgedacht oder von ein paar engen Freunden geklaut habe«. In diese Datei kommt witziges Zeug, für das ich momentan keine Verwendung finde: auf Servietten geschriebene Witze (»Kaffee ist besser als Sex, weil man sofort Nachschlag kriegen kann«), weise Worte (»Regeln ziehen keine

Grenzen, sondern heben Konturen hervor«), inspirierende Slogans (»Hedonismus ist seine eigene Belohnung«), Oxymorons, witzige Namen, Ohrkitzler und so weiter. Lohnt es sich, dieses Zeug aufzubewahren? Schlimmstenfalls nimmt es (sehr wenig) Speicherplatz auf meiner Festplatte ein. Bestenfalls wird es Bestandteil einer wertvollen mentalen Ressource, die ich »mein komischer Wortschatz« nenne.

Die Dinge in meinem komischen Wortschatz liegen manchmal jahrelang brach, bis sie ein neues Leben und ein neues Zuhause in Storys, Drehbüchern, Standup-Nummern oder Bilderwitzen finden. Wenn ich eine Idee oder einen Gag benötige, mir aber nichts einfällt, krame ich in meinem komischen Wortschatz. Vielleicht finde ich etwas unmittelbar Brauchbares, vielleicht stolpere ich über etwas, was mich auf eine neue Idee bringt. Vielleicht regt mich allein schon die Lektüre von alten Witzen (oder von Sachen, die ich mal für witzig hielt) an, in produktiven neuen Bahnen zu denken. Mein komischer Wortschatz ist sowohl ein Inventar als auch ein Stimulus.

Fangen Sie jetzt damit an, sich einen komischen Wortschatz aufzubauen. Gewöhnen Sie sich an, die witzigen Sachen aufzuschreiben, die Sie sagen oder denken. Machen Sie sich nichts draus, wenn sie in schriftlicher Form nicht witzig wirken, denn Sie sammeln sie ja schließlich in einer ganz privaten Datei, die außer Ihnen niemand zu sehen kriegen wird (höchstens nach Ihrem Tod, und was interessiert es Sie dann noch?). Machen Sie sich auch nichts daraus, wenn diesen Häppchen Struktur oder Kontext fehlt. Sonst hätten Sie sie ja schon anderweitig verwendet.

Versuchen Sie als disziplinarische Maßnahme, jeden Tag fünf oder zehn neue Witze oder Witzchen in diese Datei aufzunehmen. Sie glauben gar nicht, wie schnell Sie über einen beachtlichen Schatz gesammelten Scharfsinns (oder Schwachsinns) verfügen werden.

Das Wade-Boggs-Paradigma

Wade Boggs war Third Baseman bei den Boston Red Sox. Er hatte einen atemraubenden Schlagquotienten. Er kam jedes Jahr auf über 0,300 und war vermutlich der beste reine Hitter im Baseball.

Und er hat jeden Tag Schlagtraining gemacht. Der beste reine Hitter im Baseball hielt es für notwendig, jeden Tag in den Schlagkäfig zu gehen und den routinemäßigen Drill seines Handwerks durchzuexerzieren.

Nun, Sie und ich können uns im Verfertigen von Komik nicht mit Wade Boggs und seiner Kunst messen, einen Baseball zu treffen. Und wir werden es auch nie können. Aber trotzdem üben wir nicht jeden Tag. Irgendwie haben wir uns in den Kopf gesetzt, wir hätten das nicht nötig. Das Wade-Boggs-Paradigma soll uns daran erinnern, dass wir es doch tun müssen. Es ist so: Wenn Wade Boggs übt, und er ist besser als wir, dann ist es nur logisch, dass es uns auch nicht schaden könnte.

Sehen wir's lieber mal positiv. Wenn wir uns in unserem Handwerk üben, werden wir nicht nur besser darin, sondern wir bauen auch einen Bestand an Material auf, mit dem wir unsere Eltern beeindrucken und unsere Freunde zum Lachen bringen und das wir eines Tages vielleicht sogar verkaufen können. Doch dazu kommt es nur, wenn wir unseren Hintern auf den Stuhl pflanzen oder den Zeichenstift nehmen oder uns auf die kalte, dunkle Bühne stellen und an uns arbeiten. Wären Sie nicht auch gern so gut wie Wade Boggs? Es ist wie in dem alten Witz, wie man zur Carnegie Hall kommt: »Üben, mein Junge, üben.«

Ich gehe jede Wette ein: Wenn Sie nicht der kreative Humorist sind, der Sie gern wären, dann liegt es nicht daran, dass Sie nicht witzig sind. Zum Teufel, wenn Sie wirklich nicht witzig wären, dann wüssten Sie's, glaube ich, und würden gar nicht erst den Wunsch verspüren, ein kreativer Humorist zu sein. Und Sie hätten auch keine harten Taler für dieses Buch hingelegt. Wenn Sie nicht so witzig sind, wie Sie gern wären, dann arbeiten Sie vielleicht nicht hart genug. Aber glauben Sie mir, jemand anders da draußen arbeitet hart genug, doppelt so hart wie Sie. Wenn Sie Erfolg haben wollen, werden Sie erheblich mehr Schlagübungen machen müssen, als Sie sich je vorgestellt haben. Und Sie werden nie wieder damit aufhören können, nicht mal, wenn sich der Erfolg einstellt. Denn sobald Sie aufhören zu üben, lassen Ihre Fähigkeiten nach.

Und wie übt man nun, komisch zu sein? Ganz einfach. Wenn man Schriftsteller ist, schreibt man. Wenn man Zeichner ist, zeichnet man Comics. Als Schauspieler spielt man komische Rollen. Als Fotograf macht man lustige Fotos. Halt, nein, man macht *haufenweise* Fotos und hofft und vertraut darauf, dass ein paar wenige davon ein oder zwei Schmunzler einbringen werden. Denken Sie daran, selbst ein Hitter mit einem Schlagquotienten von 0,300 macht doppelt so oft ein Out, wie er es schafft, den Ball zu schlagen und ein Mal zu erreichen. Finden Sie sich damit ab, dass Ihnen nicht immer alles gelingt, und fangen Sie an, routinemäßig zu üben. Wenn es gut genug für Wade Boggs ist, ist es sicher auch gut genug für uns.

Problem-Komplexe

Wie macht man einen Witz? Wie erschafft man physisch, praktisch, kognitiv aus dem metaphorischen heiteren Himmel einen komischen Moment? Sitzt man einfach unter dem Apfelbaum und wartet darauf, dass einem eine Witz-Frucht auf den Kopf fällt? Nur wenn man mehr Zeit und Geduld als gesunden Menschenverstand hat. Ich schlage eine andere Strategie vor: Behandeln Sie den Witz als Problem, das gelöst werden muss.

Manchmal brauchen Sie dazu nur ein Instrument auf eine Situation anzuwenden. Sie können zum Beispiel den kontextuellen Zusammenprall auf irgendein Kuhdorf anwenden und einen Nightclub von der Reeperbahn oder ein U-Boot aus der Ostsee in die tiefste Lüneburger Heide versetzen. Sie können einem nächtlichen Fernsehwerbespot mit Übertreibung zu Leibe rücken und einen Spruch erfinden wie »Wenn Sie jetzt bestellen, bekommen Sie den ganzen Staat Bayern gratis dazu!«. Sie können mittels der völlig unangemessenen Reaktion die Geburtstagsgäste alle in Schwarz auftreten und in Tränen ausbrechen oder die Band einen Grabgesang anstimmen lassen. Sie können eine bekannte Redewendung ummodeln und den wahren Unterschied zwischen einem Optimisten und einem Pessimisten entdecken:

> Ein Optimist schaut das Glas an und sagt, es ist halb voll.
> Ein Pessimist schaut das Glas an und sagt: »Wenn ich das trinke, bekleckere ich mich wahrscheinlich von oben bis unten und ruiniere mir das Hemd.«

Sobald Sie den Trick raushaben, ist es wie beim Jonglieren; es geht unbewusst und automatisch vonstatten. Und dann können Sie noch raffiniertere und differenziertere Problem-Komplexe konstruieren.

Angenommen, ich wollte ein paar komische Phobien erfinden. Als Erstes konstruiere ich den Problem-Komplex. Ich stelle fest, dass er vier Teile hat:

1. Was ist eine triviale oder absurde Angst?
2. Welches Wort für diese Angst klingt gut mit dem -phobie-Suffix?
3. Kann ich davon ausgehen, dass meine Lösung von den meisten Lesern oder Zuhörern verstanden wird?
4. Verballhornt oder verstärkt meine Definition den Bedeutungsgehalt der Phobie?

Hier sind ein paar mögliche Lösungen für dieses Problem:

> Anachrophobie: Angst, nicht auf der Höhe der Zeit zu sein
> Philatophobie: Angst vor Briefmarkensammlern
> Metaphorophobie: Angst vor poetischen Anspielungen
> Pedestrophobie: Angst vor allem, was läuft
> Prophylaxophobie: Angst vor Kondomen
> Chihuahuaphobie: Angst vor kleinen Kläffern
> Pterydactophobie: Angst vor fliegenden Dinosauriern
> Intoxiphobie: Angst vor nervtötenden Betrunkenen
> Bibliophobie: Angst vor Deweys System zur universellen Dezimalklassifikation
> Doughnophobie: Angst vor dick machenden Frühstücksleckerlis

Wenn ich Lösungen für alle vier Bestandteile des Problem-Komplexes finde, funktioniert der Witz, aber wenn ich nur für drei oder weniger Teile Lösungen finde, geht er daneben. Wenn ich Agoraphobie sage, habe ich es mit einer echten Angst zu tun, der Angst davor, freie Flächen zu überqueren, und nicht mit einer trivialen oder absurden, also haut das nicht hin. Wenn ich »Agraphaphobie: Angst vor frühen christlichen Schriften« sage, klingt das Wort gut, aber die Mehrheit der Leser oder Zuschauer wird nicht verstehen, was es bedeutet. Wenn ich »Angoraphobie: Angst vor Angorapullovern« sage, ist die Angst trivial, das Wort klingt gut, der Witz ist verständlich, aber die Definition verändert oder verstärkt den Bedeutungsgehalt nicht.

Beachten Sie, dass Sie dem Witz einen kleinen zusätzlichen Kick geben können, wenn er auch einen Ohrkitzler enthält, wenn er wie eine echte, bereits existierende Phobie klingt, wie Anachrophobie zu Arachnophobie. Aber da es nicht von entscheidender Bedeutung ist, dass der Witz auch das Ohr kitzelt, gehört die Notwendigkeit eines Ohrkitzlers nicht zum Problem-Komplex.

Falls Ihnen das alles viel zu analytisch erscheint, dann ist es vielleicht auch so. Ein großer Teil dieses Prozesses läuft automatisch ab, und geben wir es ruhig zu, man muss nicht wissen, wie eine Uhr funktioniert, um die Zeit ablesen zu können. Aber wenn Sie feststecken und nicht wissen, woher Sie eine komische Idee nehmen sollen, ist es nützlich, auf die Struktur zurückgreifen zu können; und Witze als Probleme zu betrachten, für die es Lösungen gibt, ist eine verlässliche strukturelle Herangehensweise.

Erstellen Sie zur Übung eine Liste komischer »-holiker« (Scotchoholiker, Shopoholiker, Aquaholiker, etc.). Listen Sie zunächst die Bedingungen Ihres Problem-Komplexes auf und suchen Sie dann nach Lösungen, die diese Bedingungen erfüllen. Formulieren Sie anschließend in einer weiteren Übung sowohl das Problem als auch die Bedingungen für seine Lösung.

Die Strategie des Witzeerfindens mit Hilfe von Problem-Komplexen ist besonders effektiv, wenn Sie die Neunerregel anwenden und sich die Stärke der Liste zunutze machen, weil es ein bisschen mechanisch abläuft und Sie nicht immer Spitzenresultate erzielen. So ist das nun mal mit Instrumenten.

Sprüngelchen

Das ist nur ein Aufmunterungsabsatz, Leute. Wenn ihr frustriert seid und glaubt, dass ihr mit irgendwelchen Instrumenten nicht zurechtkommt, keine Witze schreiben, keine Comics zeichnen, das Publikum nicht für euch einnehmen oder eure Ego-Blockaden nicht überwinden könnt, denkt immer daran, dass sich der Fortschritt nur in kleinen Schritten vollzieht. In kreativer Hinsicht entwickeln wir uns nicht in Sprüngen, sondern in Sprüngelchen. Aber wer sich langsam vorwärts bewegt, bewegt sich dennoch vorwärts. Erwartet nicht mehr von euch und euren Instrumenten, als sie euch momentan geben können. Macht das Beste aus dem, was ihr habt, und macht euch nicht verrückt.

16
MORALPREDIGTEN UND ERMAHNUNGEN

Am Anfang dieses Buches habe ich über den Mathematikunterricht gesprochen, und im weiteren Verlauf des Öfteren Verbindungen zwischen Komik und Arithmetik, Komik und Geometrie, Komik und Quantenmechanik usw. usf. gezogen. Nun, da es aufs Ende zugeht, möchte ich Ihnen gern ein letztes Bröckchen Pseudowissenschaft vorstellen, eine Formel, die nicht nur für Schriftsteller, Zeichner oder Bühnenschaffende auf dem Gebiet der Komik gilt, sondern für jeden, der nach Erfolg strebt, in welchem Fach auch immer. Vielleicht sogar im Leben. Hier ist sie:

TALENT + DRIVE + ZEIT = ERFOLG

Jeder möchte wissen, ob er genug Talent hat, um erfolgreich zu sein. Dahinter steckt offenbar der Gedanke, Talent sei so was Ähnliches wie Rabattmarken – wenn man genug Talentpunkte sammelt, kriegt man dafür einen Toaster. Haben Sie genug Talent, um erfolgreich zu sein? Ich glaube schon. Ich glaube, wir alle haben es. Es gehört zu unserer genetischen Ausstattung, wie die Bauchspeicheldrüse oder die Angst vor dem Fallen. In gewissem Sinn ist es das Talent, das Geschenk der Kreativität, was uns von den Flechten und Tintenfischen unterscheidet.

Das soll nicht heißen, dass jeder ein brillanter Comedian sein kann, ebenso wenig wie jeder mit verbundenen Augen

Brahms spielen oder bei den Olympischen Spielen einen dreifachen Hocksprung mit einer halben Drehung rückwärts hinlegen kann. Aber jeder hat Talent. Es ist uns einfach in die Wiege gelegt.

Also ja, Sie haben Talent. Aber Talent ist nur ein Element der Gleichung. Um Ihr Talent in Erfolg zu verwandeln, braucht es auch noch harte Arbeit, Übung, Geduld, Ausdauer und unermüdliche Zielstrebigkeit – summa summarum: Drive.

Ich kenne zum Beispiel viele hoch begabte Schriftsteller, die keine Arbeit kriegen, weil sie keinen Drive haben. Sie treiben sich nicht tagein, tagaus an, um es zu etwas zu bringen, und schließlich scheiden sie einfach aus dem Rennen aus und werden Autoverkäufer oder dergleichen. Ich würde es gar nicht gern sehen, wenn es Ihnen so ginge.

Also fragen Sie sich nicht, ob Sie genug Talent haben; fragen Sie sich lieber, ob Sie genug Drive haben. Sind Sie ein Dranbleiber? Werden Sie es schaffen, Tag für Tag, Woche um Monat um Jahr um Jahrzehnt auf dem Computer herumzuhacken, die Kappe des Zeichenstifts abzuziehen oder sich auf die Bühne zu schleppen? Wenn nicht, können Sie genauso gut gleich mit dem Autoverkaufen anfangen, denn wenn Sie kein Blitzstrahl außerordentlichen Glücks trifft, werden Sie nie Erfolg haben.

Das ist die schlechte Nachricht. Die gute ist, dass Sie noch Zeit haben. Sie haben jede Menge Zeit. Vierundzwanzig Stunden pro Tag. Das ist unglaublich viel Zeit, in der man unglaublich viel Arbeit erledigen kann. Solange Sie noch am Leben sind und auf diesem Planeten herumlaufen, haben Sie noch Zeit, Ihre Träume zu verwirklichen. Doch obwohl Sie mehr Zeit haben, als Sie glauben, ist die Zeit auch Ihre einzige nicht erneuerbare Ressource. Irgendwann läuft sie leider ab. Wir können die Zeit nutzen, dürfen sie aber nicht verschwenden.

Hier also die Formel: Talent + Drive + Zeit; setzen Sie Ihr unzweifelhaft vorhandenes Talent über längere Zeit hinweg mit Drive ein, und Sie werden Erfolg haben. Das verspreche ich Ihnen. Aber es gibt einen Haken. Sie brauchen nicht nur Drive, Sie brauchen *genug* Drive.

Wieviel Drive ist genug Drive? Realistischerweise kann man nicht erwarten, dass jemand von einem Tag auf den anderen beschließt, sein Leben von nun an vollständig dem Streben nach Komik zu widmen. Wir alle haben Freunde und Menschen, die wir lieben, Jobs und Interessen, Hobbys und Verpflichtungen, die allesamt um unsere Zeit und unsere Aufmerksamkeit wetteifern. Woher sollen wir also die Energie und die Motivation nehmen, unsere Ziele zu verfolgen? Wie gestalten wir das Leben eines kreativen Humoristen im Kontext des Lebens eines viel beschäftigten Menschen? Leicht ist das nicht. Der Weg, den ich einschlage, ist folgender:

Ich betrachte die Reise zu meinen schriftstellerischen Zielen als Wanderung auf einer langen Straße. Das Ende der Straße kann ich nicht sehen. Ich bin nicht einmal sicher, ob sie überhaupt ein Ende hat. Und ich rechne nicht fest damit, dass ich je dort ankommen werde. Was also weiß ich genau? Ich weiß, dass ich mich mit jedem Schritt weiter vom Ausgangspunkt entferne. Mag sein, dass ich das Ende der Straße nie erreiche, aber ich lasse die Stelle, von wo aus ich aufgebrochen bin, immer weiter hinter mir. Genauso wie ich mich auf den Prozess und nicht auf das Produkt konzentriere, lenke ich meine Aufmerksamkeit auf den Weg, nicht auf das Ziel. Dieser kleine Dreh befreit mich, denn er bewirkt, dass ich jeden Tag Erfolg im Prozess habe. Das gibt mir neuen Drive, so dass ich schneller weitergehe und mehr Erfolg habe, was mir wiederum neuen Drive gibt, und so weiter.

Was arbeitet dem Drive entgegen? In erster Linie die Angst.

Die Angst vor dem Misserfolg. Wenn man das Manuskript in die Post gibt, könnte es abgelehnt werden. Wenn man auf die Bühne geht, könnte man durchfallen. Wenn man witzig zu sein versucht, könnte man ignoriert werden. Angst ist das allerstärkste Hemmnis, und obwohl ich in diesem Buch versucht habe, Ihnen einige Strategien zur Bekämpfung der Angst an die Hand zu geben, müssen Sie diesen Kampf letzten Endes allein ausfechten. Fechten Sie ihn so aggressiv und bewusst wie möglich aus.

Ich versuche, mich in Geduld und Ungeduld zugleich zu üben. Ich weiß, dass es Tage geben wird, an denen die Angst, die Blockierung oder einfach nur schlichte Faulheit den Sieg davontragen werden, und an diesen Tagen werde ich überhaupt nichts zustande bringen. Ich kann diese Tage akzeptieren, wenn ich weiß, dass ich gestern produktiv war und morgen (oder am Tag darauf) wieder produktiv sein werde. Die langfristige Perspektive auf meine Karriere gibt mir Geduld, die kurzfristige erfüllt mich mit Drive. Mit anderen Worten, ich versuche, mich unter Druck zu setzen und mich gleichzeitig zu entlasten.

Kreativität, insbesondere auf dem Gebiet der Komik, ist keine konstante Kraft. Wir sind nie so produktiv, wie wir sein wollen oder unserer Ansicht nach sein sollten, und auch wenn wir den komischen Prozess noch so sehr mit Hilfe unseres Handwerkzeugs zu befördern trachten, es sind trotzdem Kräfte am Werk, die sich unserer Kontrolle entziehen. An manchen Tagen versiegt der Strom. Solche Tage eignen sich gut, um ins Kino zu gehen.

Weil das Leben lang, Zeit in reichem Maße vorhanden und Ihr Talent angeboren ist, verfügen Sie über die Mittel, um Ihre Träume zu verwirklichen – sofern Sie den Drive haben. Haben Sie ihn? Diese Frage kann Ihnen nur eine Person beantworten, und der Verfasser dieses Buches ist es nicht.

Offenbarung

Ein Buch kann den Leser mit der Gewalt einer Offenbarung treffen. Während der Lektüre und auch noch für kurze Zeit danach haben Sie vielleicht das Gefühl, vor Tatendrang schier zu platzen, stehen total unter Strom und glauben, dass alles möglich ist. Prima! Lassen Sie sich von diesem Gefühl leiten! Ist im Preis inbegriffen.

Aber es wird verblassen, denn Offenbarungen verblassen immer. Bald werden Sie keinen Enthusiasmus mehr verspüren, sondern nur noch eine Erinnerung an dieses Gefühl, und seine Macht über Sie wird exponentiell schwächer werden. So ist das eben mit Offenbarungen: Gestern war man Paulus auf dem Weg nach Damaskus, und heute sieht man sich nur noch die Dias von dieser Reise an.

Hoffentlich haben einige der Instrumente, die Sie in diesem Buch gefunden haben, Sie in Begeisterung versetzt. Nächste Woche benutzen Sie sie vielleicht jeden Tag. In der Woche darauf werden Sie sie nicht mehr so häufig benutzen. In der dritten, vierten oder fünften Woche wird dieses Buch dann nur noch eins von vielen in Ihrem Bücherregal sein. Das ist nicht traurig oder beklagenswert. Es ist normal und unvermeidlich. Weil Offenbarungen verblassen.

Aber sie geben dem Leben auch ungeheure Kraft. Wenn Sie – weswegen auch immer – begeistert und energiegeladen sind, werden Sie dadurch produktiver, und Ihre Arbeit gewinnt in qualitativer wie quantitativer Hinsicht. Es wäre also gut, wenn man die Offenbarung am Leben erhalten könnte. Aber wie ist dieses hehre Ziel zu erreichen? Sie können nicht einfach zur ersten Seite zurückblättern und das Buch noch mal von vorn lesen. Und Sie können auch nicht auf die Fortsetzung warten. Es könnte eine ganze Weile dauern, bis dieses Buch erscheint.

Um die Offenbarung am Leben zu erhalten, sollten Sie neue Inspirationsquellen suchen. Lesen Sie Bücher. Besuchen Sie Kurse. Meditieren Sie. Machen Sie Yoga. Gehen Sie im Wald spazieren und denken Sie über die großen Menschheitsfragen nach. Vor allem, seien Sie schöpferisch tätig. Erschaffen Sie so viel Komisches, wie Sie können. Machen Sie sich keine Gedanken darüber, ob es gut ist oder Ihre wildesten Träume wahr werden lassen wird. Der Schaffensakt selbst ist die stärkste, mächtigste Kraft der Offenbarung, die es gibt. Nichts hat eine derart elektrisierende Wirkung wie der Schaffensakt, ob sie nun einen Tag, eine Stunde oder eine Minute anhält. Machen Sie es sich zur Gewohnheit, in Ihrem Leben schöpferisch tätig zu sein. Das wird einen Strom von Offenbarungen auslösen und, so glaube ich, auch zum Erfolg führen.

Wir schlagen uns mit dem Problem der Motivation herum – vor allem mit dem Problem, uns selbst zu motivieren. Es ist leicht, motiviert zu sein, wenn man einen Boss hat, der einen zur Arbeit zwingt. Aber es ist nie ein Boss da, wenn man einen braucht, und sich selbst zu motivieren kann ganz schön schwer sein. Ich habe in diesem Buch versucht, Ihnen einen kräftigen Motivationstritt zu verpassen und Ihnen zu zeigen, wie Sie Ihre Komik und Ihre Produktivität mit logischen Verfahrensweisen und in ganz, ganz kleinen Schritten verbessern können. Aber wie gesagt, Offenbarungen verblassen. Wie es weitergeht, liegt ganz allein bei Ihnen.

Setzen Sie sich neue Ziele. Zwacken Sie Zeit ab, um auf diese Ziele hinzuarbeiten. Bedenken Sie, dass noch kein Meister vom Himmel gefallen ist, und gehen Sie's langsam an; tun Sie sich den Gefallen, Ihr eigenes Tempo zu entwickeln. Und wenn Sie stecken bleiben, benutzen Sie Ihre Instrumente, um sich zu befreien und wieder in die Gänge zu kommen.

Was das Thema Instrumente betrifft, gestehen Sie sich ein,

dass Sie nicht mit allen gleich viel anfangen können. Einige werden wie von selbst in den Prozess Ihrer Komikproduktion Eingang finden, andere hingegen werden Ihnen unhandlich und klobig vorkommen. Benutzen Sie die leicht zu handhabenden, aber lassen Sie die problematischen nicht einfach links liegen. Kommen Sie später auf sie zurück und starten Sie einen neuen Versuch. Es kann sein, dass Sie als Schriftsteller, Zeichner, Schauspieler oder Comedian nur noch ein wenig wachsen müssen, bevor Sie auch mit diesen schwierigen Instrumenten gut zurechtkommen. Wir neigen dazu, unsere stärkeren Muskelgruppen zu trainieren, aber die schwachen Muskeln haben es genauso nötig.

Machen Sie sich bewusst, dass Kreativität, besonders auf dem Gebiet der Komik, ein Geschenk ist. Jedes Mal wenn Sie jemanden zum Lachen bringen, verbreiten Sie Freude im Universum und machen Ihre Welt im Kleinen ein bisschen besser. Achten Sie dieses Geschenk, halten Sie es in Ehren und übernehmen Sie die Verantwortung dafür. Komik ist nichts Harmloses, sondern eine mächtige, oftmals subversive Kraft der Veränderung. Die Entscheidung, ob es eine positive oder negative Kraft sein wird, liegt bei Ihnen.

Ich hoffe, Sie machen eine positive Kraft daraus. Ich hoffe, Sie benutzen Ihr Talent und Ihren Drive nicht nur, um sich ein schöneres Leben zu machen, sondern um das Leben insgesamt schöner zu machen. Ich kann Ihnen sogar sagen, weshalb das in Ihrem eigenen Interesse liegt. Wenn sie zum Gemeinwohl beitragen, steigern Sie die Menge des bereits vorhandenen Gemeinwohls um uns herum. Je mehr Gemeinwohl es gibt, desto besser stehen die Chancen, dass auch Sie was davon abkriegen. Wenn Ihnen das zu schmalzig ist, denken Sie daran, dass Sie in Kontakt mit Gleichgesinnten kommen, wenn Sie auf positive, humanistische Ziele hinarbeiten. Sind das nicht genau die netten Leute, die Sie kennen lernen und mit denen Sie zusammen sein möchten – spätere Heirat nicht ausgeschlossen?

Wenn Sie Ihre Phantasie positiven Zielen widmen, haben Sie zumindest das Gefühl, ein besserer Mensch zu sein. Und wenn Sie sich selbst gut finden, führen Sie meist auch ein gutes, produktives und glückliches Leben. Genau das Leben, das Sie gern führen möchten. Wenn Sie sich der Aufgabe verschreiben, anderen mit Ihren Werken oder Worten zu helfen, verbessern Sie in einem ganz realen Sinn Ihre Fähigkeit, diesen Worten oder Werken Leben einzuhauchen.

Jeder kreative Mensch hat die Chance, sich mit ganzem Herzen in seine Arbeit einzubringen. Wenn er das nicht tut, kann nicht viel mehr als »Künstelei« dabei herauskommen, der röhrende Hirsch, keine Kunst, sondern eine unglaubliche Simulation. Kunst ohne Herz ist wie, nun ja, wie Sex ohne Liebe. Es ist okay, das schon, aber wenn Sie die Wahl hätten...?

Und die haben Sie. Ihre Komik kann konstruktiv oder destruktiv sein. Ihre Kunst kann verhöhnen oder informieren. Ihre Worte können erniedrigend oder erhellend wirken. Es liegt ganz bei Ihnen, aber wenn das Schlimmste eintrifft und Sie nie ans Ziel Ihrer Träume gelangen, möchten Sie dann im Rückblick nicht sagen können: Zumindest hab ich das Richtige getan? Ich jedenfalls schon.

Also treffen Sie Ihre Entscheidung, setzen Sie sie konsequent in die Tat um und machen Sie sich bewusst, dass das Leben lang und reich an Möglichkeiten ist. Haben Sie Geduld und Spaß. Das Schicksal meint es gut mit Ihnen.

Dank

Wenn ich jedem danken würde, der es verdient, wären diese Dankesworte länger als das ganze Buch. Also danke ich Al und Louise, Nancy und Jim, die sich vielleicht so ihre Gedanken gemacht, aber nie gezweifelt haben. Ich danke Bill, der dafür gesorgt hat, dass ich nicht vom Weg abgekommen bin, und Scott, der mich nicht vom Haken gelassen hat. Ich danke Cliff, der bei der Geburt von *Handwerk Humor* dabei war, und Linda und Barbara vom ULCA Extension Writers Program. Und zu guter Letzt danke ich all meinen Studenten, von denen ich so viel gelernt habe.

Register

Abstraktion 205 f., 220, 231
48 Stunden (48 Hours) 105
Act Break (für den Werbeblock) 140, 217 ff.
Ähnlichkeit 69 f.
African Queen 87, 142
Akt 217
Albert, Fat 46
Alf (ALF) 100
All in the Family 105, 125, 132
Allen, Gracie 58, 61, 68, 87
Allen, Woody 62, 125, 132 *(Mach's noch einmal, Sam)*, 176 *(Der Stadtneurotiker)*
Alliteration 196 ff.
American Graffiti 143
Angst 189 f., 266 f., 278 f., 283 f.
Ann, Edith *(Laugh-In)* 235, 242
Anspruch 33
Anstoß 271 f.
Ärger 239
Arielle – Die Meerjungfrau (The Little Mermaid) 101
Arnold, Roseanne (Figur) 125
Aschenputtel 134
Asphalt Cowboy (Midnight Cowboy) 142
Astor, Mary 142 *(Die Spur des Falken)*

Auf der Jagd nach dem grünen Diamanten (Romancing the Stone) 102, 129 f., 136, 141, 151
Auflösung
→ Spannung und Auflösung
Augenbrauen-Effekt 202 ff.
Ausgerechnet Alaska! (Northern Exposure) 58, 81, 101, 106
Aykroyd, Dan *(Die Glücksritter)* 52, 183

Baby Boom – Eine schöne Bescherung (Baby Boom) 102, 134
Bacall, Lauren 142 *(Gangster in Key Largo)*
Der Bär (The Bear) 125
Die Bären sind los (The Bad News Bears) 146 f., 151, 155
Bakshi, Ralph 191
Ball, Lucille 18, 56, 68
Barney Miller 98
Barry, Dave 56
Beat 241
Beat Outline 240 f.
The Beatles (Band) 116
Bedürfnis, inneres/äußeres (des komischen Helden) 127–133, 135, 137 f., 152 f., 156 f., 187
Belushi, Jim *(Mein Partner mit der kalten Schnauze)* 105

291

Belushi, John 66, 235
Benny, Jack 58
Bergman, Ingrid 142 *(Casablanca)*
Bergman, Peter 7
Bernstein (Figur) 126
Beta-Tester 256–263
The Beverly Hillbillies (TV-Serie) 82
Beverly Hills Cop 47
Bezaubernde Jeannie (I Dream of Jeannie) 107
Bezugsrahmenänderung 240, 245, 270
Bhagavadgita 22
Big 51, 82, 86, 101, 137, 154, 156
Bill und Teds verrückte Reise durch die Zeit (Bill and Ted's Excellent Adventure) 164
Binnenreim 196 ff.
Blondie 114
Bob & Ray's Public Radio Show 237
Bob Newharts Show 97, 216
Bogart, Humphrey 132, 142 *(Casablanca, Die Spur des Falken, Gangster in Key Largo)*
– *African Queen* 87, 142
Bosom Buddies 101
Brian (Figur aus *Monty Python's*) 84, 97, 169 f.
Brown, Charlie (Comic-Figur) 56, 66, 71, 74
Buchwald, Art 98
The Bullwinkle Show 118
Bumstead, Dagwood (Comic-Figur aus *Blondie*) 114
Bundy, Al (Figur aus *Eine schrecklich nette Familie*) 65, 211, 215

Bunker, Archie (Figur aus *All in the Family*) 125, 128
Burns, George 87
Bush, George 116 f.

Calvin und Hobbes (Calvin and Hobbes) 53, 104
The Capitol Steps (Comedy-Truppe) 116
Carson, Jonny 56, 93
Carvey, Dana 116, 177 f., 242
Casablanca 142
Casey at the Bat 187
Cat Ballou – Hängen sollst du in Wyoming (Cat Ballou) 185
Catch 22 41, 98, 189
Caulfield, Holden *(Fänger im Roggen)* 181
Center-and-Eccentrics-Geschichte 97, 99 f., 106, 216
Chambers, Diane *(Cheers)* 64, 68, 74
Chaplin, Charlie 56, 75
Charakterkomödie 104 ff., 131
Charakterschlüssel 268 f.
Chase, Chevy 242
Cheers (TV-Serie) 64, 104 f., 110, 177
Churchill, Winston 262
City Slickers – Die Großstadthelden (City Slickers) 82, 128, 130, 139, 141, 145, 150, 159
Clarke, Arthur C. 107
Cleese, John 134
Clinton, Bill 271
Inspektor Clouseau (Figur) 61, 114

Colton, Jack (Figur aus *Auf der Jagd nach dem grünen Diamanten*) 136, 141, 155
Combat 107
comic relief 90
Conan (Figur) 125
Cop und ein Halber (Cop and a Half) 105
Cosby, Bill 46 f.
Cowboys und Aliens 103
Crocodile Dundee 82
Cruise, Tom 134 *(Lockere Geschäfte)*
Crystal, Billy *(City Slickers)* 82, 128, 130, 141 f., 145, 150, 154, 159
Culkin, Macaulay 134 *(Kevin – allein zu Haus)*

Darth Vader (Figur aus *Krieg der Sterne*) 130, 145, 150
DeNiro, Robert 87 *(Midnight Run)*
DePalma, Louie *(Taxi)* 65
Details 199–202, 204, 209, 266
Dick van Dyke Show 125
Distanz, emotionale 64 f., 168
Donald Duck 75
Doonesbury 110
Dornröschen 150
Dorothy (Figur aus *Der Zauberer von Oz*) 125, 131, 154 f.
Dorsey, Michael (Figur aus *Tootsie*) 47, 51, 55, 101, 128, 136, 141 f., 154, 269

Douglas, Oliver *(Green Acres)* 126
Drama 46
Drehbuch (Story/Sitcom) 228, 232
Dreiakter 217 f.
Dreierregel 162, 164 ff.
Dreyfuss, Richard 143 *(American Graffiti)*
– *Was ist mit Bob?* 49, 104
Drive 282 f.
Duck, Donald (Comic-Figur) 75
Durante, Jimmy 59

E.T. 100, 125
Eigenschaft, negative/positive 64, 72
Einsatz erhöhen 182 ff., 187, 191, 238 f., 244
The Elements of Style (Schrift) 9
Elliot, Bob 237
Ensemble-Komödie 110 ff.
Entscheidung 151 ff., 160
Erfolg (des Helden) 137 ff., 149, 154 f., 186
– Lohn 187 ff., 191
– Misserfolg 183 ff., 187, 188 (Preis), 191
Erwartung 31, 65, 169, 173, 176, 178, 211, 217 f.
– Enttäuschung der Erwartung 164, 170–175, 177, 210 f.
Eskalation (Konflikte, Probleme) 202, 218, 237 f., 243 f.
Estevez, Emilo *(Mighty Ducks)* 151
Even Cowgirls Get the Blues 128, 132

Fänger im Roggen 181
Falle, selbst gestellte 145 f.
Falsches Spiel mit Roger Rabbit (Who Framed Roger Rabbit?) 97
Fehler (Eigenschaft des komischen Helden) 64–69, 71–76, 78, 126, 203, 235
Felix (Figur aus *Ein seltsames Paar*) 49, 51
Fielding, Dan *(Harrys wundersames Strafgericht)* 70
Fields, W.C. 79
Figur, komische 56 f., 62, 64, 67, 69 ff., 73, 75 f., 100, 111, 125, 203, 236, 268 (Charakterschlüssel)
The First Family 116
Ein Fisch namens Wanda (A Fish Called Wanda) 65, 71, 134
Fish-out-of-water-Geschichte 100–103, 106 f., 117, 131
Fleischman, Joel *(Ausgerechnet Alaska!)* 56, 58, 62, 81, 101
The Flying Nun 107
Fonda, Jane 185
For Better or Worse 110 f.
Ford, Gerald 242
Frasier 214
Freiwurf (Hoosiers) 155

Gag/Running Gag 175–178, 215 f.
Gangster in Key Largo (Key Largo) 142
Gefahr
 → Komödie und Gefahr
 → Risiko

Gegenpole, komische 87 f., 103 ff., 131, 157, 182, 236, 239
 → Kraft, oppositionelle
Geschichte, komische 96, 99, 107 f., 190 (Logik versus Dynamik), 204, 227 (Schlüsselelemente)
 – Einführung, Komplikation, Folge, Relevanz 224–227
 – Rohmaterial 246, 248, 258
 – Überarbeitung 231, 247, 249, 251 f., 255, 261 f.
Geschichtenerzählen 123 f., 130, 146, 156, 190 (Logik versus Dynamik), 194, 199 (Details), 205, 228
 – Probleme und Gelegenheiten 230 ff.
 – Story-Problem 229 f., 232, 247
Ghostbusters 182
Gilligans Insel (Gilligan's Island) 111, 113, 125, 187, 216, 225
Glaubwürdigkeit 190
Glosse 272 f.
Glover, Danny *(Lethal Weapon 3)* 181 f.
Die Glücksritter (Trading Places) 52, 100, 183
Godzilla (Figur) 125
Goldberg, Whoopi 101 *(Sister Act)*
Golden Girls 110 f.
Good Times (TV-Serie) 177
Goulding, Ray 237
Green Acres (TV-Serie) 82, 126
Grenzen verschieben 238, 244

Grodin, Charles 87 *(Midnight Run)*
Der große Frust (The Big Chill) 110, 125, 132
Gullivers Reisen (Roman) 82

Hamlet (Figur) 55, 64, 74 f.
Hanks, Tom
 – *Big* 51, 82, 101, 137, 154, 156
Hankshaw, Sissy (Figur aus *Even Cowgirls Get the Blues*) 56, 126, 128, 132
Hannibal the Cannibal
 → Lecter, Hannibal (Figur)
Happy Days 177
Happy End 157 f., 160 f.
Harold, Old Weird 46
Harry und Sally (When Harry Met Sally) 129
Harrys wundersames Strafgericht (Night Court) 70
Hawn, Goldie 47 *(Schütze Benjamin)*, 62 *(Laugh-In)*, 71
Held/Heldin 70, 99, 101, 105, 123, 125, 127–131, 133 f., 136–139, 144 f., 149 ff., 153 f., 157 f., 160
Hepburn, Katherine 104
 – *African Queen* 87, 142
Herr der Ringe (Lord of the Rings) 134
Higgins (Figur aus *Magnum*) 236
Hirsch, Judd 98 *(Barney Miller, Taxi)*, 216
Hobbes (Comic-Figur in *Calvin und Hobbes*) 53

Höhepunkt 239, 244
Hölle, wo ist dein Schrecken? 104
Höllenfahrt der Poseidon (Poseidon Adventure) 111
Hör mal, wer da hämmert! (Home Improvement) 214
Hoffman, Dustin 55 *(Tootsie)*, 142 *(Asphalt Cowboy)*
Hoffnung 189 f., 211
The Honeymooners 104
Hoppla Lucy (I love Lucy) 18, 66, 113 f.
Hoskins, Bob *(Falsches Spiel mit Roger Rabbit)* 97
Humor, virtueller 204 ff., 209

Ich glaub, mich knutscht ein Elch (Stripes) 47
Im Himmel ist die Hölle los 103
Immer Ärger mit Sergeant Bilko (The Phil Silvers Show) 47
In Living Color 116
Indian Summer 110
Information 209, 270
Inspiration 81
Iokaste 142

Jäger des verlorenen Schatzes (Raiders of the Lost Ark) 191
The Jeffersons 102
Jeopardy! 193
Jesus 129, 138
Jesus Christ, Superstar 119
Jones, Indiana (Figur aus *Jäger des verlorenen Schatzes*) 191, 193
Juxtaposition 84

Kafka, Franz 102
Kampf auf Leben und Tod 151 f., 154, 182
Karikatur 72
Katalysator (des Elends) 105
Katastrophe 145, 203
Keaton, Diane 135 *(Baby Boom)*
Kennedy, John F. 116
Kenobi, Obiwan (Figur aus *Krieg der Sterne*) 150
Kevin – allein zu Haus (Home Alone) 134
Klassifizierung 49
Klischee 172 ff., 175 (Dekonstruktion), 178
Komödie 122
– Komödie und Gefahr 181, 183 f., 186 f., 203, 238
Konflikt 46, 48 f., 51 ff., 69, 75, 103, 111, 141, 153 (finaler), 216, 239
– Mikro-/Makrokonflikte 193 ff., 268
Konfliktlinien 99, 111, 142
Konsistenz 208, 247
Kontext 81 f.
→ Zusammenprall, kontextueller
Kraft, oppositionelle 236, 242 f., 245
Kramden, Ralph *(The Honeymooners)* 104
Kreativität 246, 281
Kreuz-Königin 103
Krieg der Sterne (Star Wars) 125, 130, 137, 145, 150, 158, 176
Kritik 259 f.
Kürzen 250 f.

Laugh-In (TV-Show) 62, 235
Lebenskünstler (You Can't Take It With You) 116
Lecter, Hannibal *(Das Schweigen der Lämmer)* 71 f., 179
Leser/Leserin 64 f., 70, 90, 108, 117, 122
Lethal Weapon 3 – Die Profis sind zurück (Lethal Weapon 3) 181
Lewinsky, Monica 271
Lewis, Jerry 58, 61, 74, 114
Liebe 129 f., 141, 157, 159
Die Liebe findet einen Weg (Sitcom) 132
Liebling, ich habe die Kinder geschrumpft (Honey, I Shrunk the Kids) 107
Liebling, ich habe die Kinder nach Honolulu geschickt 107
Liebling, jetzt haben wir ein Riesenbaby (Honey, I Blew Up the Kid) 107
L.I.S.A. – Der helle Wahnsinn (Weird Science) 132
Lockere Geschäfte (Risky Business) 134
Logik (der komischen Geschichte) 185 f., 190 ff., 200, 216, 230 (Story-, Plot-Logik), 238
Loyalität (Eigenschaft des komischen Helden) 142 f., 146 f., 149 ff., 154 ff., 158
Lucy (Figur in *Hoppla Lucy*) 18, 72
Lügen (Eigenschaft des komischen Helden) 93 f., 154

Mach's noch einmal, Sam (Play It Again, Sam) 132
Madison, Oscar *(Ein seltsames Paar)* 87
Magie 107
Magnum 236
Malone, Sam *(Cheers)* 64, 74
The Many Loves of Dobie Gillis 133
Martin, Dean 66
Martin, Steve 47 *(Immer Ärger mit Serfeant Bilko)* – *Vater der Braut* 130, 135
Marx, Groucho 56, 58, 74
Marx, Harpo 58
Mary Tyler Moore (Mary Tyler Moore Show) 98, 132, 145, 150, 159
M*A*S*H 110
Matthau, Walter *(Die Bären sind los)* 146
McFly, Marty *(Zurück in die Zukunft)* 41, 46
McGarvey, Willard 17
Meader, Vaughn 116
Mein Onkel vom Mars (My Favorite Martian) 100, 107
Mein Partner mit der kalten Schnauze (K-9) 105
Meine Stiefmutter ist ein Alien (My Stepmother Is an Alien) 100
Menschlichkeit (Eigenschaft des komischen Helden) 69–76, 78, 126, 235
Merkmal, körperliches 65
Metapher 33, 116

Michaels, Dorothy (Figur aus *Tootsie*) 47, 55, 136, 145, 154, 178, 181
Midnight Run – Fünf Tage bis Mitternacht (Midnight Run) 87
Mighty Ducks – Das Superteam (The Mighty Ducks) 146, 151, 155
Mindy (Figur in *Mork vom Ork*) 42, 49
Misserfolg
→ Erfolg
Mister Ed (Mr. Ed) 107
Mitgefühl 70, 72, 74
Mitty, Walter 43, 52, 62
Moby Dick 150
Das Model und der Schnüffler (Moonlighting) 104
Moment der Wahrheit 150–156
moment of maximum remove 140
Monty Python's – Das Leben des Brian (Monty Python's Life of Brian) 84, 169, 237, 243
Moore, Dudley 62
Mork (Figur in *Mork vom Ork*) 42, 49, 61, 72
Mork vom Ork (Mork and Mindy) 42, 100
Mr. Smith geht nach Washington (Mr. Smith Goes to Washington) 47
Munster, Herman 51
Murphy, Eddie *(Berverly Hills Cop)* 47, 52 *(Die Glücksritter)*, 105 *(48 Stunden)*
Murphy Brown 51, 66, 110, 128, 133, 138, 175, 216 ff.

Murray, Bill
- *Und täglich grüßt das Murmeltier* 129, 188
- *Was ist mit Bob?* 49, 104

Murray, Billy *(Ich glaub, mich knutscht ein Elch)* 47

Mutter d'Arc 103

My Mother the Car (TV-Serie) 107

Myers, Mike 178, 242

NBC 62

Neues Testament 138

Neunerregel 30 ff., 34 ff., 54, 57, 279

Nolte, Nick *(48 Stunden)* 105

Norton, Ed *(The Honeymooners)* 104

O'Hara, Scarlett 125 *(Vom Winde verweht)*

O'Neal, Ryan 142 *(Paper Moon)*

Ödipus 142, 158

Ohrkitzler 196, 198

Oscar (Figur in *Ein seltsames Paar*) 49, 51

Otto (Figur in *Ein Fisch namens Wanda*) 71

Outline (Sitcom) 228 ff., 242
- Beat Outline 240 f.
- Umschreiben 231 f.

Palance, Jack (Figur aus *City Slickers*) 145

Palin, Michael *(Ein Fisch namens Wanda)* 65

Paper Moon 142

Parker, Leslie 15 ff., 65

Parodie 116–120

Peanuts 41

Perspektive, komische 57 ff., 61 f., 64, 68, 73–76, 78 f., 84, 97, 99 f., 111, 126, 231, 235, 243, 268

Peter's Friends 110

Phantasie 69

Picasso, Pablo 148

Plot-Logik 230 f.

point of maximum remove 220

Pointe 89, 163 f., 171, 196
- Positionierung 91 f.

Prämisse, komische 41–47, 50 f., 53 ff., 68 (innere), 107, 113, 116, 190

Präsentation 233

Pretty in Pink 128

Prinz und Bettelknabe 100, 134, 193

Problem (Lösung/Steigerung) 202, 238

Protagonist
→ Held

Publikum 64 f., 69, 73, 89 ff., 108, 111, 114, 116 f., 122, 175, 182, 199, 207–212, 217 f., 262, 267 f., 269 (Charakterschlüssel), 270 (Bezugsrahmen), 271
- Beta-Tester 256–263

Rassismus 210

Reagan, Ronald 41

Reaktion, völlig unangemessene 84 ff., 94, 165 f., 181, 231

Realität 69

Redewendung
  → Wortspiel
Redundanz 164
Regel 209, 211, 215, 216 (Serie)
Reggie (Figur aus *Ein Fisch namens Wanda*) 134
Religion 20
Reynolds, Burt 105 *(Cop und ein Halber)*
Richard, Mary (Figur) 128, 155
Ringwald, Molly *(Pretty in Pink)* 128
Risiko (was für den Helden auf dem Spiel steht) 25 f., 186 f., 189 f.
Ritter Hank, der Schrecken der Tafelrunde 46, 62
Robin Hood 142
Rocky 125
Rocky (Figur aus *The Bullwinkle Show*) 118
Romeo und Julia 142
Rückbezug 178 f.
Rückkehr nach Secaucus (The Return of the Secaucus Seven) 110
The Rutles (Band) 116

Sample-Script 216
Satire 116–119
Saturday Night Live 177, 235, 242
Sawyer, Tom (Romanfigur) 126
Der Schläfer (Sleeper) 100
Schockieren 210, 212
Eine schrecklich nette Familie (Married... with Children) 65, 211, 215, 217

Schütze Benjamin (Private Benjamin) 47
Schwäche 64
Schwarzenegger, Arnold 71
Das Schweigen der Lämmer (Silence of the Lambs) 71, 179
Scrooge (Figur) 66
Seinfeld 125, 214
Seinfeld, Jerry 59
Selbstzweifel (Eigenschaft des komischen Helden) 113 ff.
Seller, Peter 61, 114
Ein seltsames Paar (The Odd Couple) 49, 87
Serie 213 ff., 216 (Regeln, Struktur), 223 (Star)
Setup-Setup-Payoff (Dreierregel) 163–166
Sexualität 19 f., 22, 42, 127, 210
Simpson, Bart 56, 181, 218
Die Simpsons (The Simpsons) 218
Sister Act – Eine himmlische Karriere 101
Sitcom (Situationskomödie) 213, 215 (Script), 217 (Handlungsstruktur), 219 (Zirkel), 220, 227 (Schlüsselelemnte), 228 (Drehbuch)
  – A-, B-Story, Thema 223 (Haupt-, Nebenfiguren), 224
  – Story-Schnellverfahren 224 (Einführung, Komplikation, Folge, Relevanz), 225 ff.
Situationen, inkompatible 84
Skelton, Red 202

Sketch 235 (Neun-Punkte-Methode), 236, 237 (Konflikteskalierung), 238, 241–244
– Schluss 239 f.
Skywalker, Luke (Figur aus *Krieg der Sterne*) 125, 130, 137, 142, 145, 150, 155, 158
Slapstick-Komödie 113, 114 (Definition), 115
Snoopy (Comic-Figur in *Peanuts*) 41, 54
Solo, Han (Figur aus *Krieg der Sterne*) 176
Spaceballs – Mel Brooks' verrückte Raumfahrt (Spaceballs) 116
Spannung und Auflösung 89 ff., 145, 164, 181, 183 f., 199, 240, 244, 266
Spec-Script (speculative script) 213 ff., 217, 230, 233 (Präsentation), 234
Splash – Jungfrau am Haken (Splash) 87, 101, 190
Die Spur des Falken (The Maltese Falcon) 142
Stabilitätsbogen (alte Stabilität, Instabilität, neue Stabilität) 219–222, 228
Der Stadtneurotiker (Annie Hall) 176
Stallone, Sylvester 105 *(Stop! Oder meine Mami schießt)*, 125 *(Rocky)*
Stein, Gertrude (Figur) 113
Stern, Howard 210, 212
Stewart, Jimmy *(Mr. Smith geht nach Washington)* 47
Stimme, komische 79

Stop! Oder meine Mami schießt (Stop or My Mom Will Shoot) 105
Story-Logik 230 f.
Story-Problem 229, 232, 247
Streich 180
Strictly Ballroom 143
Struktur (der komischen Geschichte) 122, 146 f., 162, 216 (Serie), 218, 222, 242 (Sketch)
Strunk, William 9, 13
Sympathie 70, 72 f.
Synekdoche 194 f.
Synergie 68, 75

Tabuthema 217
Talent 281 ff.
Tausend Meilen Staub (Rawhide) 107
Taxi 65, 98, 216
Textüberarbeitung 205
Thema 217
This is Spinal Tap 110, 116, 212
Throughline 121, 124, 126, 143 f., 148, 152 f., 161
Thurber, James 43, 62
Tiefpunkt (im Leben des komischen Helden) 149–154, 157, 160
Time Bandits 100
Titel 80
Tod 19 f., 128, 154, 181, 191
Toklas, Alice B. (Figur) 126
Toleranz 210, 212
Tomlin, Lily 56, 71, 235
Tootsie 47, 51, 86, 101, 128, 136, 139, 141, 145, 149, 178, 269

Tracy, Spencer 104 *(Das Model und der Schnüffler)*
Trebek, Alex 193
Türklingel-Effekt 169, 171

Überarbeitung/Umschreiben 231, 247, 249, 251 f., 255, 261 f.
Überraschung 175
Übertreibung 61 ff., 66, 73–76, 78 f., 85, 102, 109, 118, 127, 164, 166, 186, 200, 238, 266
Und täglich grüßt das Murmeltier (Groundhog Day) 102, 129, 188
Unger, Felix *(Ein seltsames Paar)* 87
Die unglaubliche Reise in einem verrückten Flugzeug (Airplane) 116

Valiant, Eddie *(Falsches Spiel mit Roger Rabbit)* 97
van Horn, Jonathan (Figur aus *Tootsie*) 181
van Winkle, Ripp (Figur) 126
Vater der Braut (Father of the Bride) 130, 135
Veränderung (der Lage des Helden / der Situation) 140, 153, 219, 222
Verblüffung 191
Verliebt in eine Hexe (Bewitched) 107
Verrückt nach dir (Mad About You) 216 f.
Verstärkung 35
Die Verwandlung 102 f., 125
Voight, John 142 *(Asphalt Cowboy)*
Vom Winde verweht (Gone With the Wind) 125, 150

Wacker, Willi (Figur) 66, 75
Wahrheit sagen (Eigenschaft des komischen Helden) 93 ff., 154
Wahrheit und Schmerz (Elemente des Komischen) 16, 18–24, 55, 65, 70, 168, 266
Wanda (Figur aus *Ein Fisch namens Wanda*) 134
Was ist mit Bob? (What About Bob?) 49, 104
Wayne's World 178, 242
Die Welt in zehn Millionen Jahren (Wizards) 191
Wendung (im Leben des komischen Helden) 143, 147, 159
Werbung 140, 217 f.
White, E.B. 9, 13
Wilder, Joan (Figur aus *Auf der Jagd nach dem grünen Diamanten*) 129 f., 136, 141, 151, 155, 159
Wille 72 f.
Williams, Robin 47, 56, 62, 71
Winters, Jonathan 56, 71
Winthorp (Figur aus *Die Glücksritter*) 183
Witz 163, 167 ff., 171, 173, 175, 176 (Struktur), 274, 276 f., 279
– 3-D-Witz 204–207, 247
– Witzchen 166–169, 173, 207, 274
Wodehouse, P. G. 64, 104
Woodward (Figur) 126
Wooster, Bertie 56, 64, 74
Wortschatz, komischer 273 f.
Wortspiel 196 ff.

Wunderbare Jahre (The Wonder Years) 42

Yossarian *(Catch 22)* 41, 98, 125, 181, 189

Der Zauberer von Oz (The Wizard of Oz) 125, 131, 154
Zaubergeschichte 107–110, 131
Zeitreise-Geschichte 204
Zensor, scharfer innerer 29–32, 34, 37, 168, 246, 248, 268
Ziggy (Comic-Figur) 46, 56
Zuck-Faktor (Story-Test) 265, 267

Zurück in die Zukunft (Back to the Future) 41, 46, 100
Zusammenprall, kontextueller 81–87, 100, 109, 174, 231, 267, 277
Zuschauer/Zuhörer
  → Publikum
Zwangsgemeinschaft (Figuren auf dem Set) 236 f., 243 ff.
Zwei Banditen (Butch Cassidy and the Sundance Kid) 90, 126
Die Zwei von der Tankstelle (Chico and the Man) 104
Zweiakter 217 f.

Bücher über das Schreiben von Büchern.
Nur bei Zweitausendeins.

SOL STEIN
Über das Schreiben

Das bewährte Standardwerk und Handbuch aus der Praxis. Gleichgültig, ob Sie Anfänger/in oder Profi sind, ob Sie Romane, Kurzgeschichten oder Sachbücher schreiben, Sie werden in diesem Ratgeber eine Fülle von Tips finden, die Sie anderswo vergeblich suchen. Er zeigt Ihnen, was Sie machen müssen, damit Ihr Text interessant wird, wie Sie ein verunglücktes Manuskript reparieren und ein gutes noch verbessern. Sol Stein weiß, worüber er schreibt: Er ist ein international erfolgreicher Bestsellerautor, war 36 Jahre Lektor prominenter Autoren und ist als Lehrer für Creative Writing ausgezeichnet worden. Stein kennt die geschriebenen und ungeschriebenen Regeln, Tips und Techniken des Schreibens, und er weiß, wie man einen Text auch kommerziell erfolgreich macht. Anhand zahlreicher Beispiele zeigt er, wie Sie ein Buch wirkungsvoll beginnen, wie Sie faszinierende Charaktere entwickeln und einen tragfähigen Plot entwerfen. Er erklärt endlich einmal das für jede Handlung zentrale System des Konfliktaufbaus und zeigt die Techniken und »Geheimnisse des spannenden Dialogs«, mit denen sich ein verbaler Schlagabtausch oder einfühlsamer Dialog effektvoller gestalten lassen. Stein lehrt, wie man Vorgänge zeigt, statt von ihnen zu erzählen, wie Rückblenden wirkungsvoll eingesetzt werden u.v.m. Sol Steins »wunderbares ›Über das Schreiben‹ gehört auf jedes Autorenregal« (Die Welt).
Originaltitel: *Stein on Writing*. Deutsch von Waltraud Götting. Bereits in der 6. Auflage! 443 Seiten. Fadenheftung. Fester Einband. Nur bei uns. 33 DM. Nummer 18207.

Preisänderung und Lieferung vorbehalten.

SOL STEIN

Aufzucht und Pflege eines Romans

Die häufigsten Fehler beim Schreiben. Und wie man sie vermeidet.

Haben Sie schon einmal davon geträumt, einen erfolgreichen Roman zu schreiben? Haben Sie den Traum nicht verwirklicht, weil Sie glauben, als Autor/in muß man zuallererst ein Genie sein? Sol Stein sagt: Sie irren sich. Es geht zuerst einmal um das Vermeiden einer kleinen Anzahl von Kardinalfehlern, die den Bucherfolg verhindern. Sol Stein nennt die Fehler und zeigt, wie man sie vermeidet. Ein Schüler von Stein, Jerry Jenkins, kam jüngst bis auf Platz 1 der N.Y. Times Bestsellerliste und verwies Harry Potter auf die hinteren Ränge. Stein beweist: Daß eine Geschichte ihre Leser fesselt, beruht nicht allein auf Genie und Intuition, sondern vor allem auf Fertig- und Fähigkeiten, die sich erlernen lassen. Er vermittelt sie systematisch, leicht nachvollziehbar und dazu auch noch kurzweilig. Sol Stein zeigt uns den Text als Werkstück, das sich hobeln, feilen und schmirgeln läßt, bis aus dem Rohstoff ein feines Meisterwerk geworden ist.

Aus dem Inhalt: Der Leser will was erleben, So ziehen Sie Ihre Leser in den Bann, Mit dem Leser vertraut werden: Die erweiterte Perspektive, Geht es auch ohne Konflikte? Der Erfolg liegt im Blick fürs Detail, So finden Sie Ihre Plots, Warum unsere Umgangssprache nicht die Dialogsprache sein kann, Warum Sie sich Zeit lassen können, Die häufigsten Fehler von Autoren und wie man sie vermeidet, Der Umgang mit Worten ist Präzisionsarbeit, Ein paar grundsätzliche Hinweise für Autoren, die vom Sachbuch kommen, Überarbeitung als Chance – und Risiko, Ein paar Wege zur Unsterblichkeit, Wie Ihr Manuskript aussehen muß, damit es gelesen wird, Adressen von deutschen Literaturagenturen u.a.

Deutsche Erstausgabe. Originaltitel: *How to Grow a Novel.* Deutsch von Sebastian Gavajda und Waltraud Götting. 270 Seiten. Fadenheftung. Fester Einband. 33 DM. Nummer 18360.

RONALD B. TOBIAS
20 Masterplots

Woraus Geschichten gemacht sind

Wollen Sie Drehbücher schreiben? Filme machen? Romane veröffentlichen? Dann brauchen Sie vor allem eines: Eine gute Geschichte. Ein weites Feld? Unendliche Auswahl für die Fantasie? I wo! Es gibt, da sind sich die meisten Schreiber einig, nur eine sehr begrenzte Auswahl von Erzählmustern. Alles andere sind Variationen zum Thema. Und: Wer von diesen Mustern abweicht, wird meist mit Verachtung und Nichtkauf gestraft, denn der Geist liebt seine Denkmuster. Radikale Schreiber, von Aristoteles bis heute, behaupten sogar, es gäbe nur zwei Muster: Die Tragödie (heute auch Action-Thriller genannt) und die Komödie (heute auch Comedy genannt). Ronald B. Tobias präsentiert und analysiert 20 beispielhafte und bewährte Masterplots.
Quasi als Basis-Kochrezepte, die Sie nach eigenem Geschmack abrunden und abwandeln können. Es geht um zentrale Erzählstrukturen, die in der Literatur, ganz gleich, um welches Genre es sich handelt, immer wieder auftauchen. Ronald B. Tobias erklärt, wie ein erfolgreicher Plot abgestimmt sein muß, damit er alle Facetten einer Geschichte zur Geltung kommen läßt. Er zeigt, wie Sie aus einem literarischen Stoff einen Plot optimal entwickeln. »Der beste aktuelle Ratgeber für Leute, die das Handwerk des Schreibens perfektionieren wollen« (Lübecker Nachrichten). »Wie aus einer guten Idee eine überzeugende Story wird – in 20 Lernbeispielen, mit einer Checkliste, die den eigenen Plot abfragt und Schwächen erkennen hilft« (Jahrbuch für Autoren).

Originaltitel: *20 Master Plots (and How to Build Them)*. Deutsch von Petra Schreyer. 335 Seiten. Fadenheftung.
Fester Einband. Nur bei uns. 27 DM. Nummer 18289.

ROBERT J. RANDISI
Krimis schreiben

Das Handbuch der Erfolgsautoren

Krimis und Thriller gehören zu dem mit Abstand meistgelesenen und auch kommerziell erfolgreichsten Genre der Literatur. Verbrechen lohnt sich eben doch. *Parnell Hall, Jerry Keneally* und *Robert J. Randisi* zeigen Ihnen, auf welch geniale Ideen, Verwicklungen und überraschende Auflösungen Sie kommen, wenn Sie das Leben um sich herum genau beobachten, wenn Sie über das schreiben, was Sie kennen – und noch ein bisschen dazuerfinden. *Sue Grafton* gewährt Einblick in ihre Story-Werkstatt. *Jan Grape* wird Sie überzeugen, dass der Schauplatz Ihres Krimis vor Ihrer Haustür liegen könnte – oder im antiken Rom, wie *Max Allan Collins* meint, der Ihnen auch zu Comicdetektiven mit Sprechblasen rät. *Ed Gorman, Les Roberts* und *Jeremiah Healy* verraten, wie man sympathische Kommissare oder Detektive entwickelt, mit denen sich ganze Krimiserien bestreiten lassen. *Catherine Dain* bricht eine Lanze für clevere Detektivinnen mit Gefühl. *Lawrence Block* führt vor, wie Sie Ihre Leserschaft vom Anfang bis zum Ende Ihres Romans in Atem halten. Und *Michael Seidman* hat noch ein paar Tips, wie Sie Lektoren mit Ihren Krimis begeistern.

»Die hilfreichen Hinweise des Buches darf kein Krimi-Schreiber missachten« (Rheinische Post).

R. J. Randisi »Krimis schreiben« behandelt gründlich, aber unterhaltsam alle Aspekte des Themas und macht außerdem Lust auf die Lektüre der genannten Krimis ... Gutes Preis-Leistungs-Verhältnis« (ekz-Infodienst).

Originaltitel: *Writing the Private Eye Novel*.
Deutsch von Frank Kuhnke. 353 Seiten. Fadenheftung.
Fester Einband. Nur bei uns. 25 DM. Nummer 18290.

ROBERT BAHR

Dramentechnik für Prosatexte

Robert Bahr zeigt in diesem Buch, wie wir alle gut und besser schreiben können – sei es einen Liebes- oder Leserbrief, sei es einen Artikel für die Zeitung, ein Sachbuch oder einen Roman. Robert Bahr ist Schriftsteller und Journalist. »Autoren spielen«, sagt Bahr, »ihre Konzepte wie Theaterregisseure bei Bühnenproben solange durch, bis Handlung und Figuren ein Eigenleben entwickeln. Sie versetzen sich in die Rolle des Publikums, das auf der Generalprobe begeistert applaudiert oder das Stück gnadenlos ausbuht.« Die einzelnen Kapitel seines Buches verfolgen Schritt für Schritt den Aufbau des dramatischen Geschehens im Theater der Fantasie. In dem komplexen Verhältnis zwischen Leser, Werk und Autor sieht er die Inszenierung eines packenden Dramas mit einem »dramatischen Konzept« und einer »szenischen Perspektive«. Der Autor ist der Schauspieler für jede der Rollen in seinem Stück und zugleich der Regisseur, der souverän über das Zusammenspiel von Handlung, Zeit und Ort bestimmt. »Interessant wie eine Erzählung, lehrreich wie eine Vorlesung und praktisch wie eine Werkstatt« (Jahrbuch für Autoren).

Originaltitel: *Dramatic Technique in Fiction*. Deutsch von Hans J. Becker. 196 Seiten. Fadenheftung. Fester Einband. Nur bei uns. 25 DM. Nummer 18273.

ROGER A. HALL
Mein erstes Stück

»Der praktische Starter, um Schreiben fürs Theater zu lernen, ein echtes Lehrbuch mit Übungsaufgaben« (Lehrbuch für Autoren). Eine Geschichte so zu schreiben, dass sie sich allein aus den Dialogen heraus entwickelt, ist eine besondere Kunst. Wer ein Theaterstück schreibt, muss diese Kunst beherrschen. Handwerksregeln haben hier noch größere Bedeutung als bei Romanen oder Erzählungen. Roger A. Halls Handbuch – in den USA seit vielen Jahren bewährt – erläutert das wirkungsvolle Zusammenspiel von Dialogszenen praxisnah am Beispiel aktueller Theaterproduktionen. Das Buch erklärt: wie Sie eine Handlung effektvoll beginnen und dann überzeugend entwickeln, wie Sie im Zusammenspiel von Handlung und Konfliktaufbau Charaktere darstellen, wie Sie glaubwürdige Dialoge schreiben, ob das Einbringen persönlicher Erfahrungen eine Bereicherung oder eher eine Gefahr für ein Stück bedeutet u. v. m. Roger A. Hall: »Dieses Buch soll dem jungen und unerfahrenen Autor von Theaterstücken helfen. Es enthält eine Reihe von Übungen, die Erfahrung im Umgang mit den notwendigen Zutaten für ein Theaterstück vermitteln sollen. Weil die Übungen aufeinander aufbauen, führt eine automatisch zur nächsten und dabei werden sie von Schritt zu Schritt umfangreicher. Diese Übungen geben Ihnen die Möglichkeit, Ihre Idee wie einen Setzling zu behandeln, der dank sorgfältiger Hege vielleicht zu einem reifen, Frucht tragenden Baum wird. Dieser Ansatz hat sich bei den Studenten, die ich unterrichte, absolut bewährt ... Einige der Studenten, die diese Übungen gelernt haben, schreiben heute erfolgreich für Bühne, Film und Fernsehen. Viele arbeiten in anderen Bereichen an professionellen Theatern.«

Originaltitel: *Writing your First Play*. Deutsch von Andreas Betten. 283 Seiten. Fadenheftung. Fester Einband. Nur bei uns. 25 DM. Nummer 18317.

In Vorbereitung:

OTTO KRUSE

Die schöne Kunst des Erzählens (Arbeitstitel)

Deutschland, angeblich das Volk der Dichter und Denker, überläßt das Denken und Erzählen immer mehr den professionellen Schreibern und der Medienindustrie. Wir sind auf dem besten Weg, ein Volk von sprachlosen Kulturkonsumenten zu werden, das die eigenen kreativen Potenzen brachliegen läßt und damit eine traditionsreiche Kulturtechnik aufzugeben droht. – Die Kunst des Erzählens ist nicht nur eine literarische Disziplin. Erzählen ist eine elementare Form der Kommunikation zwischen Menschen. Durch das Erzählen informieren wir einander, stellen Beziehungen her, schaffen Gefühle von Nähe und Intimität. Allem Erzählen ist gemeinsam: Wer eine Geschichte erzählt, klärt mit sprachlichen Mitteln, was zuvor unklar war, strukturiert das Chaos, das uns umgibt, und erhält so die Chance, das eigene Leben erfolgreich zu gestalten. Erzählen zu können ist für das Selbstverständnis jedes Menschen und die Stabilität sozialer Gemeinschaften von enormer Bedeutung.

Otto Kruse, Autor eines erfolgreichen Ratgebers für akademisches Schreiben und Leiter der Schreibschule Erfurt, will das Erzählen als Möglichkeit, über das Leben nachzudenken, und als Weg, das Leben zur Sprache zu bringen, wieder zugänglich machen. Sein Buch ist unseres Wissens das erste Trainingsprogramm für literarisches Schreiben und anspruchsvolles Erzählen eines deutschen Autors. Es zeigt, wie man Aufmerksamkeit gewinnt, Spannung erzeugt, wie man Helden aufbaut und den Leser mit dem Helden identifiziert, wie man die tieferen Gefühle der Lesenden anspricht. Das Buch nennt die 9 stärksten Kreativitäts-Bremsen und zeigt, wie man die eigene Erzählkreativität entwickeln kann. Auf dem Weg dorthin müssen Schreibende aber auch solide Kenntnisse über Erzähltechnik und Komposition lernen und trainieren. Deswegen wird an praktischen Beispielen geübt, geübt und nochmals geübt. Denn: »Erzählen lernt man, indem man es tut« (Kruse). Aus dem Inhalt: Die Welt ist voller Geschichten, Die eigene Erzählstimme finden, Die Aufgabe des Erzählers, Das Personal des Dichters, Die Angst des Schöpfers vor dem Ton, Mündliches Erzählen, Erzähltechnik, Erzählfiguren ausarbeiten und testen, Die Konstruktion des Bösen, Geschichten ins Laufen bringen u. a.

Originalausgabe. Ca. 250 Seiten. Fadenheftung.
Fester Einband. Nur bei uns. Ca. 35 DM. Nummer 18362.
Erscheint im Juni Zweitausendeins.

Bücher für Leute von Film & Fernsehen.
Nur bei Zweitausendeins.

SYD FIELD

Das Handbuch zum Drehbuch

Syd Fields klassisches Handbuch ist »unter Studenten zu einer Bibel avanciert« (Die Welt) und »Pflicht für jeden angehenden Autor« (Medienwissenschaft). Hier lernen Sie alles, was dazugehört: Die erste Idee im Kopf, die erste Kurzfassung in drei Sätzen, das Vier-Seiten-Treatment, die wichtigen dramatischen Wendepunkte, wie Sie lebendige Figuren gestalten und Sinn und Unsinn von Dialogen u.v.m. Viele Schüler/-innen von Field sind mittlerweile im Filmgeschäft äußerst erfolgreich.
    Originaltitel: *The Screenwriter's Workbook.* Deutsch von Brigitte Kramer. Bereits in der 12. Auflage! 232 Seiten. Fadenheftung. Fester Einband. 33 DM. Nummer 10662.

C. P. HANT

Das Drehbuch. Praktische Filmdramaturgie

In »kurzen, prägnanten Kapiteln bündelt Hant, der selbst jahrelang in Hollywood arbeitete, sämtliche praxiserprobten Konzepte zum Aufbau einer Filmstory. Ein Muß!« (Prinz). Bei Hant erfahren sie »alles über die Entstehung eines guten Skripts, von der Entwicklung der Story über das Entwerfen der Charaktere bis hin zum Ausarbeiten der Szenen« (Moviestar). »Hier schreibt der Praktiker. Seine Gedanken zur praktischen Filmdramaturgie sind einfach formuliert und praxisnah ... eine effektive Hilfe« (Cinema). Hants »Standardwerk« (Die Welt) bietet »nützliches Basiswissen: einfach, praktisch und gut« (Max). »Wer einen auf unnötige Umschweife verzichtenden Einblick

in die Kunst der Dramaturgie bekommen möchte, der ist bei diesem Buch genau richtig« (Fachblatt Plot Point).
Neu durchgesehene und aktualisierte Ausgabe. 216 Seiten. Fadenheftung. Fester Einband. 29 DM. Nummer 18275.

KAI-PETER KEUSEN & RAINER MIX
Moving Plot
Professionelle Software für das Schreiben von Drehbüchern

Schreiben Sie Drehbücher, Theaterstücke, Skripts für Industriefilme etc.? Dann kennen Sie das sicher: Sie entwickeln einige dramatische Skizzen, arbeiten mit Leertaste und Tabulator, Drehorte heißen mal so und mal so. Und Sie beginnen von einem Drehbuchprogramm zu träumen, das Dialoglängen automatisch berechnet, das Szenen verwaltet, das Register für Special Effects, Fahrzeuge, Tiere etc. herstellt, das auf verschiedenen Ebenen arbeitet (Akt, Szene, Inhalt, Dialog, Charakter, Musik, Kamera etc.) und ein frei gestaltbares Layout zuläßt. Dies alles bietet Ihnen Moving Plot. Es ist ein »Add-On« für Microsoft Word 95, 97 und 2000 – wenn Sie Word kennen, dann können Sie auch mit Moving Plot umgehen, ohne etwas Neues lernen zu müssen. Moving Plot wurde von Kai-Peter Keusen und Rainer Mix mit Unterstützung des Filmbüros NRW entwickelt. Das Programm wurde umfangreichen Praxistests unterworfen und dabei ständig verbessert. Es eignet sich für das Schreiben von Drehbüchern und Treatments für Film und Fernsehen, Hörspiel- und Theater-Manuskripten, Dokumentar- und Industriefilmen, Werbespots, Radio-Moderationen, Fernsehreportagen und sogar Sketchen.

Wie Sie Moving Plot bekommen: Moving Plot gibt es in drei Versionen zum Downloaden, je nach Microsoft Word Version: Moving Plot professional 95, Moving Plot professional 97 und Moving Plot professional 2000.

Von erfolgreichen Drehbüchern lernen.
Originaldrehbücher zum Downloaden unter:
www.Zweitausendeins.de/Filminfo

www.Zweitausendeins.de

Die **Probierversion** mit allen Funktionen ist gratis. Außer Ihren normalen Verbindungsgebühren entstehen Ihnen keine Kosten. Die Gratis-Probierversion zum Downloaden enthält bereits alle Funktionen der Vollversion, ist aber auf 30 Tage Nutzung beschränkt. Die **Vollversion** von Moving Plot kostet 129 DM. Sie schlummert bereits in Ihrer gratis runtergeladenen Probierversion und wird mit einem »Schlüssel« freigeschaltet. In der Gratis-Probierversion von Moving Plot ist genau beschrieben, wie Sie Ihren Registrierungsschlüssel bekommen. (Geht ganz einfach. Und ganz schnell.) Und für Neueinsteiger gibt es **Moving Plot standard** 97 und 2000 für nur 39 DM. Alle Versionen gibt es nur über das Internet zum Downloaden unter: www.Zweitausendeins.de/Moving-Plot.

»Alle Funktionen kann man nutzen, ohne die gewohnte Textverarbeitungs-Software Word zu verlassen, ohne sich in völlig neue Programmstrukturen einzuarbeiten oder sich mit englischen Fachbegriffen herumzuschlagen.« *Film & TV Kameramann*

»Dramatisch leicht.« *NRW Newsletter*

CHRISTOPHER VOGLER

Die Odyssee des Drehbuchschreibers

*Über die mythologischen Grundmuster
des amerikanischen Erfolgskinos*

Christopher Vogler hat für Hollywood-Studios Tausende von Stories und Drehbuchentwürfen auf ihre Tauglichkeit geprüft. Vogler wird laut Filmmagazin Fame längst zu den »100 wichtigsten Leuten Hollywoods« gezählt. Er stellte fest, daß fast allen großen Publikumserfolgen eine bestimmte archetypische Struktur zugrundeliegt, die sich seit Anfang der Welt in allen erfolgreichen Geschichten wiederfindet. In diesem Buch, das »in den letzten Jahren Furore gemacht hat« (Die Welt), legt er seine Erkenntnisse nieder und verrät »den Geheimcode des Geschichtenerzählens« (Vogler). »Ein Lesespaß, ein Arbeitsbuch und ein Mittel zur Filmanalyse« (Plot Point).

Neue, erweiterte Ausgabe. Originaltitel: *The Writer's Journey. Mythic Structure for Writers*. Deutsch von Frank Kuhnke. 486 Seiten. Fadenheftung. Fester Einband. 33 DM. Nummer 18208.

LINDA SEGER
Vom Buch zum Drehbuch

Die meisten Filme und Fernsehserien, die Oscars beziehungsweise Emmys gewonnen haben, basieren auf Stoffen aus der Literatur oder dem wahren Leben. Die Verwandlung eines Stoffes in ein drehbuchreifes Skript ist ein schöpferischer Prozeß. Hier erklärt Linda Seger Schritt für Schritt, wie man dabei vorgehen sollte. Ganz gleich, ob Sie ein alter Hase oder ein/e Einsteiger/in sind, in diesem praxisorienten Handbuch finden Sie alles, was Sie für eine erfolgreiche Adaption wissen und beachten müssen: Konzepte, die für das Gelingen einer Adaption ausschlaggebend sind. Denn mit dem richtigen Konzept kann eine filmische Umsetzungen sogar stärker und wirkungsvoller sein als das Buch. »Pflichtlektüre für alle, die planen, irgendwelche Stoffe für die Leinwand zu adaptieren. Klar, gründlich und außerordentlich hilfreich. Ich empfehle es wärmstens« (Richard Zanuck, Produzent). Deutsche Erstausgabe. Originaltitel: *The Art of Adaptation: Turning Fact and Fiction into Film.* Deutsch von Dietmar Hefendehl. 320 Seiten. Fadenheftung. Fester Einband. 35 DM. Nummer 18357.

MARK TRAVIS
Das Drehbuch zur Regie
Wie Regisseur und Filmteam erfolgreich zusammenarbeiten

Filme, auch wenn sie von einem noch so prominenten Regisseur geleitet werden, sind in Wahrheit Teamarbeit. Schauspieler, Autoren, Designer, Produzenten, Kameraleute, Spezialeffekt-Experten, Cutter, Komponisten etc. werden je nach Bedarf und Talent pro Film zu einem Team zusammengestellt. Wie bringt man die unterschiedlichen Talente dazu, sich in gut aufeinander abgestimmter, reibungsloser Zusammenarbeit optimal zu ergänzen und gemeinsam der Idee einer Geschichte zu folgen? Wie setzt man die Intentionen des Drehbuchautors am besten um? Und wie animiert man Schauspieler/innen stets aufs Neue zu Höchstleistungen? Travis' praxiserprobtes Lehrbuch nimmt der Regiearbeit den Nimbus des Geheimnisvollen. Mit seiner frischen und anregenden Sichtweise hilft er Filmemachern, ihre

Fähigkeiten zu perfektionieren, neue zu entdecken und so erfolgreiche Filme mit beeindruckenden Schauspielerleistungen zu drehen.
Deutsche Erstausgabe. Originaltitel: *The Director's Journey.* Deutsch von Susanne Lück. 368 Seiten. Fadenheftung. Fester Einband. 33 DM. Nummer 18287.

STEVEN D. KATZ
Die richtige Einstellung

Katz, Filmemacher mit 20jähriger Hollywood-Erfahrung, erklärt in dieser »Enzyklopädie der Inszenierungs- und Erzähltechniken« (Taz), wie ein Film entsteht: »Inszenierung von Dialogszenen und Bewegung, Tiefe im Bild, Blickwechsel der Kamera, Kadrierung, Erzählperspektive, Schwenk, Kran, Fahrt ... alles mit anschaulichen Beispielen in Bildform illustriert«, lobt das Fachmagazin Plot Point die Qualitäten des »moderner Klassikers der Filmlehrbuch-Literatur« (Die Welt). Die Landshuter Zeitung kennt »keine andere deutsche Publikation, die derart anschaulich und trotzdem fast schon spannend Filme nicht nur von der inhaltlichen, sondern auch von der technischen Seite her« analysiert. Das Fachmagazin Film & TV Kameramann bestätigt: »Solides, grundlegendes Handwerkszeug zur Inspiration der Kreativen.« »Über dieses Buch ins Schwärmen zu geraten, wäre angemessen. Lange in der amerikanischen Originalausgabe ein Geheimtip ... Endlich in deutscher Sprache zu kaufen, sicher ein neuer Standard in der Lehre« (Medienwissenschaft, Kiel).
Deutsche Erstausgabe. Originaltitel: *Film Directing Shot by Shot. Visualizing from Concept to Screen.* Deutsch von Harald Utecht. 528 Seiten. Großformat 17×24 cm. Fadenheftung. Fester Einband. 60 DM. Nummer 18258.

ALAN A. ARMER
Lehrbuch der Film- und Fernsehdramaturgie

Eine praxisnahe Einführung in das tägliche Handwerk des Regisseurs auf dem Set und im Fernsehstudio. Armer erklärt, wie Unterhaltung funktioniert, verdeutlicht die Grundsätze formaler Bildgestaltung und zeigt, wie Regisseure mit dem Drehbuch kreativ arbeiten können. Sein »bewundernswert sorgfältig gearbeiteter Spitzentitel« (Magazin In) berücksichtigt auch die speziellen Bedürfnisse des Fernsehens und behandelt die Regie-Anforderungen in den grundlegenden Formaten: Interview, Nachrichten, Musik-Show, Werbespot. »Armers Studenten sind zu beneiden. Denn ihr Lehrmeister ist mit viel common sense und Humor gesegnet – beides Faktoren, die Stoffaufnahme und -verarbeitung wesentlich erleichtern« (Medienwissenschaft, Kiel). »Ein rundum wertvolles Buch: Sehr übersichtlich gegliedert und locker geschrieben ... Mit solcher Aktualität und breitem Themenspektrum gibt es derzeit auf dem deutschen Markt keine vergleichbare Konkurrenz. Gut investierte 60 Mark!« (Plot Point) und »ein Beispiel für klassisch schöne Buchkunst (gehört allein deswegen schon prämiert!). Uneingeschränkt empfehlenswert für alle, die schon immer mal einen Film machen wollten, für Profis ein Muß« (Stadtmagazin München).

Deutsche Erstausgabe. Originaltitel: *Directing Television and Film*. Deutsch von Gesine Flohr, Harald Utecht und Martin Weinmann. 78 Bilder. 475 Seiten. Großformat 19 × 24 cm. Fadenheftung. Fester Einband. 60 DM. Nummer 18199.

DANIEL ARIJON

Grammatik der Filmsprache

»Das unverzichtbare Handbuch für Drehbuchautoren, Regisseure, Kameraleute und Cutter. Und für ganz normale Leser« (Generalanzeiger). Mit Hilfe von über 1.500 Skizzen erläutert Filmprofi Daniel Arijon die Grundstruktur der filmischen Handlung. Er beschreibt anschaulich sämtliche Grundelemente, die die Basis für jede Form visuellen Erzählens darstellen, ganz gleich ob es sich um einen Spiel-, Zeichentrick- oder Dokumentarfilm handelt. Arijon zeigt, welche Positionen für Darsteller und Kamera optimal sind, wie sich Bewegungsabläufe wirkungsvoll inszenieren lassen, nach welchen Kriterien die gedrehten Einstellungen in eine sinnvolle Reihenfolge gebracht werden können und wie sich die Dynamik der Sequenzen durch unterschiedliche Rhythmen und ein verändertes Tempo der Schnittfolge variieren läßt.

Deutsche Erstausgabe. Originaltitel: *Grammar of the Film Language*. Deutsch von Karl Heinz Siber. 708 Seiten. Fadenheftung. Fester Einband. 66 DM. Nummer 18342.

JEREMY VINEYARD

Crash-Kurs Filmauflösung

Ein kompakter Abriß der grundlegenden cinematografischen Techniken. In Kurzdarstellungen von je einer Bild/Textseite beschreibt Jeremy Vineyard die zentralen Operationen filmischen Erzählens – Kamerabewegungen, Techniken der Bildkomposition, der Perspektive und des Schnitts. Jeder Artikel gibt eine definitorische Kurzbeschreibung und erklärt die Wirkung im Film und die Funktion innerhalb der Erzählhandlung. Darüber hinaus werden, illustriert von Storyboard-Zeichnungen, klassische Szenen aus großen Kinofilmen zitiert, in denen eine beschriebene Technik stilbildend, mustergültig oder besonders radikal eingesetzt worden ist. Eine wertvolle Inspirationsquelle für Filmstudenten und professionelle Filmemacher; in Stil und Darstellung knapp, unprätentiös und anschaulich, hat Vineyards Handbuch das Zeug, zu einem wichtigen Referenzwerk für professionelle Filmleute und passionierte Cineasten zu werden. Es ist *das* Buch, mit dem Sie Ihr filmisches Gedächtnis lebendig halten, erweitern, schulen und Ihr Gefühl für filmische Stilmittel verfeinern können.
  Deutsche Erstausgabe. Originaltitel: *Setting up Your Shots*. Deutsch von Krischan Schulte. 132 Seiten im Breitwandformat 28×18 cm. Fadenheftung. Broschur. 35 DM. Nummer 18358.

JUDITH WESTON

Schauspielerführung in Film und Fernsehen

Judith Westons berühmtes Handbuch zeigt Schritt für Schritt, wie Regisseure auf dem Set eine kreative und kooperative Beziehung zu ihren Schauspielern aufbauen und eine knappe, effektive Regieführung entwickeln können. Denn wirklich große Filme entstehen nur, wenn Schauspieler und Regisseure sich in ihrem Können und ihrer Fähigkeit zur Inspiration optimal ergänzen. »Schauspielerführung in Film und Fernsehen« ist ein Buch aus der Praxis für die Praxis, »ein gut struk-

turiertes, mit einer Unmenge von praktischen Tips gefülltes Lehrbuch« (Screenshot). »Wohl das Wichtigste, das man in deutscher Sprache über das Schauspielen lesen kann … Ein anregendes, oft überraschendes und immer kluges Buch« (Medienwissenschaft, Kiel).
Deutsche Erstausgabe. Originaltitel: *Directing Actors. Creating memorable Performances for Film and Television.* Deutsch von Waltraud Götting. 432 Seiten. Fadenheftung. Fester Einband. 39 DM. Nummer 18270.

DOROTHEA NEUKIRCHEN
Vor der Kamera
Camera-Acting für Film und Fernsehen

Dies ist das erste Buch, das Schauspielern erklärt, was sie bei der Arbeit auf dem Film- und Fernsehset erwartet. Es vermittelt dramaturgische Grundkenntnisse, gibt Hilfen zur Rolleneinschätzung und -vorbereitung, informiert über Produktionsabläufe bei Film und Fernsehen, macht mit der Technik des Spiels vor der Kamera vertraut, gibt Tips zum Verhalten am Set, macht Vorschläge zum Training zwischen den Drehzeiten, bereitet aufs Casting vor u.v.m. »Ein kompletter Laie, der dieses Buch in die Finger kriegt, weiß allein nach der Lektüre schon mehr über die Herstellung von Kino und Fernsehen als mancher Burgschauspieler … wenn das Buch sich durchsetzt, können wir uns auf eine neue Generation von exzellent vorbereiteten Filmdarstellern gefaßt machen« (Kölner Stadtanzeiger).
Originalausgabe. 437 Seiten. Fadenheftung. Fester Einband. 44 DM. Nummer 18352.

DOROTHEA NEUKIRCHEN
Mentales Training für Schauspieler. 2 CDs
Vorbereitung für das Casting und die Arbeit am Set

Schauspieler haben meist nur wenig Zeit, sich auf ihre Fernsehrollen vorzubereiten. Oft können sie wegen der technischen Umbauten zwischen den Szenen nicht einmal am Set proben. Speziell für diese Bedürfnisse sind die aktiven Trancen »Rollenvisualisierung« und

»Mentale Probenarbeit« entstanden, die Dorothea Neukirchen in ihren Camera-Acting-Seminaren entwickelt hat und bereits für viele Schauspieler zu einem unverzichtbaren, wirkungsvollen Bestandteil ihrer Rollenvorbereitung für das Casting und am Set geworden sind.
2 CDs mit Booklet. 90 Minuten Spielzeit. Produktion und Regie: Claudia Gehre/Hertzfrequenz. 39 DM. Nummer 18353.

Im Paket billiger:
Das Buch »Vor der Kamera« und die beiden
Übungs-CDs »Mentales Training« statt einzeln gekauft 83 DM zusammen nur 59 DM. Nummer 18354.

LINDA J. COWGILL

Wie man Kurzfilme schreibt

Kurzfilme bieten Talenten einen Einstieg ins Filmgeschäft. Francis Ford Coppola, Steven Spielberg, George Lucas, John Carpenter, Woody Allen, Spike Lee und viele mehr haben mit Kurzfilmen angefangen. Denn mit einem knackigen Kurzfilm hat man bei den Entscheidungsträgern in Hollywood viel mehr Chancen als mit einem noch so raffinierten Treatment. Viele Filme, wie z. B. »Fatal Attraction«, begannen als Kurzfilm, gefielen und wurden danach in abendfüllendem Format neu verfilmt. Aber Kurzfilme funktionieren nach besonderen Drehbuchgesetzen. Linda J. Cowgill zeigt, wie ein Kurzfilmskript strukturiert ist, wie man den Plot aufbaut, wie man Szenen und Dialoge schreibt u. a. Sie weiß, worüber sie schreibt, denn sie lehrt Drehbuchschreiben an der Loyola Marymount Universität in L. A. und hat über 12 Filme geschrieben.
Deutsche Erstausgabe. Originaltitel: *Writing Short Films. Structure and Content for Screenwriters*. Deutsch von Petra Schreyer. 313 Seiten. Fadenheftung. Fester Einband. 35 DM.
Nummer 18359.

PETER KERSTAN

Der journalistische Film. Jetzt aber richtig

Der kurze, berichterstattende Film ist einer der Grundbausteine des Fernsehjournalismus. Aber wie und wo lernt man ihn? Peter Kerstan

ist Fernseh-Profi und kennt das Geschäft von Grund auf. Er war als Cutter, Kameramann und Autor an der Produktion von TV-Beiträgen beteiligt, bevor er als Ausbildungsleiter beim ZDF seine Erfahrungen weitergab. Kerstan entwickelte aus der Praxis des Fernsehalltags die wesentlichen Grundregeln für den berichterstattenden Film. Er erklärt, wie unsere Wahrnehmung funktioniert und wie Kameraleute, Filmjournalisten und Cutter ihre Filme gestalten müssen, damit die Botschaft ankommt. Die gestalterische Optimierung ist dabei auch meist der ökonomischere Weg für die TV-Produktion.
Originalausgabe. 110 Zeichnungen und 17 farbige Bildsequenzen. 265 Seiten. Fadenheftung. Fester Einband. 39 DM. Nummer 18329.

MICHAEL RABIGER

Dokumentarfilme drehen

»Mit seinem umfassenden, klar geschriebenen Lehrbuch schuf Filmdozent Michael Rabiger ein mehr als hilfreiches Nachschlagewerk« (Cinema). Schritt für Schritt wird erklärt, wie man die Leinwand oder den Bildschirm zur Dokumentation oder für bestimmte Recherchen nutzt. Wer seinen ersten Film drehen will, erhält hier einen leichten Einstieg und kann mit diesem Handbuch die fachliche Kompetenz eines Profis erlangen. Rabigers Standardwerk steht aber auch routinierten Dokumentarfilmern bei Grundsatzentscheidungen und Fragen der Bildästhetik zur Seite und berät umfassend bei der Vorbereitung für die Dreharbeiten, der richtigen Zusammenstellung des Teams, den Dreharbeiten vor Ort und in der Phase der Postproduktion. »Ein Glücksfall auf dem Markt inflationär sprießender Handbücher! Wer Dokumentarfilme professionell drehen will, sei es mit einer Film- oder Videokamera, findet hier alles Wissenswerte über Theorie, Technik und Praxis ... eine unbedingte Empfehlung!« (Film & TV Kameramann).
Deutsche Erstausgabe. Originaltitel: *Directing the Documentary*. Deutsch von Susanne Lück und Jutta Doberstein. 671 Seiten. Fadenheftung. Fester Einband. 60 DM. Nummer 18331.